赵堡太极拳第十代宗师 郑悟清（1895—1984）

赵堡太极拳第十代宗师 郑伯英（1906—1961）

赵堡太极拳第十代宗师 侯春秀（1904—1985）

贺赵堡太极拳出版

传承武术

福祉社会

陈亚斌
辛卯初春

中国武术九段、武术教授陈亚斌为本书题词"传承武术，福祉社会"

> 王英杰先生出版致贺
>
> 传承赵堡太极
>
> 弘扬传统文化
>
> 徐毓茹
>
> 二〇二一年二月

中国武术九段、武术高级教练徐毓茹为本书题词"传承赵堡太极，弘扬传统文化"

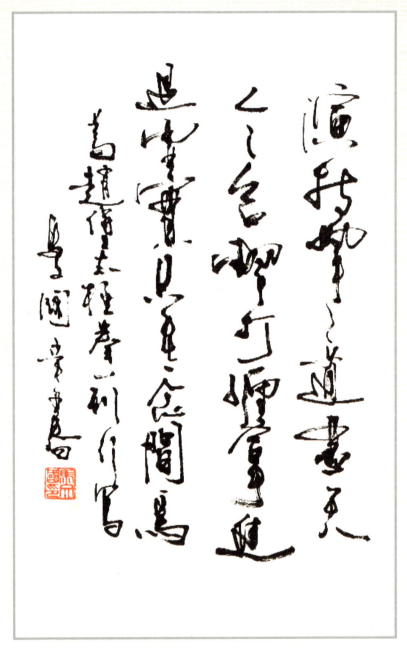

西安体育学院博士马文国为本书题词"演技艺之道要天人之合,击打缠拿、进退虚实,只在一念间焉"

太极拳修 意气风发——赵堡太极拳传人王英杰(右)、吴联配(左)与师父李随成(中)合影

中国武术协会前主席、国际武术联合会前秘书长李杰出席第六届武当国际演武大会武当赵堡太极拳峰会并与赵堡太极拳代表性传承人、陕西华夏太极推手道馆馆长李随成合影

共话赵堡太极（左起：王英杰、宋蕴华、李随成）

温县赵堡太极拳总会一行赴西安与郑悟清先生的西安弟子联谊合影（前排左起：郑泰杰、郑泰栋、郑泰昌；中排左起：李随成、雷伯荣、张世德、吴生安、吴忍堂、吴本忠；后排左起：吴水利、郑传会、郑喜梅、陈公舜、王予孝、郑娥英、张占营、郑新会）

武、艺一堂（左起：吴亚军、张荣秋、何兰君、王英杰、周润生、徐毓茹、马文国、潘阳、倪正）

陕西省武术队参加第四届世界传统武术锦标赛凯旋庆祝合影（前排左起：何永柱、李建卫、刘宝欢、两位参赛小队员、杨海霞、李海燕；中排左起：田琨、肖关纪、李建义、王英杰、宋武、郝芳娟、张世昌、李少阳、天文朝；后排左起：山新楼、易贤发、王玮、朱永全、杨明华、何未生、张根学、饶世树等）

参加形意拳大师张桐先生诞辰100周年纪念会合影（左起：王英杰、张林、许建秦）

参加首届武当赵堡太极拳全球联盟大会合影（左起：王英杰、郝彩田、李随成、王英民）

2016年临潼区"昭应坊"杯首届青少年武术大赛嘉宾与裁判合影（前排左起：李守平、柴文魁、方秀敏、叶永乐、周润生、高惊元、田苏辉、许炜华、张根学、王炎杰、邵智勇、梁军、张世昌、肖关纪、袁双龙、王建民、梁军安）

2016年临潼区"昭应坊"杯首届青少年武术大赛现场合影
（左起：李伯强、韩伟、王英杰、张根学、李选良、杨新仓）

郑悟清诞辰120周年纪念会与会嘉宾与组织者合影（左起：王西省、郝彩田、刘洪耀、李随成、王英杰）

共商陕西武术发展（左起：李建义、田苏辉、赵长军、王英杰）

由西安赵堡太极拳研究会、陕西华夏太极推手道馆主办的纪念赵堡太极拳一代宗师郑悟清先生诞辰120周年座谈会在西安举行（左起：余功保、罗卫民、王英杰）

文武一道——书法名家与武术名家合影（左起：邵智勇、薛瑛、李随成）

互通有无的陕西红拳与赵堡太极拳——第二届中国红拳非遗保护论坛嘉宾与专家合影（左起：杨明华、陈宝强、孙怀玉、田琨、王英杰、周伟良、邵智勇、肖亚康、杨新仓）

商洛市全民健身太极拳活动中心揭牌仪式合影

武当赵堡太极拳峰会嘉宾合影（左起：郑华南、郝彩田、王英杰、李随成、何俊龙、张子英、王中）

2005年陕西华夏太极推手道馆队员参加武当山赵堡太极拳联谊会凯旋合影

2011年陕西华夏太极推手道馆朱宏路新馆揭牌庆典合影（前排左起：朱永金、宋斌、郝彩田、李随成、吴联配、张连强、张三宝、曹宗乐）

陕西华夏太极推手道馆年终表彰会（左起：刘永飞、王英民、张星光、李随成、王英杰、金根声、武德智）

陕西华夏太极推手道馆在欢迎泰国各界朋友招待会上进行展演交流（左起：胡勃、王英杰、杨帆、何兰君、郝彩田、刘永飞、李随成、李建义、陈磊、薛明智）

陕西华夏太极推手道馆队员参加第六届武当国际演武大会合影留念

陕西华夏太极推手道馆队员参加三亚南山首届世界太极文化节合影留念

2017年武当赵堡太极拳联合会成立暨揭牌仪式在武当山隆重举行

2018年由国家武术研究院武当武术研究中心、湖北省武术协会、武当武术协会、武当赵堡太极拳联合会联合主办的"武当赵堡太极拳国家竞赛套路拳架采集"活动在武当山隆重举行

陕西红狼俱乐部红拳、太极交流（左起：吴法泰、王英杰、周润生、王占军、邵智勇）

"均州老街杯"武当推手王争霸赛参赛合影（左起：楼江波、刘文碧、叶文新、王英杰、丁浩、郭岗、李全海）

2015年陕西省太极拳推手培训班合影（前排左二起：刘文碧、温若水、马向东、张世昌、郝福记、吴联配、王卖杰、宋武、朱永全、常进全、袁雪峰、李刚、田鹤城、郭岗）

与外国学员合影(左起:李全海、王英杰、耐久、李随成、郝彩田、王英民、李斌)

李随成为公安干警培训班教授太极实战技术

李随成在安康带领学生演练赵堡太极拳,推动全民健身活动

文化遗产日展演合影

——"文化和自然遗产日"陕西华夏太极推手道馆大唐芙蓉园传承站展演合影

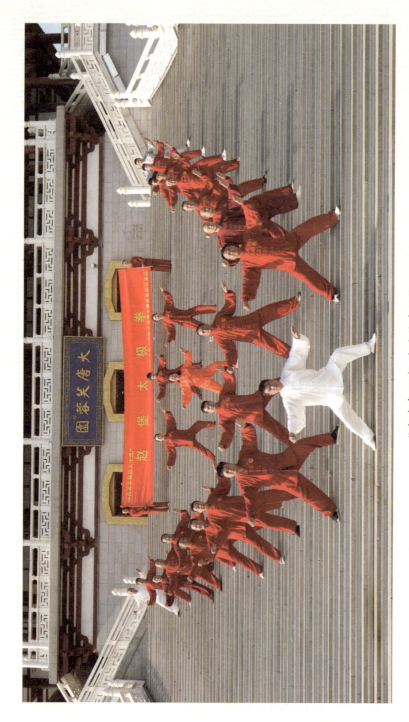

"非遗惠万家 关系我你他"——陕西华夏太极推手道馆大唐芙蓉园传承站展演合影

西安市2017年中小学赵堡太极拳教练员培训班合影(前排左走：郝彩田、宋西荣、王西省、闫秀斌、韩宝生、冯艳阳、李随成、高红、王卖杰）

纪念赵堡太极拳一代宗师郝悟堂先生诞辰120周年座谈会合影（前排左起：郝彩周、张世昌、马文国、李随成、刘洪耀、吴忍堂、张世德、陈振虎、余功保、罗卫民、宋斌、吴水利、张占营、吴本忠、陈公犟、王英杰、张聚财、张邦敏）

陕西华夏太极推手道馆搬迁至西安市未央区华远君城，新址落成庆祝合影

"武当赵堡太极拳全球联盟大会"成员合影留念

陕西出版资金资助项目

"中华太极·赵堡"系列丛书

赵堡太极拳论述（上册）

王英杰 主编
李全海 副主编

西北大学出版社
·西安·

图书在版编目（CIP）数据

赵堡太极拳诠述 / 王英杰主编. -- 西安：西北大学出版社，2022.9
ISBN 978-7-5604-4871-8

Ⅰ.①赵… Ⅱ.①王… Ⅲ.①太极拳—基本知识 Ⅳ.①G852.11

中国版本图书馆CIP数据核字(2022)第035902号

赵堡太极拳诠述
ZHAOBAO TAIJIQUAN QUANSHU

主　　编	王英杰
出版发行	西北大学出版社
地　　址	西安市太白北路229号
邮　　编	710069
电　　话	029-88303404
经　　销	全国新华书店
印　　装	陕西龙山海天艺术印务有限公司
开　　本	710毫米×1000毫米 1/16
印　　张	35.25
字　　数	420千字
版　　次	2022年9月第1版　2022年9月第1次印刷
书　　号	ISBN 978-7-5604-4871-8
定　　价	180.00元

本版图书如有印装质量问题，请拨打029-88302966予以调换。

编 委 会

主　任：李随成

副主任：郑　钧　郑鸿烈　吴生安　卢华亮　郑娥英　吴本忠
　　　　刘　军　郝彩田

委　员：吴联配　李建义　马文国　郑建君　张广汉　王英民
　　　　张怀光　李　刚　吴兆知　丁　浩　李　斌　李稳锋
　　　　吉兴民　杨王俊　田鹤城　刘文碧　梁高峰　温若冰
　　　　胡九红　郭　岗　郑佳乐

总顾问：周润生　张　林　邵智勇

主　编：王英杰

副主编：李全海

序一　体用由心

太极拳讲究体用。

"体"为基础，包括拳技、拳功、拳理等；"用"为价值体现，包括强身健体、技击防身等。作为太极拳的研习者、传承者，练好太极拳本身为体，促进其社会发展为用，有人把它当作兴趣，有人把它当作责任。认识王英杰先生是在陕西省举行太极拳活动时，赵堡太极拳名家李随成先生向我介绍了他。

王英杰先生等人所编的《赵堡太极拳诠述》一书，即为太极拳体用兼备之作，既是兴趣，也是责任。在与英杰先生相识的多年中，我深感他不仅对太极拳、对太极文化有着浓厚的兴趣，并且有着深入的思考和深深的责任感，对太极拳的发展和许多学术问题有着独特的见解。

我最早接触赵堡太极拳是在20世纪90年代，后来也做了点研究，与一些赵堡太极拳名家也有许多的交往。赵堡太极拳作为一种"原生态"保留比较完整的传统太极拳流派，具有显著的体用兼备的特征。赵堡太极拳的传统拳理从练拳实际出发，宏微见著，细腻生动，不尚虚华，接地气，有神气。

赵堡太极拳在海内外的发展已经具有很大的规模和影响，其中陕西在其发展进程中具有十分重要的地位，集中了许多有造诣、有影响的赵堡太极拳名家。而在陕西赵堡太极拳的发展中，郑伯英、郑悟清、侯春秀等人做出了突出的贡献。本书在这方面有着详细的介绍，留下了珍贵资料。

王英杰先生跟我谈到本书的构思时说，原本编写此书的初衷是把赵堡太极拳在陕西的传承情况记载下来，后来考虑到书的整体性，又把拳理拳法也介绍了一下。如此，书更具有完整性和系统性，也就更突出了"体用兼备"的特色。

太极拳历经数百年的发展，它的体用结构也在不断变化。但有些核心要素是不能变的，这就是太极拳的传承精神，太极文化的核心价值，以及符合科学原理的练拳原则和方法。相信这本关于赵堡太极拳的用心之作，将会对太极拳的发展起到有效的促进作用。

余功保
世界太极拳网总编
2021年3月5日

序 二

陕西省非物质文化遗产"赵堡太极拳"项目著作即将出版，其主编王英杰先生希望我给该书作序。由于我与西安赵堡太极拳有着特殊的学脉关系，便欣然答应。

对赵堡太极拳的了解，受习武经历的影响，我总会产生一种"西安赵堡太极拳"的刻板印象。尽管，赵堡太极拳发源于河南温县赵堡镇，但在20世纪80年代中国武术热之后的传播过程中，很多传播者都是西安的"二郑一侯"的弟子。这其中尤以郑悟清先生的传人最多也最为活跃。那时陕西西安的宋蕴华、高国卿、李随成、刘瑞等先生，山西运城的孙兰亭、原云龙等先生都誉满一方，并为赵堡太极拳郑悟清拳法的推广和传播做出了很大的贡献。由此看来，赵堡太极拳的老家在河南赵堡镇，赵堡太极拳的推广、传播、弘扬和发展则生发于千年古都的历史文化名城——陕西西安。

基于赵堡太极拳的发展现实，陕西省非物质文化遗产保护机构能够及时将"赵堡太极拳"列为省级非物质文化遗产保护项目，应该是值得点赞的明智之举。我认为，虽然赵堡太极拳的地位和影响力，至今还没有形成我们想要看到的局面和态势，与陈、杨、武、吴、孙等太极拳流派相比还没有得到国家主管部门更多的重视和高度认可，但这并不影响赵堡太极拳散发光芒。特别是在以李随成、吴忍堂、纪昌秀等为代表的当代传人和郑悟清先生家族子弟的努力下，赵堡太极拳的传播已经开始走向全新的发展阶段。陕西西安遍地开花，中原河南处处可见，山西、湖北、江苏、安徽、广东、湖南、香港等地几乎都可以看到赵堡太极拳的传播者和习练群体。赵堡太极拳随处可见这样的发展趋势，预示着赵堡太极拳即将迎来一个美丽惬意的春天。

由于自己早年跟随郑悟清先生的传人——家母叔叔原云龙外公习练赵堡太极拳多年，加之自己的职业特性，同时接触到很多流派的优秀太极拳家。近年来更是多次受邀作为嘉宾参加"河南·焦作国际太极拳年会"，也有了更多近距离接触各派太极拳名家的机会，使我在交流学习和研究太极拳的过程中，更加体悟到赵堡太极拳别具一格的风格特征。特别是以郑悟清先生为代表的先辈们所提出的赵堡太极拳的拳理和技法原则，让我感到了它与王宗岳的《太极拳论》有着强烈的黏合度，更接近内家拳的技法要义。这本由王英杰先生主编，以非遗传承人李随成先生拳架为基础的《赵堡太极拳诠述》里就收集了很多这方面的珍贵文献。

太极拳是中华民族最为优秀的文化遗产之一，它被称为"哲拳"。但从今天的社会发展出发，我更倾向于称之为"促进健康的拳"。它将"武的野蛮"与"养的内在"有机地融合在一种身体文化行为中，具有典型的中国智慧。由和庆喜大师提出"耍拳论"开始，到郑悟清先生把"耍拳"继承、发展和弘扬，"耍拳"一词就在西北大地上广泛流传和盛行。时至今日，"耍拳"更是为我们大众参与赵堡太极拳习练提供了一种心理境界层面的点拨。赵堡太极拳中很多练习要求从"耍拳"一词生发，并在这个"耍"字上求"松静"、找"空灵"、练"技法"、达"境界"。这一点，我认为是赵堡太极拳与其他太极拳习练上最大的不同。对于这些问题的解答，该书的理论部分都给出了最为全面的拳理收集和整合。

这本书作为非物质文化遗产的项目成果，用翔实的史料和口述史的方法，对赵堡太极拳在陕西的传播进行了全面、系统、科学的历史梳理和再现，其中有些文字资料在我看来是弥足珍贵的。不但可以作为一本赵堡太极拳学习者、习练者纲领性的指导用书，而且可以作为一本对于武术和太极拳研究者参考价值极高的"全书"。称之为"全书"，是因为它包含了赵堡太极拳的往昔样式，反映了赵堡太极拳的目前状态。本著述虽分为上、下两册，内容却浑然一体，有拳的源流考、练拳的基本理论、如何练拳的指导，更有拳中所内藏着的经典技法详解。详细阅读后，我们不仅可以领略和感悟到赵堡太极拳先辈们的智慧，更能感受到赵堡太极拳当代传承人与时俱进的时代风貌、强烈的责任担当意识和使命感。

简言之，我认为：这是一本好书，是一本好的太极拳书，更是一本可以标榜文化自信和促进身体健康的好书。对于这本书的评价，我想用这样一句话来表达我的感受和认知："详读只识它的好，细品更知妙无穷。"这本书的好就如同我们习练太极拳那样"开始时是肢体运动，进入后是阴阳哲理，娴熟后是大道智慧"。希望它能为所有读这本书、学这本书、练这个拳的人们，提供身体上安全保护的技术、促进身体健康的方法，最终实现涵养的提升。

是为序。

王岗

湖北省"楚天学者"特聘教授，武汉体育学院武术学院教授

2021年4月于老家山西

目录

上册

● 第一章 赵堡太极拳传播与发展 /1
    第一节 赵堡太极拳的的早期传承 /1
    第二节 赵堡太极拳传入陕西 /5
    第三节 赵堡太极拳在陕西的发展 /26

● 第二章 赵堡太极拳的体系 /43
    第一节 赵堡太极拳运动形式 /44
    第二节 赵堡太极拳训练内容 /51
    第三节 赵堡太极拳运动规律 /56
    第四节 赵堡太极拳训练原则 /60
    第五节 赵堡太极拳的价值 /70

● 第三章 赵堡太极拳的文化 /75
    第一节 赵堡太极拳拳要字诀 /75
    第二节 赵堡太极拳之"五需" /95
    第三节 赵堡太极拳之"耍拳" /101
    第四节 赵堡太极拳丹道之说 /110

● 第四章　赵堡太极拳的修炼 / 129
　　　第一节　炼"身"成拳 / 130
　　　第二节　炼"劲"为功 / 143
　　　第三节　炼"技"为用 / 150

● 第五章　访谈录 / 155
　　　访谈一　拜师学拳——与赵堡太极拳结下厚缘 / 157
　　　访谈二　严师高徒——跟随先生勤学苦练拳艺 / 170
　　　访谈三　言传身教——学拳明理、悟处世之道 / 177
　　　访谈四　生活点滴——艰难年代的坚持与温情 / 184
　　　访谈五　圈外武术名家记忆中的赵堡太极拳 / 187
　　　访谈六　赵堡太极拳大师交手实录 / 190
　　　访谈七　赵堡太极拳大师去世情况 / 193
　　　资料收录一　郑瑞对其父郑悟清先生的记录 / 196
　　　资料收录二　郑悟清逝世一周年纪念会讲话 / 200
　　　资料收录三　纪念郑悟清诞辰120周年讲话 / 204

● 第六章　赵堡太极拳传人录 / 207

下　册

● 第七章　赵堡太极拳拳架图解 / 275
　　　第一节　赵堡太极拳拳架解析 / 276
　　　第二节　赵堡太极拳七十五式动作图解 / 290

● 第八章　赵堡太极拳推手 / 389
　　　第一节　上下步活步推手图解 / 390
　　　第二节　其他推手方式介绍 / 397

- **第九章　赵堡太极拳实战用法 / 401**
  - 第一节　赵堡太极拳拳架招式用法图解 / 402
  - 第二节　赵堡太极拳竞赛推手十八招图解 / 444
  - 第三节　李随成太极推手训练之见 / 457
  - 第四节　李随成太极拳讲释 / 459
  - 第五节　李随成太极拳精要问答 / 482
- **附　录　赵堡太极拳先辈拳谱 / 490**
- **跋　一 / 510**
- **跋　二 / 513**

第一章 赵堡太极拳传播与发展

第一节 赵堡太极拳的早期传承

赵堡太极拳亦称武当赵堡太极拳,据传由张三丰所创。明万历(1573—1620)年间,由王宗岳传此拳给河南省温县赵堡镇蒋发,自此,赵堡太极拳就在赵堡镇开启传承。历代的传承中,赵堡太极拳凝聚了蒋发、邢喜怀、张楚臣、陈敬柏、张宗禹、张彦、陈清平、和兆元、和庆喜等数代太极拳先辈的心血,他们将此拳发扬光大,成就了其早期传承与繁荣。该拳更是通过郑悟清、郑伯英、侯春秀等宗师的传承,由赵堡镇传入西安,落地生根,在之后的发展中更是遍及全国,在国际上也产生了一定的影响。该拳流传至今,仍系统地保留着太极拳形成初期所创拳架、推手、散手的功法合一,是技击、防身、养生效用兼具的拳法。赵堡太极拳拳法取道法自然,以和静松沉、中正平圆、轻灵柔活等为用功方法,讲究以柔克刚、以小胜大,而突出其防身自卫、克敌制胜的实战功用,更以其行拳自然、老少皆宜、功效俱佳,广为习练者所称道。

赵堡太极拳在赵堡镇的传承脉络十分清晰，行家里手众多，可谓名家辈出，世代相袭，历史悠久。直至当今，赵堡镇街道仍会集有邢喜怀、张宗禹、陈清平、和兆元等众多名家的后代。乡人以太极拳为强身健体的主要方式，虽传承分支不同，拳架特点各有侧重，但均尊蒋发为第一代宗师。后来，经宗师们的传承，此拳渐辐射全国传承发展，为团结、共同传承，后传者将在赵堡镇传承至今的太极拳统称为赵堡太极拳，此称谓如"中国武术""少林武术"一般，皆以地名称之。

早期传承为，蒋发赴山西拜太极拳宗师王宗岳为师，习练太极拳，学艺七年后返乡回河南赵堡镇定居，传太极拳于邢喜怀。邢喜怀为温县赵堡镇商人，早年结识回乡的蒋发，得知蒋发为太极拳大家，于是极力结交。经多年考验，蒋发遂将太极拳倾囊相传，还将王宗岳所传太极拳秘诀、论著等也传给了邢喜怀。邢喜怀为赵堡太极拳第二代传人，于太极拳上天赋甚高，著有《太极拳道》《太极拳说》，认为太极拳是性命双修之学：性即以顶为天，天藏于顶，顶为性之根本；命即以脐为海，将海藏于脐内，脐是命产生的源泉。所以双修之道在于顶、脐相合，上下内外与意相合相随。阴阳刚柔相互不断融合转化，形成太极拳法。从这两篇理论文章中，可以看出邢喜怀对太极拳道领悟颇深。

赵堡太极拳第三代传人是居住在赵堡镇的张楚臣。张楚臣原籍山西，师从于邢喜怀。张楚臣从山西到赵堡镇经商，开始时是开鲜菜铺，后来生意有所发展，改为开粮行。由于品行端正，他在赵堡镇备受尊敬。他和邢喜怀接触后，两人结拜为异姓兄弟，邢喜怀将太极拳全部传授于他。张楚臣的后代传有《太极秘传》，进一步阐述了太极拳内外相合之道，认为内气之鼓荡运动，要与身体外形之运动态势保持一致，一旦有所举动，则神意上下呼应，而意令气运，由手而肘而肩，由脚而膝而腰，形成上下内外心神合一的整体劲道，这也就是太极拳技击之道。

陈敬柏是赵堡太极拳第四代传人。陈敬柏的家族由其祖父陈文举在赵堡镇落户始，陈敬柏的父亲陈来朝便出生在赵堡镇。"敬柏"是字，他的本名是陈基。张楚臣见陈敬柏人品端正，便收其为徒，向其传授太极拳。陈敬柏在赵堡镇广收弟子，从其学拳者据传有 800 余人。陈敬柏的孙子陈鹏是赵堡镇太极拳名家。陈敬柏在赵堡镇至今仍有两支传人。

陕西铜川发现了张楚臣的另一位传人王柏青保存和传下的赵堡太极拳历代先师王宗岳、蒋发、邢喜怀、张楚臣等人和他自己所写的关于太极拳的论著《太极秘术》。王柏青在雍正六年（1728）所写的序言中言，他师从张楚臣"秘而习之，历四十余载"，更添有道家丹法。王柏青的太极拳论文中有赵堡太极拳"以神打人""以形打人"的深刻论述。

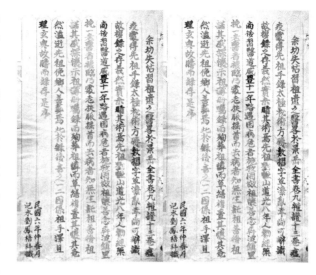

张楚臣传人王柏青保存和传下的《太极秘术》书影

张宗禹是赵堡太极拳第五代传人。张宗禹是赵堡镇人，关于他的拳史记载，留下来的不多。张宗禹后裔现在还生活在赵堡镇。张彦是赵堡太极拳第六代传人。张彦从小跟爷爷张宗禹习拳，在赵堡镇，人们称张彦为"神手""神掌"。张彦一生行侠仗义，好打抱不平，流传于世的故事很多。张彦著有《论太极拳道》，论述以意为先，"对方的攻击方到自身皮肤表面，而我的攻击意念则通过上下相随、内外贯穿在彼先"，一击制敌。

赵堡太极拳第七代传人为张应昌、陈清平，二人师从张彦。张应昌是张彦之子，被尊称为"少师"。他传子张金梅，张金梅传张敬芝，张敬芝传多人。近代赵堡太极拳宗师侯春秀即是张敬芝一脉传人，现其众多弟子活跃在全国各地。

据陈敬柏的后人陈学忠的家传资料记载，张彦与陈敬柏的孙子陈鹏是朋友，陈鹏介绍陈清平给张彦，说陈清平为人正直，年轻好学，并且十分喜爱太极拳艺。于是张彦便收陈清平为徒，将太极拳传给了他。陈清平是一名极为优秀的太极拳导师。他所教弟子武禹襄根据其所传授的拳架和王宗岳太极拳论，创编出武式太极拳，步高架活，开合鼓荡；和兆元创出"代理架"，即赵堡和式太极拳，拳架轻灵圆活，顺遂自然；李景颜创"忽灵架"（又名忽雷架），小巧紧凑，惊乍弹抖；李作智创"腾挪架"，讲究胯裆运动；牛发虎、张汉、任长春等传有"领落架"，上下起伏，轻松自如。其中，尤以"代理""忽灵""腾挪""领落"四架，为赵堡太极拳的代表性拳架，丰富了拳法，也拓宽了传承。在太极拳一道上，陈清平可谓功勋卓著。

第八代传人和兆元（1810—1890），字育庵，出生于医林世家。其父精通中医，善治疑难杂症，在当地有一定的影响。和兆元15岁兼习武技，拜赵堡镇一代太极拳名师陈清平为师，专心习练太极拳。他天资聪颖，且能尊师重道、勤奋好学，功夫出类拔萃，深得师父赏识，全面继承了师传太极拳理法。清朝末年，和兆元保三朝元老、礼部尚书李棠阶（和兆元姐夫）进京有功，被授"武信郎"（正六品武职官员）之职。在京期间，他集思广益，广交武林朋友，博采众长，取武术百家之精华，通过对人体经络、关节等生理方面的大量研究，结合《周易》《中庸》等进一步充实拳艺理论，太极拳造诣获得极大提高。回乡后，得陈清平"闻一知十，拳艺独得骊珠之妙"的称赞。和兆元在原传拳架的基础上，修改架式中的手法、身法、步法与姿势，大大增加技击实用内容，并使架式更顺其自然，完全符合人体生理结构，创太极拳"代理架"（即和式太极拳）。这套拳架技理相合，强调理法自然，故行功走架又称"耍拳"。此拳架朴实无华、势简劲捷，以体用一致为要求，以拳架、推手、散手三合为一身，是"三合一架"。在实练上，还需通过朝夕盘架增强自身功夫，通过推手实践矫正拳架，直至最终用于实战。1849年，和兆元随李棠阶返乡，在家乡停留了12年。在此期间，和兆元受师父之嘱托，传拳授理，对众师弟在拳架及理论上有很大影响，因而在赵堡所传之拳架，自和兆元后多为代理架。陈清平认为和兆元对太极拳确有创新发展，有独特之处，可以自立门派。和兆元曰："和氏太极拳仍以赵堡传承排列，标异不分宗。"故此架仍以赵堡地名为名，但因"拳不出村"，习惯又称赵堡街架，直至20世纪30年代郑悟清、郑伯英等在西安传拳，流传于世，才以和兆元姓氏为名，称为"和式太极拳"。和兆元著有《太极拳谱》《太极拳行功要论》等拳论。其三子和敬芝著有《高手武技论》等太极拳理论文章。

赵堡太极拳第九代传人和庆喜（1857—1936），字福棠，为和润芝长子，河南温县赵堡镇人，是赵堡太极拳第八代宗师和兆元之孙。和庆喜生活在一个封建军阀混战的黑暗年代，8岁即开始跟随祖父和兆元学习赵堡太极拳。苦练数年，拳术纯正。在艰苦的岁月中，和庆喜始终牢记祖父的临终教诲："日后与人交手，挨打也不要改拳架，挨打怨你没功夫，为啥挨打，在自己身上找原因。"和庆喜为人和善，德高望重。民国十七年（1928）提倡发扬国术，和庆喜时年已71岁，古稀之年，不顾年迈开山授徒，发扬光大赵堡太极拳，有教无类，因材施教，从学者众多。在短短数年内，他教出了一大批如郑伯英、郑悟清、郭云、郝玉朝、和学信、柴玉柱等身怀绝技的高徒。1931年，和庆喜踌躇满志，让徒弟去开封打擂，其弟子郑伯英以赵堡太极拳之精湛拳艺，技压群雄，威震武坛，获得此次华北五省国术擂台赛冠军，获"神手"之名。在理论上，和庆喜著有《耍拳解》《习拳歌》等。

第二节　赵堡太极拳传入陕西

赵堡太极拳发展至第九代传人的时候，正是中华民族内忧外患、人民深陷水深火热的时代。人们平静的生活被打破，很多人颠沛流离。正是在这样的环境中，赵堡太极拳悄然在陕西燃起了星星之火。这点滴星火，随着时间的流逝，在陕西大地上逐步发展、扩大，得到了较好的传承与发展。

1937年，因为战争的原因，山西一家炼油公司的一名会计受公司指派携款到西安汇款，可是由于战乱他没有办法再返回山西与家乡河南，便在西安定居下来。他业余时间会练起自己"半路出家"习得的赵堡太极拳。许多人闻讯，纷纷前来一探究竟。一些人或慕名前来拜访，或亲自登门"踢馆"。一来二去，部分诚心向学的人开始拜他为师，向他学习拳法。一传十，十传百，一人教数人，数人又再传数人。就这样，赵堡太极拳通过他的传授，在西安得到了较大的发展和良好的传承。他就是被誉为"西北二郑"之一的郑悟清。

郑悟清（1895—1984），生于清光绪二十一年（1895），卒于1984年。原名郑梧卿，字凤臣，后用悟清，河南温县赵堡镇人。其父郑湘在开封合盛布庄任经理。郑湘48岁时才得悟清，因其父兄弟四人，仅有悟清一个男丁，家人对其极其宠爱，使得他幼年生活节律紊乱，先天体弱多病。他于10岁入学，读四书五经，学孔孟之道。1911年，16岁的郑悟清被父亲送至清化镇（后改为博爱县）一典当行当学徒。郑悟清赋性朴实，曾受庠序之教，故勤于职守。1914年，郑悟清19岁时，其父不幸逝世。第二年，20岁的郑悟清被委以会计职务，白天处理业务，晚上加班记账，事繁而任重。1923年，在他任会计之职8年后，28岁的郑悟清患上肺痨，医药无效，只能回乡休养，归里后几至不起。此时，刚好郑悟清有一同学好友李俊秀，出身中医世家，善于医术、医理，特为郑悟清治疗。在李俊秀的医治下，郑悟清的身体有所好转。李俊秀长郑悟清5岁，是一名太极研习者，为让郑悟清的身体尽快恢复，遂授其赵堡太极拳"腾挪架"，这一年

郑悟清29岁。经过治疗与拳法练习，郑悟清的病大为好转，身体也逐渐强健，由此他也开始了对太极拳一生的求索。

自民国十三年（1924）随李俊秀学习赵堡太极拳"腾挪架"起，郑悟清就勤练不辍。民国十五年（1926），典当行生意凋零，事务减少，郑悟清抽出大量时间练拳，勤奋用功。此时多有人前来寻访，他也多与人交手。民国十六年（1927），时任当地铁路局警务处教官的王秉瑞，是位武术高手，闻听郑悟清拳法高明，前来会访。出手切磋，三次出手均被郑悟清走化于外，王秉瑞大为叹服，遂要拜其为师。郑悟清认为王秉瑞亦为拳家、名师，答应以友相待传拳。在王秉瑞的影响下，前来求教和拜师者众多，郑悟清的名号响彻周边县域。

民国十七年（1928），河南国术馆成立，馆长陈泮岭号召河南各地组织习武，以期举行全省比武。时年71岁的赵堡太极拳第九代大师和庆喜为弘扬祖传绝技，不顾年迈，开山授徒传艺。此时33岁的郑悟清也才得知毗邻居住的和庆喜为赵堡太极拳大师。在李俊秀常年外出行医、漂泊不定、学拳不便的情况下，郑悟清遂拜和公为师，开始系统学习赵堡太极拳"代理架"。当时跟随和庆喜首批学拳的还有郝玉英、和学敏、郝玉朝、郭云、大庚、元成。跟随和公习拳，对郑悟清具有深远的影响和意义。民国十九年（1930）左右，典当业务结束后，东家事务转入绛州美孚炼油公司，郑悟清遂入职炼油公司。当时租用的经营场所是古老的中式二层楼房，一层白天营业，晚上是店员睡觉的地方，二层则是郑悟清的办公室兼卧室。夜阑人静之际，或在工作疲劳和读书困乏的时候，郑悟清会通过练太极拳活动身体、修养精神。平日木楼板人们走起路来咯吱乱响，郑悟清练拳时却步灵身轻，几无响动，这亦正是赵堡太极拳"三尺罗衣挂在无影树上"的精妙所显。在绛州的两年间，与其接触者有孙兰亭等武林人士。孙兰亭当时以洪洞通背、罗家枪法卓越成名，与郑悟清交流之后，颇为受益。抗日战争时期，孙兰亭亦到西安，并跟随郑悟清先生习拳，直到"文革"时期才回到山西。

郑悟清"单鞭"式拳照

民国二十一年（1932），郑悟清到美孚炼油公司山西茅津渡口，协理茅津渡口到会兴镇（今属三门峡）车站之间的炼油转运。渡口往往因火车站、码头装卸等问题受到当地恶霸、流氓等的骚扰，经商者都很头疼。郑悟清到来后，惩恶扬善，几次凭功夫惩戒前来无理挑衅、勒索的恶霸、流氓，并恩威并举，在当地树立了威信，使得炼油公司的货物转运极为通畅。渡口的协调工作稳定后，其他事务不多，郑悟清开始每天投入大量精力勤研太极。在山西7年的用功，使他的太极拳达到炉火纯青之境。

民国二十六年（1937），日本侵华战争全面爆发。民国二十七年（1938）后随着日寇的肆侵，陇海铁路也随之中断，煤油已无货可供，加之石油产品也被列为战争管制物资不允许私营，无奈之下东家只好将绛州的煤油庄关闭。这时候东家还欠美孚公司部分货款，当地汇款的邮路已经瘫痪，听说西安还可以向上海汇款，于是郑悟清与东家商议后将纸币兑换成1300多块银圆,并来到西安,将所欠的货款全部汇给了上海美孚公司。之后因家乡河南已被日寇占领,日军也已至山西运城,无法回去,郑悟清遂在西安寻求生活。他先是住在西大街绛州人开设的德记机械制造厂,还在十里铺的织布厂上过班。在此期间认识了在省政府教长拳、剑术的李姓拳师,两人相交甚欢,李拳师也折服于郑悟清的太极拳法。经李拳师介绍,得到省长熊斌的许可后,郑悟清开始到省政府教授太极拳,主要教授对象为视察室人员。是年(1938),中央陆军军官学校第七分校正式奉命筹办,于3月29日在陕西凤翔正式成立,5月份迁至西安王曲镇。

民国二十八年(1939),经陕西省视察室人员唐毅介绍、西安警备司令部副司令余辉庭邀请,郑悟清到西安警备司令部传授赵堡太极拳。此时,他也结识了律师王玉峰(河南人,太极拳爱好者),经王玉峰介绍,郑悟清认识了国民党军政部西安办事处主任犹国才。犹国才请他到办事处担任教官,并授予"少校二级"衔。在此阶段,郑悟清空闲时也在建国公园(现在的西安市儿童公园)练拳。由此也开始了他在西安的民间太极拳教学。最开始学拳者中有两个山东人。民国二十九年(1940)左右,犹国才介绍郑悟清到中央陆军军官学校第七分校(黄埔军校西安分校)担任国术教官。在军校期间,郑悟清平时吃住在军校,休息日回西安,住在盐店街家中。1946年,军校停办,郑悟清到国民党西北补给区司令部军疗所授拳。之后郑悟清又在国民党西安军政部教拳,居住在喇嘛寺。一年后,搬至解放路七路口居住,由于距革命公园较近,平时练拳、教拳场所也改至革命公园。1949年杨德亮兼任西安警备司令部司令期间,郑悟清受聘在警备司令部教拳。1940年到1948年间,郑悟清还在中央银行西安分行教授过太极拳,并被西安国术馆委以委员之职,常与陕西国术馆的郑子毅、杨文轩等交流拳艺,同时也以武会友,结识了西医界高智怡,中医界郭明三、李道扬,还有新兴工业家襄明玻璃厂经理方瑞亭等。

黄埔军校第七分校教职员工一览表

分校主任 胡宗南	分校副主任 邱清泉	分校教官 成恒长
官教班主任 王仁	办公厅主任 吴瑶	学生队总队长 王治岐
武术教官 郑悟清	战术教官 郑伯庸	办公厅主任 罗厉戎
总务处处长 杨立	政治教官 高化臣	副总队长 袁显扬
（前）办公厅主任 袁朴	教育处副处长 彭克定	教育处长 刘仲荻

注：这一时期，除了做教官教授学生，郑悟清利用业余时间，在西大街建国公园（现在的儿童公园）和西大街省图书馆后边的民众教育馆教拳。

郑悟清演示"拖枪败式"

中华人民共和国成立后，郑悟清全身心地投入到研拳教学中，1951年搬至西安市东关景龙池，后搬至景华巷，1953年搬至东关南街古迹岭24号。此时学拳的有李海龙、吴生安等。1958年兴庆宫公园建成，郑悟清开始在兴庆宫公园沉香亭前教授赵堡太极拳。1960年初，国家处在困难时期，城市生活尤为困窘，为了谋求一家老小的生活出路，长子郑瑞一家迁徙至宝鸡，后定居在郿县齐家镇官村庵村，郑悟清也在这里待了一两年。1961年，郑悟清次子郑钧回河南老家务农。1962年左右，郑悟清回到西安家中，仍在兴庆宫公园教拳。随着社会经济条件的好转，郑悟清开始了安定教拳的生活。"文革"期间，西安武风盛行，郑悟清用心授拳，从学者众多。众多学生热衷于推手，掀起了西安推手热。推手主要集中在西安南门和北门里的花园内，以及新城广场、大雁塔（南门的推手一直延续到约1997年其内外花园重建）。那时，每逢节假日，不分门派，大家都在一起交流拳艺。平日里，弟子则随郑悟清习拳。他曾说："练太极拳须有三个条件：一是个人和社会要有安定的环境；二是有道德高尚的老师，从武艺、武德两方面教导；三是个人需爱好而且要有恒。三个条件具备，练拳大成方可有望。"

郑悟清谦和慈祥，儒雅大度。在良师益友的教导相助下，经过数十年苦练，终于登峰造极，演拳小巧细腻、速度均匀、柔软轻灵，体现了"中、正、平、圆、轻、灵、柔、活"的拳艺特色；搭手圈小多变，因敌变换，轻灵制人，制人而不伤人，所以人多服其拳艺，其还总结出"无意便是真意"的太极拳至高境界。郑悟清见人总是笑脸相对，"哈哈"以礼，让人如沐春风。郑先生高义，交往之人遍及学界、政界、书画界、武术界，从学者遍及全国各地。

兴庆宫沉香亭（郑悟清与弟子在西安兴庆宫公园练拳场所）

前排左起：阎秉初（古董收藏家）、郑悟清（赵堡太极拳宗师）、左三左四名不详（分别为书画家、古币收藏家）；后排左起：高峰（陕西省文史馆馆员、历史文献研究员、古籍文献专家）、徐芝兰（西安音乐学院教授）、左三姓名不详（西安音乐学院教授）、程克刚（书法大家）、贾堃（著名老中医）

  郑悟清精研太极，安贫乐道，一生致力于太极拳法的研习。他与人交手，有时虽然人打出去了，但是自己觉得发劲不够顺达，他就会一直研究，直至顺达为止。授拳中，他从不索取，家中艰难之时也不会向学生索取费用，都是学生主动给，先生才会收下，以维持生活，一切安于心，乐于行。在带徒方式上，他遵循师父和庆喜有教无类、因材施教的教诲，学生中士农工学商，遍及各个阶层，有岁数大的、年龄小的，也有为了养生的、为了练技击的，郑悟清都一视同仁，不厚此薄彼，并能根据各人特点施以不同的教学方法，言传身教，一丝不苟。对年老体弱者，教时以养生为主，拳艺次之，防身技法更次之；对幼年学者，以拳艺为主，技击次之，养生更次之；对青壮年学者，技击、拳艺、养生三者俱进，要求更为严格。郑悟清认为赵堡太极拳养生、技击密不可分。正是在教学中因人不同，教法分出主次，才能在较短的时间内收获较大的成绩。

郑悟清修身悟道，律己严行。他经常用毛笔抄写拳谱，在毛麻纸上所抄写的拳谱总是干干净净，没有一个墨点。教拳时他常说"少而精，多而惑"，秉持"真传一句话，假传万卷书"的理念，一般一次只教一个动作，循序渐进，一丝不苟。他认为"应人事小，误人事大"，教人要有法、有度。他保持着早上4点多起床，5点到公园练拳的习惯，每次都是以身为范，带学生练习拳架数十遍，然后讲拳；下午，先生还要给到家中学习的学生指导拳架和

郑悟清80岁时毛笔手书

推手；晚上有时还要去公园打拳。在太极拳悟道的路上，郑悟清从未停止过前行，80多岁仍在不断学习、总结。他行动不便躺在床上时，依然在指导前来看望他的学生的拳法。郑悟清的大道之行，可谓大音希声，大象无形。

1979年，郑先生年迈思乡，曾回乡小住。1982年底，郑先生又一次回到河南老家，而这次再未能返回西安。1984年元月，郑先生给宋蕴华来信问"河南温县要举行太极拳比赛，能否参加"，并提及"身

体不好，甚是想念西安弟子"。宋蕴华同高峰、李随成等西安师兄弟商议后，由李随成、宋蕴华和郑国庆三人到赵堡镇看望了郑老师，并准备参加比赛。后来，由于温县比赛不让外地人参加，于是由李随成表演了赵堡太极拳，宋蕴华和郑国庆表演了推手。1984年3月30日，郑钧给高峰发来电报言"郑老师不行了"。高峰召集部分西安弟子商议，定下由李随成、宋蕴华、吴本忠、张占营四人前往河南吊唁，同行的还有郑喜梅和郑喜桃的女婿。众人赶到老师河南家中，和郑老师家人一起布置了灵堂，并守灵祭奠。郑先生逝世一周年的时候，西安众弟子在西安市社会路市政公司礼堂举办了隆重的悼念活动。郑先生逝世三周年纪念仪式上，著名武术家李天骥从北京寄来"太极拳名家郑悟清先生·发扬武当精华"的亲笔题词；武当山武当拳法研究会谭大江撰联"情寄西京桃李流芳名四海，拳精武当英威遗世壮中华"。四周年时，弟子们感怀师恩，立碑纪念。

郑先生逝世，其陕西弟子代表奔丧，与其家人一起料理后事（左起：张占营、吴本忠、郑钧、郑瑞、李随成、宋蕴华）

第一章 赵堡太极拳传播与发展

郑先生逝世四周年纪念仪式中，弟子感怀师恩，立碑纪念

郑悟清先生数十年的辛勤耕耘，结下丰硕成果，所传弟子成绩斐然。弟子们也不忘师恩，继承师父遗志，积极传播赵堡太极拳，硕果累累。郑先生的西安弟子牵头于1984年10月成立了"西安武当赵堡太极拳研究会"；其子郑钧在河南温县成立"温县赵堡太极拳郑悟清拳法研究会"，并积极传拳，桃李满天下；其弟子李随成继承先生衣钵，致力于弘扬赵堡太极拳，成立"华夏太极推手道馆"，发行了《赵堡太极拳》教学视频，并牵头为赵堡太极拳申报文化遗产（2013年赵堡太极拳经陕西省人民政府批准，列入"陕西省非物质文化遗产名录"），李随成更是带出一批套路、散手、推手冠军，为赵堡太极拳的系统、全面传承与实战化发展做出重要贡献；其女徒弟纪昌秀，后来移居香港，组建了"香港赵堡和式太极武术（国际）总会"，积极开展教学活动，卓有成效，纪昌秀的学生许玛丽（泰国华侨）1984年在西安国际太极

拳邀请赛上获第二名，纪昌秀的女儿张万珠1988年在杭州国际武术邀请赛上获女子太极拳冠军，后在澳大利亚教拳；其弟子宋蕴华组建了"中国长安国际太极拳研究会"，并担任泰中工商文化艺术交流有限公司副董事长，受聘于英国剑桥华人世界出版（有限）公司，担任《中国海外华人名人辞典》主编，创立国际太极易拳道，把赵堡太极拳推向世界；其弟子刘瑞在全国各地及国外传授赵堡太极拳，著有《武当赵堡承架太极拳》；其弟子吴忍堂成立了"武当赵堡悟清拳法研究会"；吴本忠、侯尔良等弟子也积极传拳。对于赵堡太极拳的现代传承与发展，郑悟清先生具不世之功。

郑悟清在院中乘凉

比郑悟清稍早,一名同样出身于河南赵堡太极拳的年轻人,于1935年左右来到古城西安。来西安后不久,他即被聘为赵寿山部下三十八军武术教官。这名相对年轻的拳者便是"西北二郑"之一的另一位——郑伯英。

郑伯英(1906—1961),字锡爵。22岁时跟随赵堡太极拳第九代传人和庆喜老先生学习太极拳。和庆喜老先生见郑伯英忠厚正直、勤奋好学、尊师重道、痴迷武技,逐渐将太极拳的真谛无保留地传授给他。郑伯英拜师之后,每天沉浸于练拳,早中晚三次,一次两三个小时,成"百套架子之功"。他每次练拳,汗水都会浸湿全身衣服,非常刻苦。苦练使他的技艺逐渐精湛。民国时期,他获华北五省国术擂台赛冠军,有"神手"之誉。

郑伯英行拳舒展大方,快速而又变化多端,一分多钟一遍拳架,技击中挨着何处,何处击,功夫已达化境。民国时期,第五届全国运动会原本拟于1931年10月10日举行,为此很多省份在当年举办了确定本省参赛人员的选拔赛。在此契机下,河南温县、焦作地区筹备组织开展了当地选拔赛。郑伯英和郭云、郝玉朝作为赵堡太极拳第十代传人,参加了擂台赛选拔,并从中脱颖而出。1931年4月,华北五省国术擂台赛在河南开封举行。在赴开封参赛之前,和庆喜告诉郑伯英,赵堡太极拳上擂台需谨记"打死不后退,后退必打人"。在比赛中,郑伯英谨记教诲,技压群雄,获国术擂台赛第一,被誉为"神手",赢得"拳艺高水平"荣誉。大会授予其金牌、"优胜"红旗、大小银墩一副、宝剑两把。获胜归来,郑伯英感念师恩,于是将奖品交给师父和庆喜,很长一段时间,"优胜"红旗都悬挂在和家。到了1931年9月,"九一八事变"爆发,第五届全国运动会推迟。

擂台赛后，郑伯英名噪当地，前来拜访、邀请者众多，尤其受到当时一些帮会的关注，邀请其坐镇或者加入。郑伯英明大义，不愿助纣为虐，更不愿为害乡里，也知道待在当地无法推托，于是携家眷离开赵堡，渡过黄河到了潼关，暂居和庆泰（和庆喜兄弟）处。之后的两年左右，郑伯英以修火车为业，每天勤练太极拳不辍。1934年12月，陇海铁路潼关至西安段通车，郑伯英遂于1935年前后来到西安。到西安后，郑伯英早期先住在西安市尚德路，后住在西安市尚俭路。尚俭路离革命公园较近，他平时会到革命公园练拳。自那时起，革命公园就成了郑伯英练、教赵堡太极拳的"根据地"。1938—1940年，郑伯英在国民党三十八军赵寿山部队担任副官、武术教官，并随军参加了中条山战役。后因病从部队返回西安。

郑伯英在西安革命公园

郑伯英先期在西安尚德路以布棚搭建居所暂住。那时生活贫穷，为了生计，他在西安旧货市场经营旧货，还在牙刷厂做过牙刷。20世纪四五十年代，郑伯英举家搬至尚俭路。业余时间，则在西安革命公园教授拳法，从学者众多，有张鸿道、李应聘、直存喜、赵鸿喜、董金、任绍先、郭士奎、范诗书等，早期还有个道士，大家不知其名，都称他"曹老道"。后因其外甥董金家房子多，在西安市东关枣园巷有三亩地的院子（后门出去即至护城河边），适合练拳或经营，其外甥便让出来让郑伯英搬进去居住。郑伯英练拳、教拳的地点也移至东门外和自家院中。郑伯英早上4点起床练拳，晚上教拳，随其学拳者众多。在枣园巷居住时，郑伯英先是以养奶牛为业，但因当时大家生活都很困难，奶钱也多收不回来，只能停业转行，最后在八仙庵以配钥匙为业。郑伯英所练的赵堡太极拳舒展大方，轻灵柔活，行云流水，飘逸自然。他教的拳法讲究"手不离胸、贴着地走"，动作幅度大，功力好，外界亦称其为赵堡太极拳"大架"。

郑伯英精于"一打六开",此技也展现了其拳法的精妙和太极功夫的醇厚。他善于引进落空,处险境而后发先至,屡挫强敌,未遇敌手(他在技击中喜欢用高探马动作,高探马虽然只是一招,但在他身上变化无穷)。

郑伯英心善,出手多制人,而不伤人。教授学生有教无类,从学者有政府高级领导,如赵寿山、彭胜等,还有商业人士,也有蹬三轮、扛货物的。他从不向徒弟收取学费,为人谦和,非常关爱学生。

1961年5月19日,郑伯英喝了一碗稀面汤,就背上工具箱到八仙庵配钥匙。去了一会儿他便倒在了地上。邻人送信到家中,郑鸿升与其妹郑鸿姿赶到八仙庵,用架子车把晕倒的父亲拉到医院,然而抢救无效,郑伯英逝世。郑伯英去世后,到家中吊唁者很多,院子里站满了人。郑伯英去世后葬于三兆公墓,后由于城市建设而搬迁两次,现安葬于西安霸陵墓园。郑伯英弟子众多,著名者有郑鸿升、郑鸿烈、李应聘、张存义、潘金祥、陈守礼、侯自成、段国社、和良福、王天水、王官长、张有任、赵增福、周静波、李应中、任绍先、杨邦泰、任长安、马殿章、王培华、毕运斋、苏国忠、郑邦本等。有人美谓郑先生有高足弟子八人,称之为"八大金刚"(郭士奎、柴学文、王德华、范诗书、张鸿道、赵宏喜、任子义、田钧晋)。近年来,郑伯英所传的赵堡太极拳亦传至全国各地及海外。

1997年11月26日,郑伯英部分弟子会聚西安革命公园演练赵堡太极拳并合影(前排左起:王官正、郑邦本、柴学文、范诗书、李应聘、任子义、段国社、王培华、王官长)

2005年郑伯英弟子合影（前排左起：柴学文、李应聘、范诗书；后排左起：任福堂、王培华、任子义、任长安、郑鸿烈、赵增福）

20世纪30年代，另一名赵堡太极拳弟子离开赵堡镇，辗转来到陕西，先到宝鸡，后又定居西安。于20世纪50年代开始面向社会教授赵堡太极拳。此人就是"西北二郑一侯"的侯春秀。

侯春秀（1904—1985），字天顺，河南温县赵堡镇人。赵堡太极拳第十代传人，生前任西安武当赵堡太极拳研究会名誉会长。17岁即拜赵堡太极拳第九代宗师张敬芝为师，尊师重道，敬师如父，深得张先生传承。数十年的钻研与勤行，总结有《武当承架三合一技击总诀》《太极拳心意妙用歌》《太极拳打手基础歌》《太极拳用法精要论》《太极拳理论综述》《太极拳三盘秘法》等。

1936年，侯春秀离开赵堡镇，辗转来到陕西，先在宝鸡待了一年。1937年到西安，起初在解放路卖布匹，当时梅花拳传人焦明德也在那里摆摊，两人关系很好。中华人民共和国成立后，他加入了三轮车队，负责开票工作。

20世纪50年代，侯春秀面向社会公开教拳，教拳地点在革命公园对面的铁路职工医院附近，这时他住在东六路。

20世纪50年代末至60年代，侯春秀主要在革命公园传拳，后因公园人流量大，遂移至西安市体育场。主要传人有刘玉英、张玉亮、黄江天、侯占国、王喜元、史振义、侯转运等十几人。后期常有上门求教的，他则会在建设公园巷、人民银行后门人行道空地教推手。

20世纪70年代，跟随侯春秀学拳的有裴国强、黄江天、权会敬、徐孝昌、岳剑峰、郭宗发、王建、党建民、李双印、魏富金、廖振翔、刘会峙、李宗有、张顺林、张长林、林泉宝、邱保平、罗及午、王德信、赵策、刘晓凯、张彻等。那时候除了在西安教授，侯春秀也常去咸阳传授赵堡太极拳，在咸阳教拳则多住在张长林、朱君堂或裴国强家中。1976年唐山地震，侯春秀带徒弟参加了当时西安市政府在西安市体育场举办的赈灾义演，他表演了太极拳，传人侯转运与王喜元表演了推手。

20世纪80年代，侯春秀由西安东六路搬家至东一路75号，因距离东门较近，他授拳的地点也换到了东门外的环城公园。1984年武当赵堡太极拳研究会成立时，侯春秀与弟子裴国强进行了太极推手表演。同年，在国家体委组织的武术挖整工作中，侯春秀和弟子侯转运、王喜元、侯玉娥、刘晓凯展示的赵堡太极拳拳架与推手，第一次以影像资料的形式得以保存。这是"二郑一侯"保留下来的唯一一套拳架、推手全面的影像资料，弥足珍贵。

侯春秀授拳多数在公园，也有一些弟子会到侯春秀家中去学。侯春秀教拳一般先教拳架，拳架会教一两个月，之后会有一段时间的拳架纠正过程，等拳架练好后，有兴趣的就开始传授推手。其间，侯春秀也曾传授过一套来自赵堡镇的棍法。

侯春秀德艺双馨，心胸开阔，打破门户之见，对于其他拳种、门派的拳友和求学者，都热诚以待，细心指导，每每使他们学有所获。原来习练陕西红拳的陈志生、郭宗发、王建，习练梅花拳的郭虎、孙子生等，都向侯春秀学习赵堡太极拳。20世纪70年代，他们每周日早上会去大雁塔"摆场子"，交流和切磋推手。现在陕西的一些赵堡太极拳名家都曾得到过侯春秀的指点。也正因为侯春秀为人谦和、拳艺高超，与陕西武术界的名人关系密切，如"西北二郑"、梅花拳焦明德等，前来拜师学艺者络绎不绝，从学者众多，遍布陕西社会各界。高尚的武德、品格和精湛的拳艺，使他深受武术界同仁认可，也被弟子感佩和爱戴。1985年侯春秀去世时，前往吊唁、送行的陕西武术界和其他各界人士众多。侯春秀先生的传人将其所传的拳称为"武当赵堡侯氏承架太极拳"，简称"侯氏太极拳"。

1984年侯春秀（前排中）与其部分传人在西安合影（前排左起：侯战国、徐孝昌、侯春秀、黄江天、刘会峙；中排左起：王喜元、雷济民、李双印、胡□□；后排左起：赵策、黑子、韩□□、刘鸿义、侯转运）

1938年因避战乱从河南迁至陕西的还有张铎。张铎是河南温县赵堡镇人,生于1907年,1983年逝世。幼年时跟随本村太极拳一代宗师张敬芝学拳,曾在本村私塾教书。1938年来西安后,闲暇时授徒传艺。传人有张福安、任朝松、李树德、张福生、职立成、赵国盈、赵鸿运等。

于20世纪20年代末迁至陕西的赵堡太极拳的传承者还有宋清河。宋清河于1928年西迁到周至和鄠县(今为鄠邑区)交界的祖庵镇,之后又东迁于鄠县最东边的秦渡镇,在此成家并居住于此。1940年春,宋清河的老师陈应德宗师来陕西寻访到他。两年间,陈应德见他已经得到自己平生所学,遂欣然离开。此后,宋清河在继承原汁原味的太极拳的基础上,对所学的古传忽灵架太极拳进行加工提炼,广泛吸纳陕西地方武术、道家功夫和少林功夫的精髓,一直不断钻研。

宋清河(1904—1975),原籍河南怀庆府崇义镇金冢村,1975年逝世于秦渡镇,被后人尊称为"老宋氏"。

宋清河幼年秉承家学,后师从陈应德习练忽灵太极拳。忽灵太极拳又称忽雷太极拳,由清末太极拳大师李景颜在其师陈清平所传太极拳的基础上创编而成,李景颜又传杨虎、王赐信、张国栋等人。陈应德年龄较小,因师门辈分规矩的限制,虽受教于李景颜却名为杨虎之徒。机缘巧合之下,陈应德跟随李景颜、杨虎、王赐信等人学习,较为全面地继承了忽灵太极拳。宋清河跟随陈应德学拳期间,由于尊师重道、肯下功夫和善于钻研,深得陈应德的喜爱,亦较为全面地继承了忽灵太极拳。

宋门太极,即是宋清河对所学的古传忽灵架太极拳进行加工提炼,在继承原汁原味的太极拳基础上,广泛吸纳陕西地方武术、道家功夫和少林功夫的精髓,于1945年至1970年间,形成的以背丝扣、十指连为核心理法的拳法。此拳既体现了太极拳的特点,又突出了较强的个性,脱化成独树一帜的太极拳新流派。该流派在宋清河逝世后,于1976年被称为宋门太极。主要传人有齐百胜、张云德、弋蕃献、郑光荣、吕生虎、张志文、李山胜、杨中旺、乾成荣、韩耀涛、张军民、李世民等。

在抗日战争那段动荡的历史时期,从和庆喜练拳的弟子,多离开赵堡镇,寻求生存和发展,他们也推动了赵堡太极拳向外的传播。郑悟清由山西到陕西后,就留在西安。后郑悟清长子郑瑞举家迁移到陕西,也开始了他在陕西的传拳与生活。特别是他历时多年、呕心撰写完成的《武当赵堡太极拳小架》一书,颇具影响。

郑瑞(1917—2001),字雪樵,河南温县赵堡镇人。郑悟清的长子,赵堡太极拳第十代传人,曾任中国武当山武当拳法研究会顾问。郑瑞7岁时跟随父亲向赵堡太极拳腾挪架大师李俊秀学习腾挪架太极拳,12岁起随赵堡太极拳第九代宗师和庆喜刻苦学习代理架太极拳,达8年之久。郑瑞学艺之年,正值中华大地多事之秋,初为军阀混战,继而日寇祸华,在其父郑悟清到西安后,他也携家人到陕。到西安后,他先是做小生意,后开办纺织厂稳定了家庭生活,使父亲郑悟清不需操心家务,能安心授拳。到了20世纪60年代,国家处于艰难时期,城市生活较为艰辛,为了一家人的生活,他携全家迁徙至宝鸡眉县,开始了耕作的农夫生活,

解决了家中的生活问题。后来情况好转，郑瑞则定居在了眉县。1975年，郑瑞与其子郑华南回到河南温县赵堡镇家里生活。后又回到眉县。

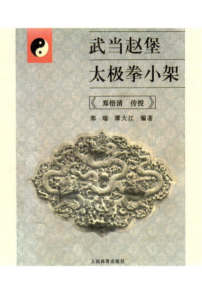

受父亲的影响，郑瑞对赵堡太极一生挚爱，将毕生心血倾注在赵堡太极拳的研究和传承上。他拳艺、理论俱高，西安太极拳界一些武林同道，不顾路途遥远，经常去眉县向他请教拳法、理论。他晚年著述颇丰，且论述精辟，与谭大江合著有《武当赵堡太极拳小架》一书，影响甚大，为赵堡太极拳的发展做出了卓越的贡献。2001年8月19日，他在眉县家中无疾而终，享年84岁。当时身在美国的宋蕴华得知郑瑞去世，远渡重洋，率弟子前往吊唁，并亲撰挽联"艺苑陨泰斗南山松柏长苍翠，九天含笑意故园桃李尽芳菲"。之后，宋蕴华撰写了《郑瑞先生纪念碑序》，其中"闻道感当年重谒元亭空洒泪，传经珍此地再瞻绛帐暗摧心"之语，更能感受到他对同道高师的缅怀之情。

由于战争因素，数以万计的河南同胞流落陕西，一直秘传于河南温县的赵堡太极拳，也跟随着传人郑悟清、郑伯英、侯春秀等的避难陕西，而开始在陕西落地生根。他们有风骨、有情怀，把蕴含易理、富有哲思的优秀传统文化——赵堡太极拳带到了陕西，丰富了陕西武术。他们是太极拳撒种传播的开拓者，也是大千世界芸芸众生中的一分子。他们以笃定、坚守的信念做出了对世界有益的贡献，将赵堡太极之种撒向了世界。

郑悟清部分弟子与郑瑞合影（左起：郑喜梅、孟喜成、郑瑞、吴本忠、张占营）

第三节　赵堡太极拳在陕西的发展

20世纪三四十年代，正是郑悟清、郑伯英、宋清河等人，凭一己之力发扬赵堡太极拳，使赵堡太极拳在陕西大地上开始萌芽。

中华人民共和国成立后，由于赵堡街架（赵堡太极拳）的名声已经在民间逐渐传扬开来，因此许多人慕名前来拜师学艺，学拳的人越来越多。本意不是专门授徒的几位先生，也开始将自己的技艺广泛而全面地向社会传授。

一、20世纪50年代——初步发展阶段

如果说20世纪三四十年代是赵堡太极拳在陕西的萌芽阶段，那么20世纪50年代则是赵堡太极拳在陕西的初步发展阶段。

1952年5月，郑伯英参加了西北五省武术观摩大赛，表演了赵堡太极拳，在社会上引起了关注。之后他在西安公开传授太极拳，并以太极拳功夫再次闻名于世。

郑悟清于1951年搬到西安东关居住，先是短暂居住于弟子谷泰隆的家中，后又在景龙池、景华巷居住，到1953年搬到古迹岭24号居住。此时，郑先生开始在西安民间广泛传拳授艺。20世纪50年代，跟随郑悟清学拳的有谷泰隆、李海龙、吴生安、陈修（秀）祥、李刚（李凤兴）、郑钧、闫俊文等。

这一时期，侯春秀亦面向社会公开教拳，一时间拜师学艺者甚众。

二、20世纪六七十年代——主要发展阶段

20世纪六七十年代是几位大师传拳教人的主要时期，20世纪80年代后的发展，主要依赖于这个时期的学生与传人。令人惋惜的是，1961年，对赵堡太极拳在陕西的传播和发展做出重要贡献的郑伯英逝世。郑伯英先生虽不在了，但在弟子传承下他的拳法得到了很好的发展。此时，郑悟清先生全身心地教拳、研拳，跟随的弟子有赵太学、高峰、李随成、宋蕴华、吴忍堂、刘瑞、张占营、卢华亮、郭大军、吴本忠、王新民、侯生明、赵水龙、冯宜秋、王世益、王万镒、权会敬、魏东林等。

赵堡太极拳的传拳和学拳作为民间性质的自发活动，在20世纪六七十年代得到了一定的发展。"文革"时期，许多人比较空闲，郑悟清告诫、约束弟子不许闹事，要潜心练拳。在赵堡太极拳的推动下，西安还掀起了推手热。这一时期，侯春秀、宋清河等人亦在坚持不懈地传播赵堡太极拳法。赵堡太极拳依靠几位坚

20世纪70年代郑悟清与部分弟子合影（前排郑悟清；二排左起：卢华亮、赵太学；三排左起：雷伯荣、□□□、李随成、刘瑞）

持练拳、教拳的先生，和一批意志坚定、不畏辛苦、坚持学拳的弟子，在陕西得到稳步发展。

从20世纪30年代末到20世纪70年代末，四十多年的时间，赵堡太极拳已在陕西生根发芽，开花结果。

三、20世纪八九十年代——蓬勃发展阶段

1982年，郑悟清离开西安返回河南老家，一代宗师离开了这片他生活了数十年的土地，于1984年去世；1985年，另一位赵堡太极拳大师侯春秀，也走完了他的一生。他们的相继离世，是赵堡太极拳的巨大损失。但可慰的是，他们身后留下了大批赵堡太极拳的弟子。正是这些弟子继承了先师衣钵，为传播中国武当赵堡太极拳做出了不懈努力，参与并见证了赵堡太极拳在陕西的大发展阶段。

（一）参加比赛

进入20世纪80年代，随着社会的发展，赵堡太极拳越来越受到关注。1982年5月21日至28日，"全国武术观摩交流大会"在西安举行。刘瑞和吴本忠在会上进行了太极推手表演。1984年3月，西安

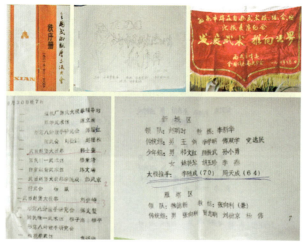

赵堡太极拳越来越受到欢迎

市武术表演比赛上，李随成、周大成、孙金斗、赵华等人都进行了表演。在1985年9月举行的群众武术馆站会社汇报表演中，李随成、郭士奎、李刚、孙金斗、刘会峙、陈贵财都进行了表演。

（二）成立组织

1984年初，为了弘扬和式太极拳，郑悟清门下弟子高峰、宋蕴华、李随成、吴本忠、卢华亮等人商议筹备成立"西安和式太极拳研究会"。在筹办过程中，大家觉得在西安练赵堡太极拳的还有郑伯英先生的弟子和侯春秀先生及弟子，如果集大家之力成立一个组织，更有利于发展。于是郑悟清、郑伯英、侯春秀先生的弟子们集中在一起开会商议，最终决定成立西安"武当赵堡太极拳研究会"。按照当时国家社团管理办法的要求，筹备组积极准备。碑林区体育运动委员会审核通过后，于1984年8月2日正式批复同意成立西安"武当赵堡太极拳研究会"。1984年10月14日，成立大会在西安市社会路西安市

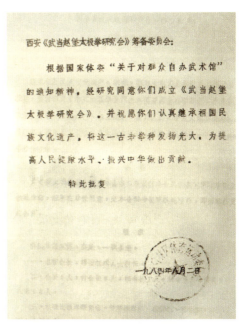

1984年西安市碑林区体育运动委员会批复成立西安"武当赵堡太极拳研究会"的批文

市政工程管理处礼堂（卢华亮先生的单位）举行。大会选举高峰为会长，宋蕴华、李随成、刘会峙、郭世奎、卢华亮、吴青为副会长，宋蕴华为秘书长，刘瑞、史振义为副秘书长，王万镒、雷伯荣、吴本忠为秘书。名誉会长为刘侠僧、徐晋生、郑瑞、李瑞芳、侯春秀、李应中、郑鸿烈，顾问为张林、苏德汉、李文斌、张静华，委员有闫高旺、卢华亮、雷伯荣、

吴生安、李峰青、李小纪、魏习典、徐孝昌、刘瑞、吴本忠、骆善运、王喜元、侯转运、范诗书、蔡学文、王华、李应聘、张占营、杨荣籍、侯子成、赵策、侯经虎、孙金斗、赵军、原宝山、吴忍堂、郭喜旺、王万镒、张长福。高峰作为会长，在大会上发表了讲话，号召大家团结一致，共同打造、发展赵堡太极拳。

西安"武当赵堡太极拳研究会"成立大会的请柬

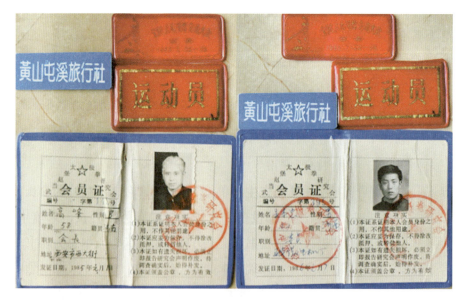

西安"武当赵堡太极拳研究会"会员证

(三）南下传拳

赵堡太极拳在全国乃至国际的传播离不开 20 世纪八九十年代一批精于技艺的传承人南下传拳。20 世纪 80 年代初，纪昌秀女士将赵堡太极拳带到香港传承，使得赵堡太极拳在香港得到传承和发扬光大。1984 年和 1985 年，宋蕴华率徒参加了省、市级和国家级武术对抗赛，其弟子孙金斗和赵军连续两届荣获所在量级冠军，为其南下传播赵堡太极拳打下了坚实的基础。1994 年，宋蕴华在香港创立了集技击、造型、哲理和审美于一体，具有九段位搏击体系的"国际太极易拳道"。依托此组织平台，宋蕴华将赵堡太极拳由香港传向世界。除了宋蕴华外，他的同门也在香港传拳。刘瑞于 1985 年至 1995 年间，8 次南下广州开班讲学，又先后在香港、澳门、南京、武汉、哈尔滨、珠海、深圳，以及新加坡、马来西亚、瑞典、韩国等地开办培训班，培训学员众多。暨南大学古汉语教授戴植秋评价道："刘瑞是赵堡太极拳十一代传人，他不但武艺上乘，而且精于拳理，见解独到。"此时期，郑伯英弟子杨帮泰（新中国成立初期在西安拜郑伯英为师），在上海教授赵堡太极拳。侯春秀弟子林泉宝于 20 世纪八九十年代在上海传授赵堡太极拳，弟子颇多，他同时也在武术杂志上发表相关文章十余篇。郑伯英徒孙王长安于 1988 年开始在四川省成都市收徒传拳，1992 年开始在广西南宁传拳近十年。赵堡太极拳传人南下传授赵堡太极拳，为赵堡太极拳蓬勃、广阔发展打下了坚实的基础，同时也让更多的人了解了赵堡太极拳——讲求自然，技法实战精妙，兼具健身养生价值，有道家延年益寿之功效。

(四）遍地开花

为了促进赵堡太极拳传承的融合与发展，1980 年，在赵堡乡（赵堡镇）党委、政府的支持下，成立了赵堡太极拳总会；1984 年，在郑悟清、郑伯英、侯春秀等人弟子的推动下，"西安武当赵堡太极拳研究会"成立，赵堡太极拳的"群体组织"也由此形成。1994 年以来，以传承人为依托的社团组织遍地开花，宋蕴华在香港创立"国际太极易拳道"；郑钧成立"温县赵堡太极拳郑悟清拳法研究会"；刘瑞成立"西安武当拳法研究会""澳门武当赵堡承架太极拳协会"；李随成成立"陕西华夏太极推手道"；郑华南成立"武当赵堡太极拳郑悟清拳法联盟"；侯转运成立"侯氏太极拳会"；郑建君成立"陕西省武当赵堡太极拳郑伯英拳法培训中心"；纪昌秀在香港成立"和式太极武术（国际）总会"；金根声在上海成立"中华武术会赵堡支队"；戚建海成立"武当赵堡大架太极拳成都传授中心"；等等。这种以"姓氏血缘"以及"师徒制"为结构成立的组织，在赵堡太极拳"师父""名家"的管理下，发展较为稳固。

（五）广传拳法

第十一代传人不负师恩，都积极收徒传艺、传播拳法，为赵堡太极拳的发扬光大尽心尽力。孙兰亭和侄儿孙茂云在西安将赵堡太极拳传入西安武术界，当时知名的陕西拳师王成玉（大老黑）、邵忠义、陈贵财、杨斌、张湘华等都习练此拳。在他们的传播下，赵堡太极拳在陕西武术界得到了很好的发展。孙兰亭在山西也传播拳法，从学者有刘景亮、王才德、孔令剑等。吴生安是主任医师，跟随郑悟清学习赵堡太极拳，对赵堡太极拳有很高的造诣。他将中医理论与太极拳结合，对赵堡太极拳养生有独特见解，也将这种拳医知识传给了他的儿子吴兆知，弟子郭志伟、席庸、曹渊。李随成少年时拜郑悟清为师，跟随恩师20余年，研练武当赵堡太极拳50多年，1984年曾获陕西省太极推手75公斤级第一名，现任陕西华夏太极推手道馆有限公司法人代表、馆长兼总教练，西安武当赵堡太极拳研究会会长，国际太极易拳道总会名誉会长；他在陕西宝鸡、咸阳、商洛及西安地区各大专院校所传弟子上千，再传弟子遍及海内外；为适应现在推手比赛的规则，他在赵堡太极拳的基础上演化出适合竞赛的"太极推手竞赛十八招"，极具推广意义。宋蕴华、刘瑞、戚建海等人常年教授赵堡太极拳，传人众多。第十一代传人卢华亮在澳大利亚致力传承，受众甚多。郑伯英弟子致力传承，推动其一脉的广泛传承，郑伯英孙郑建君，曾孙郑佳乐，再传弟子王海洲、王长安等人积极推动赵堡太极拳的现代传承和发展。侯春秀之子侯转运等人，推动赵堡太极拳侯氏承架的传承，传人众多，传承绚丽。第十二代传人马耀先的弟子还在德国等地成立了赵堡太极拳交流中心。

四、21世纪——再发展

（一）继承遗志　著书助研

赵堡太极拳的传承和发展正在路上，因为其集拳架、推手、散手于一体，集健身、养生于一道，"体、性、命"合修，价值正在凸显。赵堡太极拳曾因为"拳不出村"而鲜为人知，借助近代郑悟清、郑伯英、侯春秀、张铎、宋清河等宗师的传承，赵堡太极拳走出赵堡镇，在陕西大地播种生根，开枝散叶，以至走出国门，走向国际。这中间有奉献传播的传人，也有致力拳法拳理研究的探微寻道者。关于赵堡太极拳的专著和研究也在不断丰富和深入。宋蕴华著有《赵堡太极拳图谱》；郑瑞、谭大江著有《武当赵堡太极拳小架》一书；原宝山拍摄有《武当赵堡太极拳推手、散打》录像带，著有《武当赵堡太极拳大全》等书；李随成出版有《太极推手道》中英文教学片；刘瑞著有《武当赵堡承架太极拳》；侯尔良著有《和式太极拳精义》；郑琛著有《太极拳道》等书；王海洲著有《赵堡太极拳拳理拳法秘笈》，并与严翰秀先生合作整理出版了《秘传赵堡太极拳》《赵堡太极拳械合编》《杜元化太极正宗考析》；赵增福著有《武当赵堡大架太极拳》等书；艾光明、张昱东在侯春秀所传赵堡太极拳基础上著有《侯氏太极拳》《侯氏太极拳内功修炼》等书；何俊龙著有《图解武当赵堡太极拳秘笈》；罗名花、李万斌著有《武当赵堡承架太极拳阐秘》；王玮著有《赵堡太极拳阐秘》等书；李海军著有《赵堡太极拳郑悟清拳法讲义》。蔚然可见一斑。另外，开展学术专项研究的也不少，有学者撰有《赵堡太极拳文化研究》《赵堡太极拳传承研究》《宁夏回族自治区赵堡太极拳发展现状与对策研究》等。王英杰致力于赵堡太极拳拳法、拳理、实战与传承研究，同他人申报完成了国家体育总局武术研究院课题"非物质文化遗产视角下赵堡太极拳传承与保护研究"等。以上罗列综述，意在抛砖引玉，以求更多的赵堡太极拳传承人、习练者、爱好者关注到、投身到拳法、拳道研究上，以科学研究推动赵堡太极拳内涵解读、传承发展，为赵堡太极拳的大放异彩添砖加瓦，为赵堡太极拳的腾飞助力。

（二）继往开来　谱写辉煌

随着社会的发展，赵堡太极拳的组织呈现出一片繁荣景象。吴忍堂成立"武当赵堡太极拳悟清拳法研究会"，李刚成立"陕西悟道拳法研究会"，"西安赵堡太极拳燕义轼拳法研究会"等其他组织也相继成立，十三代传人何俊龙创立了"和太极家族"，在世界各地设有基地，在国际上的影响很大。2005年武当杂志社主办的"国际武当赵堡太极拳联谊会"上，参赛队伍70余支，参赛人数1000余人。2017年第六届武当国际演武大会上，有30余支赵堡太极拳队伍近500人参加比赛。

2012年，李随成以华夏太极推手道馆为赵堡太极拳法人单位，向陕西省政府申报"陕西省非物质文化遗产"。赵堡太极拳非物质文化遗产申报工作中，赵堡太极拳的功法、理法及健身文化价值，受到了陕西省非物质文化遗产评审专家们的一致认可，经过论证、公示，赵堡太极拳被列入陕西省第四批非物质文化遗产名录。赵堡太极拳列入"非遗"，受到了政府的重视和保护，成为其新时期文化传承的里程碑，对推动赵堡太极拳的发展和普及具有重要意义。

2013年12月29日，赵堡太极拳列入陕西省非物质文化遗产名录的授牌仪式在西安市朱宏路西安温州商会会馆举行。出席授牌仪式的领导和嘉宾有陕西省文化厅非物质文化遗产处副处长刘卫东，陕西省武术运动管理中心副主任、陕西省武术协会副主席宋斌，陕西省武术协会副主席李建义，西安体育学院武术系主任马文国、教授白鸿顺，陕西省武术运动管理中心社会部主任肖关纪，陕西省武术协会办公室副主任张世昌，陕西红拳文化研究会秘书长田琨，西安市武术运动协会常务副主席方秀敏，陕西省工商行政管理局经济检查大队队长霍耀斌，陕西女子监狱党委书记张迎喜，礼泉县人民政府常务副县长杨冲锋，河南温县赵堡村委员会委员、温县郑悟清拳法研究会郑新会、郑转会，陕西地区的赵堡太极拳第十一代传人吴生安、李随成、吴忍堂、侯转运，各主要传人门下代表李建、陈书宝、郑琛、山新楼、侯鑫、王玮等，以及国内各大媒体负责人，共计120余人。授牌仪式由陕西省武术协会副秘书长吴联配主持。陕西华夏太极推手道馆馆长兼总教练李随成从陕西省文化厅非物质文化遗产处副处长刘卫东手中接过了"陕西省非物质文化遗产——赵堡太极拳"牌匾。陕西省武术运动管理中心副

陕西省文化厅非物质文化遗产处副处长刘卫东向赵堡太极拳第十一代传人李随成颁授由陕西省人民政府公布、陕西省文化厅颁发的"陕西省非物质文化遗产——赵堡太极拳"牌匾

主任、陕西省武术协会副主席宋斌，陕西省武术协会副主席李建义，西安体育学院武术系主任马文国，陕西红拳文化研究会秘书长田琨等分别致辞、祝贺。

随着赵堡太极拳被列入陕西省非物质文化遗产名录，传承和保护力度得到加强，其发展也开启了新的篇章。赵堡太极拳的传习所建设也在逐步推进，在李随成及其他传承人的努力下，赵堡太极拳在陕西的传承队伍亦在不断壮大。作为"非遗"项目，文化的挖整、传承脉络的梳理、传承人的活态保护、拳法的研究和交流亦在有序进行。

2015年在赵堡太极拳第十三代传人何俊龙先生的发起下，成立了"和太极家族"，其围绕家族三宝"健康、产业、传承"在国内国际推广发展，树立了良好的太极品牌公信力。"和太极家族"认为，"健康"不是"第一"，是"唯一"；"产业"不是"必须"，是"必然"；"传承"不是"责任"，是"使命"。以此三者为家族理念。在何俊龙的率先垂范下，"和太极家族"制订规划、放眼全球，其"太极之旅"环球行也已走遍全国，并在印度尼西亚、马来西亚、阿联酋等地设立分部，传播、传承太极。2018年，四川和太极公司在绵阳开元中学开启军训与太极合并教学模式。2019年7月，和太极家族承办了"第三届健康中国文化

和太极"太极之旅"环球行

"和太极家族"走进军警系统,为军队、警队贡献赵堡太极拳的实战智慧

产业高峰论坛暨和万家绿色生态数字经济联盟大会"。2019年12月,为推动中华优秀传统文化传承发展,"和太极家族"在四川省广安市广安区公安分局巡特警大队进行了太极讲座、教学活动。"和太极家族"五年来的活动和工作数不胜数,稳步开展,其"三宝"陆续推进,未曾停歇,为赵堡太极拳的发展和传承做出了重要贡献。

2017年10月,首届武当赵堡太极拳全球联盟大会暨武当赵堡太极拳联合会在武当山中国太极文化国际交流中心总部基地隆重举行,大会由中国太极文化国际交流中心、武当武术协会、赵堡太极拳总会联合主办,武当赵堡太极拳联合会、和太极家族企业管理中心承办。武当山特区工委书记吴先锋、武当山特区武术局局长徐耀进、武当山特区民政局主任李凤莲出席会议。武当赵堡太极拳联合会主席由吴水利担任,秘书长由何俊龙担任,常务副主席由吴生安、李随成、雷伯荣、侯转运、吴忍堂、吴本忠、王喜元、郑传会、郑建君担任,副主席由郑娥英、陈公舜、王予孝、张占营、王英民、岳剑峰、王中、郑新会、郑转会、孔令剑、郑华南、董永贵、李林、金根声、闫运正、吴国栋、潘永红、安呈林、杨家平、李刚、吕克书、张广汉担任,与会的还有理事、会员、太极相关行业企业家、"和太极家族"成员、新闻媒体人等500多人。

"武当赵堡太极拳联合会"
揭牌仪式在武当山中国太极文化国际交流中心总部基地举行

"武当赵堡太极拳联合会"会场一角

"武当赵堡太极拳联合会"部分副主席合影

"武当赵堡太极拳联合会"传承人合影(左起:施勇、楼江波、王英民、李刚、郑传会、吴生安、郑娥英、郑华南、王英杰、李少武)

2018年9月10日，由国家武术研究院武当武术研究中心、湖北省武术协会、武当武术协会、武当赵堡太极拳联合会共同举办的武当赵堡太极拳"国家竞赛套路"拳架采集专题会议在武当山建国饭店正式举行。国家武术运动研究院武当武术研究中心执行秘书长、湖北省武术协会副主席、武当山特区武术局局长徐耀进，武汉体育学院武当山国际武术院副院长、湖北省非物质文化遗产武当武术传承人杨群力在现场指导、见证采集工作。武当赵堡太极拳联合会主席、常务副主席、副主席及会员300余人参加了此次专题会议。

武当赵堡太极拳"国家竞赛套路"拳架采集人员合影

赵堡太极拳的发展已由全国走向世界。2007年赵堡太极拳第十二代传人彭文在美国成立太极文化协会，目前北美、欧洲等地区的会员达到2000多人，广泛传授赵堡太极功夫和中华传统文化儒、道思想哲理之精华，每年举行国际太极推手比赛和传统太极文化交流论坛，并与各大学院（校）密切合作，开设传统太极和传统文化哲学课程。与此同时，彭文在美国加利福尼亚州设有7个教学点，并立足加利福尼亚州硅谷，在苹果、谷歌、英特尔、思科、脸书等高科技公司广泛传播传统赵堡太极养生文化，其弟子已遍布世界各地，分布于各行各业，包括在校学生、教师、军人、警察、医生、商人、律师、舞蹈艺人等各界人士,尤以电脑工程师为多。

彭文教授美国海军陆战队队员赵堡太极拳技击

彭文组建的美国太极文化协会会员合影

众人在武当山脚下同练赵堡太极拳

在陕西的赵堡太极拳传人中,郑伯英、郑悟清系和式太极拳传人,侯春秀、张铎为张敬芝传人,李俊秀为任长春传腾挪架传人。身在异乡的同村老乡,虽师传风格有所不同,但同乡之情使他们经常走动,在拳理和技术上互相交流,尤以郑伯英、郑悟清、侯春秀以教拳为生,对外以"和式太极拳""赵堡街架"称此拳。1984年,各门统一名称,成立西安"武当赵堡太极拳研究会"。

赵堡太极拳在西安得到长足发展,是西安这片土地养育了赵堡太极拳,并使其由此走向世界。西安强壮的臂膀将推动赵堡太极拳走向健康文明的轨道,为人类的进步做出更大的贡献。

第二章 赵堡太极拳的体系

明末，祖师王宗岳传拳于赵堡镇蒋发，自此赵堡太极拳便落于赵堡镇开始传承。由于时代的局限性，赵堡太极拳仅在赵堡镇世代秘传，习拳者皆为赵堡镇人，又有"拳不出村"的要求，故而鲜为人知。直到 20 世纪 30 年代，赵堡太极拳第十代传人郑悟清、郑伯英、侯春秀相继定居西安，广开门户，择徒授艺，赵堡太极拳才广为人所知。赵堡太极拳传承以无极桩、拳架、推手和散手为运动形式，内容为招、法、劲；形式和内容的修炼需明白规律，把握原则；明理、沉炼、校验，则可规范拳修，通达技击之道。除却技击，赵堡太极拳还有健身、养生、娱乐等功能，可以为人类健康、社会发展贡献智慧与价值。

第一节　赵堡太极拳运动形式

一、运动形式

赵堡太极拳有"代理""领落""腾挪"等架之说，其皆以无极桩为基本功法，拳架、推手、散手三位一体，也叫"三合一"，有"金不换的三合一"之说。另外，因赵堡太极拳拳架为推手、散手服务，处处体现尺寸，亦叫"尺寸架"。无论称谓如何，赵堡太极拳训练都应包括无极桩、拳架、推手和散手的系统性。

（一）无极桩

无极桩也称自然桩，是赵堡太极拳重要的桩法，是一种平衡和谐的内在练功、养生法。拳理曰："太极者，无极而生。"练习此桩时，身体要处于高度放松状态，意形合一，阴阳相调，无形无象。

无极桩练法：身体自然站立，两脚横开与肩同宽，舌抵上腭，虚领顶劲，头正身直，目视前方，周身放松，无欲无求。两手自然下垂。两腿微微弯曲，将身体的重心放在脚掌涌泉穴，保持自然松弛的状态，意守丹田。

无极桩能使习练者有效地调节自律神经，使运动神经系统和自主神经系统得到改善，同时还能使人反应灵敏，是训练高功能神经系统行之有效的方法之一；其还能培养元气、放松身体、稳固身体重心、端正身体姿势、增强腿部力量。

（二）拳架

太极拳拳架是太极拳的基础，是各太极拳派智慧的结晶，它既是太极拳劲力、风格、拳理、文化等的重要载体，也是练劲、懂劲，通达太极拳法、太极劲道，阶及神明的途径。了解太极拳，习练、深研太极拳均应从拳架入手。太极拳从基础拳架开始学起，到最后融会贯通，都要回归于拳架,所以拳架也是其根本。

赵堡太极拳经过长期发展,形成了代理架、忽雷(灵)架、领落架、腾挪架等。在陈清平所传拳法基础上,具有代表性的是和兆元的"代理架",李作智的"腾挪架",牛发虎、张汉、任长春等传的"领落架"以及李景颜的"忽雷架"(亦有人认为此四架为陈清平根据弟子身体特点,分别施教所传)。代理架者,由和兆元结合《周易》《中庸》、理学等,完善了手法、身法、步法与姿势,大大增加技击实用内容,并使架式更顺达自然(大、中、小架及其他拳架基本源自此架);腾挪架者,属于行架,以柔为主,包含了闪、展、腾、挪等动作,练起来柔软而奔放;领落架者,特点是上下起伏、轻松自如,落地时动作轻如猫狸,有的动作带有快速的发劲;忽雷(灵)架,以练习发劲为主,练习时很多动作都有发劲,要求快猛弹抖,迅如雷霆,发劲时要与呼吸相配合。除以上四架外,赵堡太极拳现还有大架、中架、小架、功夫架、车轮架、走架、跳架、内功慢架、飞架等之说。其中,大架者,拳架步子、幅度较大,架式较低,主要练功,与之对应的还有中架、小架;功夫架者,以增长功力为主要目的,架子很低;车轮架者,练习时每一个动作都像车轮般做圆转运动,柔和流畅,以腰、足为轴,以手为轮,大圈套小圈,有平圆、立圆、斜圆等,结构比较复杂;走架者,架式较高,边走边练,轻松柔软,灵活自然;跳架者,有比较多的跳跃性动作,连续性较强;内功慢架者,以锻炼内气、内劲为主要目的,比较强调内在修炼;飞架者,特点是动作快捷,圆活连贯,内劲为主,神意领先,有形似无形。在传承发展中,赵堡太极拳形成了多种拳架,但是这些拳架外形大致相似,内容也基本相同,无非有的重意,有的重形,有的练功,有的练劲,只是侧重不同而已。在赵堡太极拳拳架中,以和兆元所传"代理架",传承最为广泛,习练者也最多。

赵堡太极拳遵循《太极拳论》,以"中、正、平、圆、轻、灵、柔、活、合、顺、自然"为要领,以十三势"掤、捋、挤、按、采、挒、肘、靠、进、退、顾、盼、定"为行功之法,具有"理技相合"与"要拳"等理论特色，蕴含中国传统文化和哲理，极具健身、技击、养生、文化等价值。在其传承中，因个人体悟不同、专长不同，所以拳架外形和式数表达有所迥异，其实内容基本一致。迥异之处也是拳法多样性的表达，也可以理解为共性之外的个性化理解与表达，当然，习练哪个架子对于拳法的学习和理解无甚影响，但须务实、务真、技理相合。

（三）推手

赵堡太极拳推手由郑悟清、郑伯英、侯春秀等人传入西安，主要传承以"上下步"（顺步活步推手）为主。后来在传承的过程中由于教学需要，也吸收其他太极拳拳派的推手方式，从而使赵堡太极拳推手更加丰富。赵堡太极拳推手遵循《太极拳论》，校验拳架、承接散手。现今传承和发展的赵堡太极拳推手类型可谓众多，如单推手、双推手、推平圆、推立圆、定步推手、活步推手、四正四隅推手、一进一退推手、三进两退推手、两进三退推手、乱踩花推手、散推手等，其中以单推手、双推手、活步推手、散推手推法最为普遍。

1. 单推手

单推手强调上肢与下肢及腰胯的协调规范性，上肢讲究圈形，圈要圆而大，力度不增不减，臂要内外旋。圈又分为两个半圈、四个区。歌诀曰：前后虚自然中。定步单推手一般是平推（圆）、立推（圆）形式。

定步单推手是所有太极拳推手的基础。首先，定步单推手包含着太极拳最基本的要领，这些要领在定步单推手练习中可以得到非常充分的锻炼；其次，正确的定步单推手能使人真切体会到太极拳中很多动作如何练才是正确的，有了正确体会的太极拳锻炼才能保证太极拳特殊的武术与健身功效；再次，定步单推手锻炼成熟了，定步与活步的四正推手锻炼也会得心应手，散推也才能灵活应用，也能为赵堡太极拳从推手过渡到散手与实战打下坚实基础。

2. 双推手

双推手动作有平圆双推手、立圆双推手。动作路线与单推手相似，不同之处在于双推手是一手接手、一手搭肘。推手中要做到自己的手不离开对方的肘部。一方面可以控制对方，另一方面可以防范对方肘部的攻击。所以在练习中要培养实战意识，做到手不离肘。在推按中，随重心前移向前弓步，向后引化重心后坐，进退掌握得当，不丢不顶，不贪不欠。双手粘黏连随不能脱离，要领会顺势走化、随曲就伸的虚实变换。

3. 活步推手

活步推手有合步活步推手、顺步活步推手。练法一进一退为一圈，甲乙双方各一左一右，平衡圆转，均包含有掤、捋、挤、按、采、挒、肘、靠八种劲法，练习脚、膝、胯等部位的套、管、粘、黏等法。反复练习，奥妙无穷。

4. 散推手

练习赵堡太极拳推手到了熟练阶段，步法和招式已无定势，全凭两人听劲，随意而动，步活身灵，有打拿、发放、跌摔等，需要周身活便，打、踢、摔、拿、点皆可运用，轻、灵、自然，化发一致，太极八法及十三势应用更加灵活。散推手是搭手后近无规则的对抗训练。

（四）散手

散手是赵堡太极拳的招法化整为零，零招散用，借势打势，随曲就伸的活用，是脱手实战训练阶段；其以《太极拳拳理》为依据，遵从赵堡太极拳训练理论和原则。赵堡太极拳散手运用"掤、捋、挤、按、采、挒、肘、靠"八门劲，结合"前进、后退、左顾、右盼、中定"的五行步法，入微可化成"化、引、拿、法"四技，达到"快速""瞬间"制敌的实用效果。散手以静制动、以柔克刚、以顺避害、以整击零、以小制大的技法特点，旨在追求"使犯者应手即扑"。散手训练是为了与实战的"无缝衔接"。

二、拳架、推手、散手的关系

赵堡太极拳的内容包括拳架、推手、散手，拳架是基础；推手是拳架校验的方式，是体悟拳架和各种劲道的方法与训练手段；散手是运用太极技法、劲法进行实战的训练方法。拳架、推手、散手三位一体，循环往复，一层功夫一层循环，才能渐阶"神明"。

（一）推手与拳架

赵堡太极拳没有华丽的动作，拳架自然，朴实无华。拳架与推手相辅相成。也可以说拳架主在练功，推手主在练运用。拳架训练中，起手接手与攻击动作两手间的距离即为太极拳推手的接手手肘距离，如上金刚、白鹤亮翅、高探马、闪通背等，也可以说赵堡太极拳拳架即为推手准备，拳架为单练方式，主在炼化招式、劲法与劲道，推手为招式、劲法与劲道检验与训练之法，也可印证拳架习练是否正确。在推手中，双方接手接肘、走转画圆，步伐前进后退，你进我退，虚实变化，意在引化对方，使其走圆画弧有凹凸、有空当、有破绽。推手中粘、黏、连、随，不丢不顶，外三合、内三合，不失自己之"圆"，而这圆就是平时拳架得来的功。拳架之圆，包括腰胯的圆，肩、肘、手的圆以及全身处处的圆。此圆遵从"中、正、平、圆、轻、灵、柔、活"的运动法则，推手与应用中则才更显"合顺自然"。推手训练以掤、捋、挤、按、采、挒、肘、靠的八法、八劲为要领，以运化太极拳招式为训练方法，要求做到粘黏连随、差米填豆，不丢不顶、不贪不欠，要啥给啥、吃啥还啥。因此，赵堡太极拳推手服务于拳架，并检验于拳架。如此，通过拳架—推手的循环训练，对赵堡太极拳的认知和理解才能深刻。推手亦为进一步领会和校正拳架起到了促进作用。练习者是否真正掌握了拳架练习的要领，通过推手即可得到验证。校验拳架是否做到松柔、连绵不绝，通过推手的搭手转圈即可校验。在太极拳训练中意识的转换尤为重要，推手中若有顶劲、僵劲，只是说明松是外形的，而不是内外顺通的松。松需要意识与行动的统一，且由有意而成为自动。如，练习拳架时要做到上下相随，但在推手中一遇外力或一发力，步法散乱，手脚不协调，那与真正意义上的"上下相随人难进"相去甚远。推手中拳架招法的熟练运用，以及劲力的掌握，是对拳架的深入理解和再认识。此中道理，一层功夫一层力，一层功夫一层理，需要潜学揣悟。另外，赵堡太极拳行拳走架力求自然，前进、后退、左顾、右盼、中定，五行运化，步伐轻灵、活便，但是行拳亦有指向，即"行拳即是推手，无人当作有人练"。从无人到有人，再从有人到无人，其中"拳架、推手"两个阶段互相交织，不可或缺。

实践中，对于学习多久拳架方可学习推手，有不同的认识。有人认为需等拳架练习完全纯熟，有相当火候后方可习练推手，故许多师父在弟子习练拳架三到四年后才教授推手；有人认为，拳架学会后即可学习推手，个别师父教徒弟时拳架、推手同时进行。其实，练习拳架多久后方可学习推手并无定规，因为每个习练者练习的目的不同，投入学习的时间不同，领悟能力也不尽相同。但学习推手前，拳架应练习纯熟，其标准大致应为动作熟练、连贯，外三合基本达到，初步体会到放松，此时方可学习推手。过早学习推手，全身僵劲一点未祛，反而会形成不好的习惯，比如顶、停、丢、散等。习练拳架时间过长，没有推手训练辅助，则很难真正体会拳架的内涵。如果与别人交手，容易打击到习拳信心。因为无对抗的训练，再好的拳也发挥不出真正的效果。从教学趣味性讲，推手训练也可激发学习者练拳的兴趣，避免因只练拳架过于枯燥而影响练拳质量。

从赵堡太极拳拳架与推手的角度来说，拳架是基础，推手是拳架的检验手段，也是拳架及太极拳的深入了解之法。因此，赵堡太极拳拳架与推手不可分离。

（二）推手与散手

推手是散手训练的前提和手段，散手是实战应用的训练手段，反过来散手也在验证推手的正确与否。在推手中，通过上下步的练习，掌握"掤、挤、按、采、挒、肘、靠、进、退、顾、盼、定"，感悟"化、引、拿、发"。而后做到散手中的"神在以柔克刚，妙在借力制人"。推手是通往散手的必经之路，只有通过推手的严格训练，才能做到应敌以静制动，使犯者应手即扑。在训练中，切不可越过推手，只讲散手。推手通过粘、黏、连、随的训练才能懂得听劲、问劲、化劲、发劲等的法门。推手是拳法"入微"的训练方式，更是实战的基础。离开推手只讲散手，难免会走入"有力打无力，手慢让手快，是皆先天自然之能，非关学力而有为"的误区。推手掌握"化、引、拿、发"，而应用于散手中，则可尽显太极实践功夫。

（三）拳架与散手

从"有形的招式"，打、踢、摔、拿、靠等诸法，到"深厚的功底"劲，掤、捋、挤、按、采、挒、肘、靠，再到合于一处的"化、引、拿、发"四技，其指向于技击，可以说是理论完备、内外统一而具优雅的"击技"。从训练的过程与目的来说，赵堡太极拳练拳架是练招、顺劲的过程，其练习以"理义自明、自然而然"使"拳劲合一"为目的；散手是招式散取、劲法整用的过程，其训练以"技理相合、顺其自然"使来犯者"应手即扑"为目的。"应手即扑"是结果，其先起于"有意"，由"在先"，到"轻灵"，再达到"随意"。"随意之境"其实就是一种"自然"的境界。从关系论的角度出发，首先，拳架是散手的基础。拳架的招式、劲法，为散手提供养分。其次，散手是拳架的应用训练阶段。通过散手印证拳架的招式和劲法，提升对拳法的理解和研究水平，这是探微入道的重要途径。练和用本是两个层次，如何练用统一，这需要厚积薄发，化繁为简。实践中做到"四两拨千斤"，掤、捋、挤、按、采、挒、肘、靠之劲，才能入微之"一招""一式"的化、引、拿、发中，这样的拳亦才是"入道之拳"。简言之，拳架指导散手，反过来散手也指导拳架。同时，赵堡太极拳训练存在递进关系，即拳架—

推手—散手。

综上，拳架、推手与散手互为因果，亦为一体。拳架中包含了所有的实战技法和实战规律。练习拳架时，无人当作有人练；推手、散手训练时，有人当作无人用。通过推手、散手校验拳架，并矫正拳架的训练。如此周而复始，功夫自然精进。练拳时，外操柔软，内含坚刚，行气如九曲珠，无微不至；运劲如百炼金刚，无坚不摧。在实战中，讲究亦刚亦柔，刚柔相济，柔化刚发。四技一体，臻至入微，可阶及神明。拳架、推手、散手构成了赵堡太极拳完整的训练体系，只有通过赵堡太极拳"拳架—推手—散手"的循环往复，抽丝剥茧、层层深入，才能更好地理解赵堡太极拳；只有通过拳架、推手、散手的层层研悟，才能细致入微，才能化百炼钢为绕指柔，才能达到"静中触动动犹静，因敌变化是神奇"，才能阶及神明。

第二节　赵堡太极拳训练内容

一、招、法、劲

（一）招

赵堡太极拳拳架内容丰富，包含有现代武术体系打（靠合于打中）、踢、摔、拿技击之法，但是其更体现诸技合并，以化、打、摔、拿融于一式而更具其招法特点。因为，赵堡太极拳每个招式都包含一到多种"击"法，有拿中带打、带摔、带靠，打中带拿、带摔、带靠等。如"金刚三大对"起手"接"为"掤"，回手"捋"为粘黏连随的"引进落空"，在化与引的同时"挤""靠"或顺势拧身回"按"为发（如封似闭），按而"手不空回"，采手搬拦肘部反关节（提手上式），捌其劲，断其骨，可谓一式多变，招招连环。再如"高探马""野马分鬃"为典型的靠中带打、打中带缠拿、拿中带靠招式。赵堡太极拳招式、招法应用都遵循"粘黏连随不丢顶，引进落空合即出"的技理技法原则。

赵堡太极拳拳架由招式构成，练习拳架是"有形招式"到"无形之意"的形成过程，"意到手到"是其用功的方向。当然，招法是学习的基础，也是懂劲的基础，只有招法纯熟，而渐悟懂劲，太极拳功夫才会愈练愈纯。

（二）法

赵堡太极拳有身法、步法、手法、腿法，为其运动之法。身法有起、落、圆、转、进、退、腾、闪；腿法有缠、跪、挑、撩、崩、壁、挂、蹬；手法有掤、捋、挤、按、采、挒、肘、靠（也为八门劲）；步法有前、后、左、右、中，其尽五行之变；用法中因敌之变，可纵、横、高、低、进、退、反、侧。"法"含于拳架运行之中，而通过推手、散手尽可体现。此法是赵堡太极拳"方法""能力"训练要素，如"纵，则放其势，一往而不返。横，则理其力，开拓而莫阻。高，则扬其身，而身有增长之意。低，则抑其身，而身有攒促之形。当进则进，弹其力而勇往直前。当退则退，速其气而回转扶势。至于反身顾后，后即前也。侧顾左右，左右恶敢挡我哉"（《十要论》）。赵堡太极拳只有懂其法、练其法，功夫才能上身，遇敌时才能得机得势，相机制敌。

另外，赵堡太极拳还有技击之法与大道之法，其技击之法以"粘黏连随""不丢不顶""舍己从人"为前提，以"差米填豆""吃啥还啥""要啥给啥""随曲就伸""借力使力"等为制敌法则，体现"四两拨千斤"与"小力胜大力"的妙为；大道之法在于其以"中、正、平、圆"为纲领，运化于"轻、灵、柔、活"之中，求向"合顺自然"的大道。

（三）劲

赵堡太极拳之劲，分为听劲、问劲、走劲、化劲、引劲、拿劲、发劲等，还有开劲、合劲、沉劲等。而"懂劲"是其劲法前提。"懂劲"是个广义的概念，即首先需要分清八门劲、听劲、问劲、走劲、化劲、引劲、拿劲、发劲等,然后需要领悟这些劲并达成一定的应用效果。"八门劲"是劲法基础,以掤、捋、挤、按、采、挒、肘、靠八门劲为内容;"听劲"在于感知对方的劲法走向,体现在我之劲在彼之先,如"彼之力,方觉有侵我之皮毛,我之意已入彼骨里"(《太极拳正宗论五字妙诀》),是得机得势、克敌制胜的前提;"问劲"在于探清"虚实",彼不动,我以微劲探之,对方虚我则实之以出,对方实我则虚以待;"走劲"在于运化,体现在不丢不顶、粘黏连随与引进落空上,会走劲即已懂劲,人刚我柔的走、我顺人背的粘以及粘就是走,走就是粘,其所达到的是柔化、顺随的走劲;化、引、拿、发四劲四技是赵堡太极拳的"能力效果",此四劲四技一般互联互动,体现在"一动无有不动"的细微精细化中。一招或一式中,此四劲可囊括完成,发人于"无形"与"应手"之间,有"人不知我,我独知人"而使对方无处遁形的效果,此四劲运化自若,可窥"从心所欲"以至"阶及神明"。因此,赵堡太极拳的劲是学练的根本,也是修炼的大道。

二、招、法与劲的关系

赵堡太极拳的"招法"是表现形式,"劲法"是核心内容,二者相互依存。"劲法"包括听劲和用劲,"听劲"讲究明锐,"用劲"则讲究劲道。"招法"从拳架的"着熟"得来,"劲道"从拳架招法的默识揣摩与一气贯通中得来,"听劲"来源于感知。"听劲"由轻灵、柔活中体会肢体与内在的细微变换,体现在推手实战中,其有对方用劲之听与无劲而"问劲"之听。"劲法"所有的练习都是由慢练快用来体现的,这里边的"快",是动急则急应,动缓则缓随,劲的感知与发动皆在彼之前。"听劲"的微妙之处在于"一羽不能加,蝇虫不能落";"劲道"的微妙在于寻时空空如也,用时坚刚,无坚不摧。在太极拳的推手训练中,同样的招法,"劲法"掌握优秀者,"听劲"灵敏者,往往游刃有余,"招法"亦应用自如,"劲道"也"自沉";

而"劲法"掌握差者,"听劲"感觉不灵敏,"招法"运用就比较困难,"劲法"应用也相对笨拙迟滞,"劲道"也不能通达。"招熟""劲法"通达者,劲道雄厚者,则打人、放人犹如发放弹丸。在太极拳的推手实战中,劲的应用往往不是单一的,因为太极拳是画弧走圆的运动,我动是随着彼动时时变化的,这就需要在粘黏连随中得机得势,发挥听劲的感知,而后或掤,或捋,或挤,或按,再或采、挒、肘、靠发放对方。这其中需要说明的是,"掤"是太极拳的基本能力,就如同船能在水中浮行,如同下雨打伞不让雨侵入,"掤劲"无处不有,时时有。有了掤(劲)才有接,才能展现听劲的微妙,当然这种"接"可以是接触式的,也可以是不接触的空间感应,"皮毛要攻,筋骨要松"是对其最好的诠释,"化、引、拿、发"之技也是在"掤"的基础上产生的。因此,在太极拳的训练中,应细细品味、凝练四正四隅劲,它们是为听劲和综合劲道服务的。

"招熟"是"懂劲"的基础,其中听劲是推手、实战的门槛,劲道是赵堡太极拳的核心。由招熟而渐悟懂劲,由懂劲而阶及神明。赵堡太极拳讲究招招、处处、时时皆可发力。而赵堡太极拳的这种劲道,寻时虚无缥缈,用时却如黄河奔流,无坚不摧。赵堡太极拳讲究何处挨何处发,发放一致。时时处处皆太极。在赵堡太极拳推手和实战中,发单劲较少,而经常使用综合发劲。发劲疾如闪电,有时挨到皮肤后迅疾发劲的,外形表现极不明显,很难被人觉察,故挨打者被发放和制服还懵懵懂懂,不知为何。由于赵堡太极拳发劲随旋转方向处处可发,所以被发出者,常常在受力后连旋带转,在几个方向的圆弧合成的轨迹上被抛出。简单说来,赵堡太极拳"劲法",主要包括掤、捋、挤、按、采、挒、肘、靠。劲法纯熟、劲道雄厚后,则需将劲法应用于"化、引、拿、发"四技中。四技中,"化"是因势利导,"引"是诱敌深入,"化、引"是为了使对方陷入背境、困境;"拿"是以巧取势,以小胜大;"发"前必须有化或引。"化、引"体现听劲水平,"拿、发"主讲劲道水平,柔化刚发,寻时无影无踪,用则处处、时时有,有则随心所欲,惊涛骇浪,连绵不绝。

"劲法"依托招法，效果由听劲、劲道表达。"招法"练至纯熟，掌握"发劲"的原理和节奏，把握"听劲"的时机，"劲道"才能更好地显现效果。在学习、探究中，"招熟"后须用心练习、揣摩，渐至"懂劲"，懂劲后默识揣摩体悟才能"从心所欲"而触摸神明门径。因此，在学习中，"招法"不在于多而在于精，精益求精，才能练达"劲道"。在理解上，切不可以为"招数"是目的，"劲法"是辅助，而舍近求远、舍本逐末。认识到这些，赵堡太极拳的研习就更需要深入到对赵堡太极拳"听劲、劲法、劲道"的默识揣摩与修炼中。"招法"细致入微，亦是通达"劲法"的基础，这就需要精细化地理解招数，如何得机得势，如何人刚我柔地"走"、我顺人背地"粘"，进阶到粘即是走、走即是粘的"劲""法"合一中，这也是对"招数"进一步的理解和阐释。到了一定的境界，"招数"不再是招式，就需要把招式忘掉，全部归于劲，也就是"无招"，也正是太极拳的"全凭劲打人"。初学入门时，"招数"的学习和熟练掌握最为重要，要善于从"招数"中归纳总结、掌握规律，从一式动作中体会其中的"劲法"，这是"懂劲"的基础，而后将明悟的"劲法"贯穿到所有招数和拳架之中，由内动带动外动，做到一气贯通，由劲打人，方能达到随心所欲、无招胜有招的境界。当然，"拳架"熟练后，"招法"和"劲法"的训练也可同步进行，"招法"和"劲道"应当以"自若"为重，只有"招法"自如、"劲法"自然，方能招招制人、发人如弹丸，"力顺则气自通，气通则力自重"如是其解。

总之，在招法与劲的二元层次上来说，赵堡太极拳的招是基础，劲是核心，法理如一、技劲合一则是根本大法。另外，招法服务于劲，劲则是太极拳的大道。

第三节　赵堡太极拳运动规律

赵堡太极拳有其自身的运动规律，学习与理解拳法则先需把握其规律。赵堡太极拳运动规律是在"中、正、平、圆"的规范要求下，所需要把握的普遍性内、外运动规律，其指向于"轻、灵、柔、活、合、顺、自然"的拳法运化方向。

一、运动特征

（一）心意合为先

"心外无物""心动无有不动"。心具有意识功能，心是对事物的态度；意是人对事物的思想和情态与对事物的态度。人对事物与行为好坏的看法都是由意造成的。汉代刘向《说苑·修文》云："检其邪心，守其正意。"心意相合，是意识和行动统一的前提。做到心与意合，首先要静心，静下心来，接着要"净心"，排除杂念、琐事的干扰。心之所向，意之所往，心意俱往，才能"神凝""气固"，为练好赵堡太极拳打下基础。

（二）松匀

松即动作不用力，全身放空，但须有自然之"掤"力。松是练习太极拳的基础，其忌刻意用力与僵拙，松而自然才能做到"一动无有不动，一静无有不静"的活。匀是不丢不顶、不贪不欠的具体表现。匀也是相对的，即招式运动要匀，但每势转折则有"中定"，因此也不能把拳练成"流水架"，即没有起承转合。松匀之法初练时需在拳架、推手中感受，并贯穿始终，而之后则重点体练、感悟于劲法中。

（三）画圆

走弧是指太极拳运动的轨迹，是"圆"，"立体的圆"，就像"球"

一样可自转和滚动，也可合成运动。在此基础上，赵堡太极拳有三种运动状态：滚圆、转圈、走弧。这三种运动状态始终贯穿于赵堡太极拳运动的每一个行动中。赵堡太极拳的习练需要周身处处都是圆，行动处处都体现圆，身体多螺旋走滚圆，圈中有圈，浑圆螺旋转动，因而其走出的劲之路线为弧线。

（四）上下相随

手与脚、肘与膝、肩与胯的运动要协调一致，进则头进、身进、步进、手到、劲到，一动俱动，一静俱静。"掤捋挤按须认真，上下相随人难进。任他巨力来打我，牵动四两拨千斤。"上下相随才能形神俱往。

（五）不撇不停不流水

行拳时，左手动、右手不动谓之撇。反之，右手动、左手不动亦为撇。脚之动作与手不同，不到成势而止住，将动打断，谓之停。犯此病者，无论如何练习，动作都不能连绵不绝，达不到技击的效用。所以练拳一定要做到不撇不停。此处应注意，赵堡太极拳每一式"中定"的位置，看似有一顿，但是形断劲连，也叫势断意不断，这与"停"有所区别。"中定"的位置不定，谓之流水。流水者，没有阴爻与阳爻转换的节点，就没有化发一致的劲道，也做不到多种劲的转换，与太极拳劲力练习相去甚远，此宜深戒。

（六）势断意不断

行拳中，每一式成势转换下一势时都有"一顿"，谓之"定"。定或顿在势，而意还在延续，如"劲落涌泉"是所有定位都要做到，而在劲落涌泉的"中定"中，形似已断，但意还在延伸。

（七）随势借势

行拳走架、推手时，切不可以后天的用力驱使肌体运动去代替意念上的动作转换，应凭借着拳势的上、下、圆转及其惯性运动随势运性，借势运转。

（八）慢练快用

慢练是为了快用，慢练使神经中枢募集集中，肌肉协同能力增强。慢是快的无限放大。通过慢，使运动轨迹清晰，为身体上下、左右、内外均匀律动创造条件，使有氧动力增强，微循环改善，提高活动机能，可便于意念安舒、松沉自然。练为用，慢练使肌体肌肉协同、神经集中、运动轨迹清晰；而用时才能协同增强，中枢延搁变短，动作自动化就能快显。

二、运动轨迹

太极拳的运动轨迹，拳谱、拳经和诸多著作都说是"圆圈"。一般所说的"圆圈"实际是平面上圆周运动的概念。其实，赵堡太极拳运动是三维空间"圆"的运动，实质上应是"球"自转和滚的合成运动。

赵堡太极拳的每个拳式的运动轨迹应该说是三种运动状态的合成。这三种运动状态是：滚圆、转圈、走弧。

（一）滚圆

滚圆是指手指、手掌、小臂、肘尖做内旋与外旋而合成的圆。更主要的是赵堡太极拳全身都是、都可滚圆，以身体之圆而带动手臂、手掌的滚圆旋转则更是其滚圆的特点。例如野马分鬃等。

（二）转圈

转圈是指全身处处都在转圈，做圈的运动。例如白鹤亮翅。在推手和散手中，转圈与滚圆合在一起用，可以实现粘、黏、连、随、化、引、拿、发。

（三）走弧

走弧是指手、脚、重心随脚步、身体而前、后、左、右移动所形成的运动轨迹。这个轨迹可能是圆形（在同一平面内）或弧形（不一定在同一平面内）的曲线运动。走弧多呈现在对外的推手、实战中，让对方无从着劲，而不产生"支点"，使对方感觉"空空"，无法窥我规律。

滚圆、转圈、走弧，始终贯穿于赵堡太极拳的运动中。任何一个拳式和势的完成，都一定是这三种运动状态的合成运动。此三种运动状态，形式上表现的明显程度不一。直观来看，走弧外显，最为明显，它的特征是重心前后、左右移动面形成的弧形运动；转圈次之，由手到身的圈就是其表现；滚圆更次之，其包含身体的开合、吞吐、虚实、螺旋等，最为内化，外形上表现不明显，其随意而在身心劲的统一中展现。赵堡太极拳拳架每一式都在走弧、转圈、滚圆，同始同终，相同时间转过的角度相同，这是在运动中求整的方法。

赵堡太极拳拳架与推手、散手三位一体。以心意为先，行动不撇不停不流水，上下相随，松活自然，运动轨迹以走弧、转圈、滚圆来完成。

三、运动过程中的呼吸

"人法地，地法天，天法道，道法自然。"赵堡太极拳在行拳过程中，不强调强制的意念和呼吸，而主张在中、正、平、圆、轻、灵、柔、活、合、顺、自然的要诀下，自然而然地呼吸。

《大安般守意经》云："息（呼吸）有四事：一为风、二为气、三为息、四为喘。有声为风，无声为气，出入为息，出入不尽为喘也。"也就是说，坐时鼻中息出入觉有声是风相；坐时息无声而出入结滞不适是喘相；坐时息虽无声亦不结滞但出入不细是气相；不声不结不粗，出入绵绵，若存若亡，姿神安稳，情抱豫悦是息相。四相之中"守风则散，守喘则结，守气则劳，守息则定"。可见"四相"

中，风、喘、气都不是呼吸之主相，而只有"出入绵绵，若存若亡，姿神安稳，情抱豫悦"的息相才是调息所追求的理想境界。所以，赵堡太极拳取其"绵绵若存""呼吸自若"之意念运行于拳法的自然中，习者行动自然不会僵迟，也便于身心俱达、全身统一。另外，"满身轻利顶头悬"的"神领"使习练者全身轻灵，舒适愉快亦是赵堡太极拳"自然呼吸"之所达。

赵堡太极拳讲行拳在呼吸，其习练者所谓"胎息"，实际是经过长期训练而出现的"机能节省化现象"，即神经募集强，协同肌作用强，呼吸深长、均匀，这是身心良性、自律的表现。"机能节省化现象"是长期习练而自然出现的，无须刻意求之。

赵堡太极拳的自然，既是身体形态要求，也是呼吸要求的表达，其目的是要求自然呼吸。呼吸匀而深，久经锻炼，气血充盈、腾然，或谓之"丹田之气"或"精炁"。这是一种身体良性循环的表现，此结果更不可急于求成。只有呼吸和动作相辅相成，同时提高，个人的身体状况和拳法水平才会随之提高而纯正，"气"也会充盈。因此，在赵堡太极拳拳法习练中，呼吸要顺其自然，自然而然。如此，假以时日，自然会做到随着拳式的开合而呼而吸，并日渐向高级阶段前进。

第四节　赵堡太极拳训练原则

赵堡太极拳的基本原则是赵堡太极拳运动贯穿始终的原则，包括虚领顶劲、含胸拔背、沉肩坠肘、正腰落胯、松膝吊裆、收腹。把握住基本原则，才能为赵堡太极拳无极桩、拳架、推手、散手运动做好准备。

一、基本要求

（一）虚领顶劲

虚领顶劲是赵堡太极拳行拳的基本要求。王宗岳《太极拳论》中云："虚领顶劲，气沉丹田，不偏不倚。"虚领顶劲与气沉丹田需要保证立身中正，不偏不倚。虚领顶劲，是中轴脊柱掤劲领住身体，主旨在放松、开合、舒展。虚领又称虚灵，意思是不用力，轻灵自然。顶劲又称顶头悬，即自引头顶百会向上。虚领顶劲意为：用轻灵的劲使头上领，如有一线相悬。头容端正，不前俯后仰，便于身心一统的进退自若。要求是：首先，头轻轻上顶使下颌自然回收，做到颈项顺直而以颈部、背部的肌肉不感到有拉展的力为度，此中乳突肌、斜方肌、胸肌、腹肌和背肌都不感到紧张；其次，头部正直而达身体形态端正自若，呼吸自然畅通，喉处放松无哽咽感。

（二）含胸拔背

含胸拔背是虚领顶劲、气沉丹田状态下，身体放松后的自然姿态，全身自然。含胸拔背其意在肩，肩松沉，身体自然放松，胸骨自然内敛，背部肌肉自然放松，气易下沉。胸的虚实管两手，肩膀与两锁骨微松沉，胸自然内含，运动时左右胸肌交替变换虚实，就能够正确有效地发挥"上下两膊相系"的攻防作用。"含胸"和"拔背"是联系在一起的，能含胸就能拔背。含胸是胸部中正自然，不凹不凸。拔背是当胸略内含时，背部肌肉往下松沉，有拔背之意。含胸拔背利于卷劲和放劲，所以它们在技击上是蓄发相变的关系。"力由脊发""若问此中真消息，须寻脊背骨节中"，都说明了拔背在卷劲和放劲时的主要作用，在运动时它能使肩背部分的肌肉得到更多的舒展，使脊椎骨有力而富于弹性。含胸拔背是一种自然形态下的意念，便于开合、吞吐劲的应用。

（三）沉肩坠肘

"随身走步有尺寸，桩功沉稳寓腾挪。沉肩坠肘护着肋，两臂缠绕如龙蛇。"欲沉肩必须先松肩，在松肘的基础上才能做到沉肩，只有把肩松开了，才能做好沉肩；只有做好了沉肩坠肘，也才有利于含胸拔背、气沉丹田。在行拳走架中，肩始终要松沉，不可耸起。两肩要平，不可一肩高一肩低。肩与胯上下垂直，做到肩与胯合。肩不松沉，其气必上浮而致身法散乱。肘需不离肋、不贴肋、不过背。不管在什么状态下，肘关节总是微曲的，并且有下垂之劲，故在行拳走架中，肘曲要坠、伸要坠、抬要坠、举也要坠。坠肘需"虚腋"，虚腋是指腋下要虚空，像腋下夹蛋。肩沉、肘坠、腋虚，为劲力畅通打开了通道。不沉肩坠肘，胸部肌肉必受到牵连而紧张。这样气就不能下沉到丹田，导致上重下轻、重心不稳，变化不灵。两肩、两肘要自然放松，在重力的作用下自然下沉，肩部肌肉和筋络不用丝毫之力。

（四）正腰落胯

正腰：身形不前弯后仰、左歪右斜，保持中正不倚，小腹微后收，尾闾向前上微卷托，使腰脊中正。正如拳经所云："心为令，意为旗，腰为纛。"落胯：骨盆下落塌实，大腿根放松。正腰不要死腰、僵腰。腰宜正直，腰为轴，轴是不能扭曲的。腰不要乱扭动，胯要动，臀部尾闾前卷，腰部命门处，骨节拉开，有外凸之感，肌肤有紧感，胯才更容易放松。命门是重要穴位之一，古书中也特别提到元气是从命门来的。心脏的循环与命门的循环之间有很强的相关性。当命门受伤，心脏的循环也会变差。

（五）松膝吊裆

大腿根及腿内侧要松沉，膝也随之自然放松，劲落涌泉。臀部向前微收，谷道上提。松膝则更易促使大腿根松沉，腰胯及脊背上肢各节劲力通畅、顺随，力达梢节。吊裆可使裆部开阔，胯易圆转即圆裆，身体重心下沉，上虚下实，其根在足，动转灵活。会阴部松中有紧、紧中有松，丹田之气聚而不散，裆胯随拳式做轻灵圆活运动。赵堡太极拳谱曰："元气轻温浊气凉，神仙留下健身方，滚肩束肋攒脑劲，站立又要膝盖藏，开裆下跨最为良……"

（六）收腹

收腹不可刻意，而需尾闾回卷，小腹自然内收，意念上是小腹微敛、内松静。这只是对小腹的局部位置暂时而言，从整体来说，是要求全身放松，以利于实现"内松静气行之外，外松内部有神精"的灵感。

总而言之，身体之所以要具备这六种状态，最终目的是"气沉丹田，劲落涌泉"。这六个状态贯穿整个赵堡太极拳训练始终。

二、行拳要求

拳架是赵堡太极拳的基础和根本，行拳时以基本原则为基准，以"中、正、平、圆、轻、灵、柔、活、合、顺、自然"为要领。循序渐进地学练赵堡太极拳拳架，必须把握"先求开展，后求紧凑；立式画圆，纵式走圈；以裆代手，圆裆活胯；气沉丹田，涌泉落劲"的行拳要求。

（一）先求开展　后求紧凑

赵堡太极拳行拳遵照太极拳论的要求进行演练，是先求开展，后求紧凑。初学时，大开大合，活便肢体，势大易于感知，动作开展亦便于上功，根基才能扎实。练至外在的形体有了清晰的轨迹时，就要求有内在的走劲。紧凑是外在的大圈转化为内在的劲路走向，最终达到有圈似无圈的地步和境界。拳架的修炼过程，一层接一层，一层功夫一层理。

（二）立式画圆　纵式走圈

赵堡太极拳式式皆为画圆、走圈，而这个"圆"和"圈"是以立式圆、纵式圈为主的，整个拳架与推手皆是由大圈套小圈、顺圈与逆圈组成的。以身而言，有以手画圆、以肘画圆、以胸腹画圆、以膀画圆和以胯画圆。演练时，步活圈圆，环环相扣，无明显发力动作，套路贯穿，有柔有刚；在掌握套路后，即逐步画圆为圈、由简到繁，提高技巧、难度；在演练过程中，练至数趟，一经启动，旁人观之，只见走圆画圈，却找不到头与尾，犹如长江大河滔滔不绝。

（三）以裆代手　圆裆活胯

赵堡太极拳拳架的练习特别注意裆、胯的运动，有活与不活在于胯、灵与不灵在于裆之说。胯为阴阳两极，无阴不生，无阳不长，阴阳转换，手法自然。在实际的演练与运用中，动力在脚，裆内画圆，主宰在腰，手随裆转，圆裆开胯。赵堡太极拳动力在腿，转换在裆，传导在胯。手是裆中画圆、乾坤转化的延伸，所以在练习赵堡太极拳时切不可以手带身，应是以裆带手，代手转动。而这种运化的前提在于圆裆开胯。圆裆的目的在于转动的灵活和方向的万向性，而裆的圆活转动依赖于胯。

（四）气沉丹田　涌泉落劲

丹田位于身体中心，气沉丹田，使重心下沉，落胯松膝，落劲涌泉。赵堡太极拳拳法自然，起落、开合、松沉，自然协调。落时，松沉至脚，身、手轻灵，落是起的起点，涌泉落劲多少，起时反馈的劲就有多少，也就是松得越透，涌泉落的劲越多，反弹的劲亦越多。所以在气沉丹田、涌泉落劲中进行腹式呼吸，自然悠长，涌泉落劲意在脚底，劲直接沉入脚下。长此以往，功夫与日俱长。

三、技击原则

赵堡太极拳主要以拳架、推手、散手为运动方式，以劲、法、势修炼为其核心内容。劲、法、势的训练与统一，依托于拳架的严谨习练与推手、散手的对抗磨砺，而主要通过推手与散手运动来得到分化，即听劲的敏锐、化劲的柔顺、发劲的沉稳与浑厚程度，招法与手法等的熟练、柔化顺随与刚发自然程度，借机借势与随机就势的时机把握与借力打力的省力程度等。这些借助赵堡太极拳拳架、推手与散手运动而在其内生成的东西，需要泛化而分化，由分化而自动化成为"太极自然"，其中"不贪不欠、不丢不顶、粘黏连随、差米填豆、要啥给啥、吃啥还啥"等原则必须遵守。

（一）不贪不欠　不丢不顶

不贪、不欠，这是赵堡人的口语说法，与《太极拳论》中所说的"无过不及"是一致的，不贪就是不超过；不欠，就是不要不到。不贪不欠就是说无论如何转换，必须做到手与足合、肘与膝合、肩与胯合，外三合。不做到这外三合的就是贪或欠，就是过与不及，不贪不欠，适中才是。赵堡镇秘传的《七疾》诀中说："上法需要先上身，手脚齐到方为真。"

人的身体是有重心、有中心线的，要使身体平衡、不失势，必须注意在自己重心所在的范围内移动，或上移、下移，或前移、后移，或左移、右移等。如果超出了一定范围，就叫"失重"。身体一旦"失重"，就会给对方可乘之机。不贪不欠的原则是检验自己失不失衡的一个标准。比如手超出脚尖以外、肘超出膝外，身体就会自然前移，重心就会随着前移。在运转接劲中，不用多大力就能把对方的身体引斜，使其重心偏离、根底不稳，找到发放的最好机会。又如，身、手已后收，而脚还在原来的位置不动，这就是欠。一欠重心已失，对方乘势向前加劲，自己就会后仰。贪与欠成了自己失败的原因，而给对方创造了胜利的条件。贪在这里是一个比喻词,贪心,想占人家便宜最终吃亏的是自己,而欠了人的东西,终是要偿还的,两种结果都是使自己背、别人顺。赵堡太极拳把不贪不欠作为推手的一条原则,是要求合理安排自己身体各部分的位置,对其进行适中对待。适中、合理,则能转换自如,前进、后退、左顾、右盼,全身一致。与人推手,浑身上下做到外三合,才能不贪不欠。外三合是外形上的要求,还要做到内三合——"心与意合,气与力合,筋与骨合",内三合做到了,自然会带动外形,做到外三合。如果心不知、意不明,手脚、肘膝、肩胯就不会按思想指挥去完成外三合。反过来,手脚、肘膝、肩胯不合,心与意、气与力、筋与骨也不可能做到相合。它们互为因果关系。

拳论:"须向不丢不顶中讨消息。""不丢不顶"是训练赵堡太极拳推手重要的方法与手段。从武术技击功夫的层面看,它也是衡量太极拳习练者功夫高低的标尺之一。所以,欲练好太极拳,并修炼其技击功夫,首先要对"不丢不顶"有一个正确的理解和认识。"不丢不顶"首见王宗岳《打手歌》"粘黏连随不丢顶"句。其后,李亦畬《五字诀》云:"要悉心体认,随人所动,随曲就伸,不丢不顶,勿自伸缩。"先贤的精妙论述,让后学感悟到"随人所动,随曲就伸"即是《太极拳论》之"舍己从人"思维意识所必须具备的先决条件。"粘、黏、连、随"即是修炼"不丢不顶"的四大关键要素。换言之,能粘黏连随地随人所动,也就是做到了舍己从人的不丢不顶。所谓"从人",也就是能"随人所动",但绝非一味地被动退让或躲闪之"丢",而是在心意主宰下,实现引化对方的作用力,使其失重以至陷入欲进不得、欲退不能的"背势",以利我"化打合一"的运转过程。"不顶"是能"舍己从人"的又一要素,指不要正面与对方的作用力发生顶撞,而是要在运转的过程中寻求"我顺人背"的最佳时机,把握"借力打力"的最佳空间,是"蓄而后发"的运转过程。王宗岳《太极拳论》中"仰之则弥高,俯之则弥深,进之则愈长,退之则愈促"讲的就是这层意思。所以"从人"即"不丢不顶",并且涵盖了"知己"与"知人"两重功夫。也就是说,只有历经长时间大松大柔的拳架修炼，通过练意、练气、练形，达到意、气、形内外完整合一的高度缜密协调，才能奠定"不丢不顶"的扎实基础。

在长期的推手训练中，只有立足于克服和剔除自作主张的盲动思想，留心于圆活的运转过程中"不贪不欠，不丢不顶"，寻找"我顺人背"的得胜机势，才能使"身能从心"，克敌制胜。"不贪不欠，不丢不顶"是练习赵堡太极拳推手的先决原则。

（二）粘黏连随　差米填豆

据《和氏老谱》记载，"粘黏连随"是太极拳必须掌握的方法。粘是即挨则粘。赵堡太极拳推手是接手接肘，于彼此变化中看手看肘。黏如胶漆之黏，使人一粘我之手便不能离去。

"差一粒米填一颗豆"是赵堡太极拳在教学时的口语，是粘黏连随的方法。拳理曰："人刚我柔谓之走，我顺人背谓之粘。"在交手时只有我力我劲在先才能"走"，能走则不顶丢，能"粘"住才不会使敌脱离。粘如何能使人背我顺？必须做到：差一粒米填一颗豆。在因人之势以为进退时，若有间隙，必"填"，使对方"背"而我"顺"，做到劲在对方之先，此过程中两手如"秤"，感知细微变化。填劲因对方变化，细微之处显神奇。给彼微劲，必有阴阳虚实变化，看手看肘，对方手差"米"我填"豆"，肘差填肘，手差填手，然填劲因势利导，可使"米"的空档无限放大，而为我所制。"差之毫厘，谬以千里"，此处不可不详辨。

"粘黏连随，差米填豆"是赵堡太极拳推手的意识原则，在推手中要认真体悟。

（三）要啥给啥　吃啥还啥

据《和氏老谱》："要啥给啥，吃啥还啥。"要啥给啥，吃啥还啥是赵堡太极拳在推手较技时，用生活中的语言，形象化地说明推手中"舍己从人，化打合一"的技法原理。

要啥给啥，符合人刚我柔、以柔克刚的技击原则。在推手中，对方用力击打或拿我身体的某部位，我就把这部分给对方。"给"是顺对方之势不顶抗，使对方作用到我身上的力一瞬间化于无形，即"击到何处何处空"，无处受力。给是从人，不是单纯地给，也不能硬给，到底给多少，应当是"要多少给多少"。"给"是化，恰到好处，不顶抗，才能"空"，空了才能反制，所以，"给"是为了"要"，从人是为了由己。在给的过程中，形成一个不受力的瞬间，势必使对方劲力落空，然后得机得势，按照拳架走圆行弧，可迅速制敌。"吃啥还啥"，吃是引化，吃是为还，好似"柔软与坚刚"，吃时柔软"引、化"，还时坚刚"拿、发"，"越柔软才能极坚刚"。吃啥还啥，同时体现"化发"一致，如对方用高探马，我还"倒撵猴"，化发一致，后发先至。正如拳论曰："自己安排得好，人一挨我，我不动彼丝毫，趁势而入，接定彼劲，彼自跌出。"又曰："于彼劲将出未发之际，我劲已接入彼劲，恰好不先不后，如皮燃火，如泉涌出。"能熟练掌握这些技法，走化就很省力，就可以达到以顺避逆、以柔克刚。四两拨千斤看似神奇，其实符合力学原理。功夫扎实、劲力充沛是以柔克刚的必备因素。

"要啥给啥"重在因势利导，顺势而为，"吃啥还啥"重在柔化刚发、随曲就伸。重点在轻重、缓急的"度"的把握，恰到好处的"空"是制人的前提。也是《太极拳论》"舍己从人。人不知我，我独知人"的训练手段。

（四）以静制动　以柔克刚

赵堡太极拳在技击上需把握以静制动。以静制动要求得机得势化打一致。敌不动，其虚实难判，若我先动手，击中其虚处尚可，一击不中，会反为其所制。以静制动、以逸待劳，以静察其动中之虚而出击，便是知彼知己、克敌制胜的万全之策。以静制动，把握时机，一招制敌，使来者应手即扑。如对方不动，也可以探劲，诱出劲来，我再动。

在赵堡太极拳技击中，以柔克刚是基本原则。刚劲一般变化单一，不灵活、易抵抗。柔克刚，是以柔化刚劲于无形，或借刚劲破坏对方重心，使之挨得上而打不上，使之强无所用，这便是太极拳的以柔克刚，实是太极拳的避害之法。化百炼钢为绕指柔，柔化刚发，制敌致胜。

（五）以顺避害　避实击虚

赵堡太极拳中有走劲，其用便是主动顺敌之来势，不与其争锋，逆来顺受。人刚我柔谓之"走"，我顺人背谓之"粘"，运用"走""粘"之劲则可收到以顺治背、以顺避害之功效。同时因势利导，顺人之势，克敌制胜。

太极拳有"挨得上打不上"之说。就是说，当对方击打和有力来时，不与其争执和抗衡，而采用不承受、松开或转动的方法避过其实力之处，而去攻击对方虚弱之处。正如老子所言"道虚而用""挫其锐，解其纷"。调动和聚集全身整体优势去攻击对方某一薄弱之点，如以石击卵，如泰山压顶，其势不可遏。能如此，则定可稳操胜券。

（六）借力使力　小力胜大力

赵堡太极拳是借力使力的功夫。接对方的劲而使对方无处着力，力向"遁空"而失去重心，而我则在接中"含蓄"劲法、稳固重心，借助对方重心"空"与"回"的力而使力，则对方"空"之力向更"深"、更"沉"，"回"之力向愈"促"、愈"重"。

"察四两拨千斤之句，显非力胜"，而在借力使力，小力胜大力。"小力"在对方用劲"走空后"借力，借的是对方"前"而"更前"的冲力，我则是疏导向我"后方"用力即可；也可借对方"走空后"促而"回收"向"后"而"更后"的回收力，我则随势"进"而在对方身后用力即可，此中小力即可制人而不用受制于人。另外，赵堡太极拳所做的都是圆转运动，长期的拳势导引，能使自己习惯于遵循圆的运动规律，进行有形和无形的圆的运动。如同磨盘转动一样，一旦与人交手，自己自然处于磨轴位置，逼使对方走在磨盘边沿，形成了磨轴和磨盘的不同劲路。这样，只要以小力稳定圆心，便能牢牢操纵在圆周上运动的大力，取得以小力胜大力的效果。圆转力胜过拙笨之直力。

第五节　赵堡太极拳的价值

赵堡太极拳集拳架、推手、散手为一体，寓技击、养生于一道。强调身心合修，养生是根本，技击是灵魂。拳架轻灵柔活，动作舒展大方，演练时，步活圈圆，环环相扣。练至数趟，只见走圆画圈，却找不到头与尾，犹如长江大河滔滔不绝。

一、技击本性

赵堡太极拳在技击上别具一格，特点鲜明。它要求以静制动、以柔克刚、避实就虚、借力使力，主张随人则活，由己则滞。为此，赵堡太极拳特别讲究"劲法""劲道"，其中"听劲"是其实战中一个重要的环节，其要求准确地感觉判断对方的来势，以做出反应。当对方未发动前，自己静以待之，也可以虚试实，而使彼先动，有动则虚实分，我则避强取弱、避实击虚而反制对方。在劲的练习上，赵堡太极拳习练者需要"劲在彼先"，即一旦对方发动，我劲在彼先，而"彼未动，己先动"，动而已取其空，视觉上是"彼先动，我后动"，实际上是"我劲在彼先""后发先至"。结果是将对手引化过劲"落空"，而我"合顺"刚发使对方"即扑"。

赵堡太极拳的技击性在于，其包含有现代格斗技术中的打、踢、摔、拿之技，也具有其技、劲、法、势合一的理念。它的"以柔克刚""借力使力""小力胜大力"等理念更具实用意义。另外，赵堡太极拳精妙的采拿与靠法，也证实了其"显非力胜"的技击性。在推手与散手训练中，赵堡太极拳有"不受制于人""控制人""发放人"的三阶段之分。"不受制于人"在于"舍己从人""人刚我柔""随人而动"，由此需要"粘黏连随，不丢不顶，不贪不欠"，这就要求与人交手时，要做到处处不和对方发生顶撞或脱离，并且根据对方接点上力量的大小、方向、速度和虚实的变换而变换，使对方的力始终落不到自己的身体上，不产生支点，即术语所讲"不受力"。"不受力"自然"不受制于人"。"控制人"是在不受力的基础上，通过双方的接触点，寻找对方的中心点和重心点，来控制对方的中心和重心变化。它的关键在于意念处处在对方之先，他一动则我动在彼先，以通过接触点化劲和引进来破坏对方的重心，而控制对方的重心。有了"不受制于人""控制人"的能力，则需"发放人"以强其用。"发放人"，是在接触时就能发，搭上就能让对方走空、发放，其需要意、气、劲统一，而达"应手即扑"之效果。此三阶段的形成，依赖于"招熟""懂劲""劲整""神聚"的修炼，其效果也是"结结实实"的有用、实用。在赵堡太极拳缓慢温柔、自然随性的外显意境下，其实蕴含着"狠辣"的技击之法，比如其捯与采拿的分筋断骨，"引进落空"合而"由空掷地、头上脚下"的摔，等等。当然，赵堡太极拳有此"狠辣"技击却也以其"太极"的平衡性而柔和于习练人的行为与修养，因此对其"论狠"之说无须苟合于"暴力"一说，因为其用主在"被动而发"，"对方愈狠，我则愈促"，"对方力越重，则簧机反弹之力愈强"。

赵堡太极拳的产生与发展都以"技击"为其根，主旨在于求向于"更灵、更巧、更妙"地制人。在此意向下，赵堡太极拳"心、意、气、力、劲、神合一"的走向，也催发了其健身、养生、娱情、养性等功效，但是技击为其根本，如果丢其本而逐其末，本末倒置，就会失去其"拳"的意义，其存在性也会大打折扣。

二、身心合修

赵堡太极拳强调身心合修。在锻炼时强调精神与肉体的平衡发展，认为精神与肉体相依相辅，最终归于一道。赵堡太极拳轻灵柔活，缓慢自然，顺气通络，容易达到锻炼身体、陶冶性情的效果。赵堡太极拳强调身体内外合修，内练内三合——心与意合、力与气合、筋与骨合，外练外三合——手与足合、肩与胯合、肘与膝合。内外相合，六合合一，达到"一动无有不动，一静无有不静"，从而实现身体的统一发展。赵堡太极拳有慢练、快练、高架、低架练法，老少皆宜。推手时力练腿部，活动腰肢，双臂画圆，意气全身贯通，呼吸均匀。长期练习，壮腰强肾、活动经络、活血强力、强健体魄。

赵堡太极拳以松胯旋腰转脊来带动四肢运动。这种螺旋式的缠绕运动，不但能使人体的各关节肌肉得到充分全面的锻炼，而且能使内脏器官如胃、肠、肝、胆、胰等做大幅度转动，从而使肠胃蠕动加强，血管弹性增加，经络得以畅通。这对加快血液循环、促进消化液的分泌、改善整个消化系统和内脏的功能，以及促进新陈代谢都有着直接的作用。赵堡太极拳练习时要求大脑冷静，尤其推手听劲，感受劲法，是对大脑中枢神经系统良好的锻炼方式。神经募集与调节对于神经系统稳定有益，进而可平衡内外，调节内分泌，增强免疫力，并引导人体进入一个最佳的精神和生理状态。综合练习，内外合修，收到健身祛病的效果。

三、体健心悦

赵堡太极拳具有很强的娱乐性，基本动作简单易学，且男女老少皆宜。赵堡太极拳拳架是独立运行且修炼武艺的方式，其缓而有序地进行，七十五势内容丰富，独立练习沉静内心，演练"娓娓道来"，是陶冶内心的绝佳方式；集体练习时可以配以音乐，律动中统一而有融入、带入感，习练更有"风味"；当然，深入探究和研习则能感受到其"耍拳"自在等的悦心悦情。太极推手是人与人直接的对抗，作为娱乐项目，就像打乒乓球、打羽毛球，两人会推即可娱乐；相互走圈，前进后退，可采可拿、可打可摔，或快或慢，找到对方空当，控制而不伤害对方，其能活便身体，亦可娱乐娱情。这种以"玩耍"为核心的推手遵循太极拳"舍得"的原理，把握我顺人背的发，走人顺我背的化，随曲就伸，既有挑战性，又有趣味性和娱乐性。拳架美观大方，可以锻炼身体，也可修养精神，加上配合大众练习，交友乐群，又是公园体育文化、娱乐文化的重要组成部分。无论是赵堡太极拳拳架还是推手，习练者共享其乐、共受其益，达到增进友谊、切磋技艺、陶冶情操之功效，可以称得上是一种极佳的健康休闲、调节身心的娱乐方式。

四、艺术涵泳

赵堡太极拳拳架行拳自然、柔活、连绵。七十五式动作前进后退、动作往返、式式连贯、节节贯通，辐射八方，起势收势抱圆归一。在行拳中，左重则左虚，右重则右杳，左右虚实、阴阳变换，左右配合，内固丹田、外走八方，脚踩五行、手运八卦，意气相合。演练赵堡太极拳犹如"三尺罗衣挂在无影树上，在空中迎风飘荡"，令人神往。赵堡太极拳的美是一种轻灵柔活的自然之美，有意境。拳架整体行云流水，动作舒缓、连绵不绝，步伐轻快、灵便，如涓涓小溪流水，给人以清新、爽朗、自然之美；拳架运动路线左右兼顾、进退自然，如随风荡漾于湖面的小船，给人以畅快、惬意、如诗如画之美；从局部动作的运行方位到拳架七十五式整体的运动路线看拳架动作攻防方位，七十五式式式内固丹田、式式皆有方位，攻防得意、拳行八方，如辐射大地的太阳，给人以灵动与生机勃勃之美；从个性到共性的角度剖析来看，每一式全身画圈、手脚配合、平衡自如、意气结合，如跳动的火焰，给人以美妙、潇洒自如、无穷无尽之美；从太极拳十三势前进、后退、左顾、右盼、中定，掤、捋、挤、按、采、挒、肘、靠看，赵堡太极拳拳架运行脚踩五行（前进、后退、左顾、右盼、中定），手运八卦（八门劲：掤、捋、挤、按、采、挒、肘、靠），意守八法（中、正、平、圆、轻、灵、柔、活），如广阔的大地，给人以凝重和永恒之美；

从对立统一的角度看，拳架动作动静结合、虚实变化、开合自如、阴阳互转，如大自然之变迁，给人以循环往复、融入天地、生生不息之美。推手中所表现出的形神兼备、阴阳转换、刚柔相济、动静交替、快慢相间、蓄发互变、松活弹抖等运动特点和风格，本身就是艺术的化身。赵堡太极拳是发放自如、身微动彼落空的高超技艺，追求"人不知我，我独知人"的技击境界，行动既有节奏，又能贯穿内外；静如山岳、动如江河，浑然一体的韵律感与美感，使拳法极富感染力和艺术性。

五、延年益寿

赵堡太极拳动作柔和，除练技、健体外，对老幼病弱者来说更为合适。法易而效宏。它是年老体弱者或慢性病患者强身祛病的有效手段。尤其对慢性顽症有特效。《中国武术的文化生产》（2015）一书中有"病人'乙肝阳性'习练赵堡太极拳康复治愈"的实证案例。许多先天不足、后天失调，体弱多病、羸弱不堪者，按照赵堡太极拳的要求进行持之以恒的锻炼，都得到了有效的疗养，其养身祛病效果可见一斑。《吕氏春秋》有云："流水不腐，户枢不蠹，动也。"华佗云："人体欲得劳动，但不当使极尔。动摇则谷气得消，血脉流通，病不得生，譬如户枢，终不朽也。"赵堡太极拳要求"轻摇之以松其肩，柔随之以活其身，徐行之以稳其步"，松身、稳步、徐行、连绵的太极拳能起到劳而不极，"摇"而谷气消、血脉通畅、祛除百病的效果。同时，太极拳以深度呼吸为主，可以增强心肺功能，调理、改善身体内环境。

太极拳是轻灵圆活、舒缓的圆形运动，通过锻炼能使人体的内部器官得到锻炼和均衡发展。轻柔圆活的肢体运动会加速神经末梢之气血循环，从而增强人体皮肤和神经系统的感应灵敏度、反应能力和平衡能力，使人虽臻耄耋之年，仍能耳聪目明、牙齿坚牢、身轻体健，从而获得益寿延年的功效。

第三章 赵堡太极拳的文化

赵堡太极拳遵循《太极拳论》,以十三势"掤、捋、挤、按、采、挒、肘、靠,进、退、顾、盼、定"为行功要诀,以"中、正、平、圆、轻、灵、柔、活"为八字要领,具有"理技相合"与"耍拳"等特色,蕴含中国传统文化思想与人生哲理,勘为"哲拳"。

第一节 赵堡太极拳拳要字诀

太极拳是具至高武学思想与理论的拳法。自张三丰创拳传说起,相去已有几百年,历久弥新,现已传至世界各地。赵堡太极拳具有鲜明的特色,尤以其"中、正、平、圆、轻、灵、柔、活、合、顺、自然"的要点字诀、行拳风格、技击特色、心法,而被习练者所称道。

一、"中正平圆"为其正道之基

（一）"中正"是纲

中，首先是一个方位词，"进步、退步、左顾、右盼、中定，此五行也"（《太极拳总论》），在赵堡太极拳运行中时时要有守中、顾中的意识。正如拳谚云"拳从心中起，落在鼻尖中"，"守己在中，取彼也在中"。其次，"中"是一种形态，如"腰脊中正虚领顶"（《习拳歌》）、"尾闾正中神贯顶"（《十三势行功歌诀》），要求人体保持"立身中正"的形态。再次，"中"也是人体之节，即"中节"，所谓"上节不明，无依无宗，中节不明，满腔是空，下节不明，颠覆必生"，"气之发动，要从梢节起，中节随，根节催之而已"（《十要论》）。"中"作为节，是身体动能的转化和发动核心。另外，"中"也是一个时空词，如"一动而无不动，一合而无不合，五脏百骸悉在其中"（《十要论》），"柔中求刚"（《耍拳论》），"柔中寓刚"（《比手》），"静中触动动犹静"（《十三势行功歌诀》），"阴中有阳，阳中有阴""一判阴阳两极分，聚合阴阳逢在中。是以其妙者一也，其窍者中者""故知双修之道在天根海蒂之合也。真意为其中，使而有所验""四肢义通且阴阳之中，复有阴阳。刚柔之中，复有刚柔""一以中分而阴阳出，阴阳复而四时成，中为生化之始，合时成五气行焉"（《太极拳说》），"太极阴阳之理贯串于拳势之中，有刚柔之义、顺背之谓、屈伸之分、过与不及之谬也"（《太极拳要论》）。"中"作为方位，需要"进退顾盼定"的得意和"轻顾"，要求时时处处有虚实、阴阳转换，不能将拳练为僵拳或者死拳；作为身体形态和行动遵从的法则，其要求要做到守中、护中，从中线起的运动法则；作为节，其合于劲，是身体的动能转化核心；作为时空形态，其贯串动静、虚实、开合、阴阳于其中，有生生之意。在推手实战中，"筋骨要松，皮毛要攻。节节贯串，虚灵在中"的"中"之意义就是感知和始化之能。赵堡太极拳之"中"是化的前提，合的基础。斜中求中、背中求中等更体现了"两点之间直线距离最短"的原则，当然在求中、合发的问题上，其着眼于直线原则，发出的却是弧线。

正，指"平心持正"（《汉书·李广苏建传》），它是一种心态，有平常心，更要有校准之心。正己修身亦为赵堡太极拳修炼所秉持的方向，其目的是激发心中的浩然正气。在技击上，《论太极拳》讲"心静、胆正"，其也为君子之修。正如楼宇烈所讲的"做本分事，持平常心，做自在人，行慈悲愿，启般若慧，证菩提道"[1]。正，需要"不偏不倚"。在"正"的达成上，《太极拳之练法说明》讲"夫初练者，宜端正方向，以立根基"，端正既是心态要求，也是姿势要求。在姿势要求上，太极拳论讲"尾闾正中神贯顶，满身轻利顶头悬"（《十三势行功歌诀》）、"腰脊中正虚领顶"（《习拳歌》）。由姿势的正，达到内在的正和统一，这是赵堡太极拳修行的前提与法则。在文化的认同上，国学大师梁漱溟认为，西洋人纯为向外用力，两眼直向前看，逐求于物质享受，以征服自然之威力彰显伟大；而中国文化在于向内用力，即自觉地听其生命之自然流行，求其自然合理耳。儒家最反对仰赖于外力之催逼与外边趣味之引诱向前度生活。因为"引诱向前生活"为被动的、逐求的，而非为自觉自主的[2]。而"正心诚意""慎独""仁义""忠恕"等，都是以自己自觉的力量去生活的。因此，求正极为重要，"正"在于克欲地、自觉地生活，也是赵堡太极拳所需要遵守的自然、自然而然之道。《论语·子路篇》云："其身正，不令而行；其身不正，虽令不从。""正"是统与领的核心，赵堡太极拳讲正腰、正脊落胯，也讲斜中求正，目的在于使身形统一受脊柱大龙的统领。有了大龙的统正，腰胯作为阴爻、阳爻的两极，可以如轴般旋转，亦才能做到"浑身一气如轮子圆活，虚实转换旋化随势"（《太极拳要论》）。

---

[1] 楼宇烈.中国文化的根本精神[M].北京：中华书局,2016.

[2] 梁漱溟.中国文化要义[M].上海：上海人民出版社,2018.

《尚书·大禹谟》云："人心惟危，道心惟微；惟精惟一，允执厥中。"朱熹认为这十六字心法，是天下最根本的道理。人心难易其诡，道心难得其真，求真总须精纯专一，精诚恳切地秉行中正之道，才能行治理之道。"中正"之道，是赵堡太极拳的首要规范。《耍拳解》讲"在用功时的身法要像太极图中的子午线那样垂直中正，上自百会，下至会阴，形成一条直线"，这条"中正线"即为其纲。"中正"可以心领气，上下统一，其阐发的是"不偏不倚、无所不及"的行拳之道、技击之道（《太极拳论》），也是"有为"的治世做人之道。因此，"中正"合而遵守，即为纲。

（二）"平圆"是领

平，指不倾斜，无凹凸，像静止的水面一样，其有平稳、平复、平分、平等、平定等组词。平心静气是太极拳修炼最基本的要求，"以心行气，务令沉着，乃能收敛入骨；以气运身，务令顺遂，乃能便利从心"（《十三势行功心解》）。"沉着""顺遂"既是平字要诀的核心，而"举步轻灵神内敛，莫教断续一气研"也是对平的进一步要求阐述。"平"也是太极拳阴与阳的和谐、校准之意。《素问·生气通天论》讲："阴平阳秘，精神乃治，阴阳离决，精气乃绝。"阴血宁静不耗、平静于内，阳气固密不散，阴阳双方保持平衡状态，阴能养精，阳能养神，才能使人体精足神全。阴阳平衡，即为平，平则有治于精神。《十三势行功心解》进阶讲"全身意在精神，不在气。在气则滞。有气者无力，无气者纯刚。气若车轮，腰如车轴"，"精神能提得起，则无迟重之虞"。因此，赵堡太极拳之"平"是其内在要义的表达。当然，在外在的行动与运转中，赵堡太极拳与其他太极拳也贯穿"平"之准则，"立如平准，活似车轮"（《太极拳论》）就是其精准的表达。除此之外，赵堡太极拳在演进中，"扯着绳"，"不撇不停不流水"的拳学更生发了"平"的内涵。赵堡太极拳先贤更以"提线木偶"的形象化教学和习练要求，传承、实践了赵堡太极拳"平"的规范，解读了其奥义。"平"体现着均衡，在均衡中饱含"虚灵"之意,则拳、意之行"顺遂""无迟重与迟滞",体现在技击中才有"忽雷""忽灵"之发。平亦是一种修习和应对事物的心态,即平常心。以平常心去对待人和事物,其运行也平稳,更能启般若智慧,岂非亦是道,即平常心是道①。"平常心是道"是禅宗六祖慧能再传弟子马祖道一所提出的禅宗修习法门。所谓"平常心",其实也就是一种寄寓在普普通通的日常生活之中的世道人心。马祖道一的弟子大珠慧海在回答源律师"和尚修道,还用功否"的提问时说:"师曰:'用功。'曰:'如何用功?'师曰:'饥来吃饭,困来即眠。'曰:'一切人总如是同师用功否?'师曰:'不同。'曰:'何故不同?'师曰:'他吃饭时不肯吃饭,百种须索;睡时不肯睡,千般计较,所以不同也。'律师杜口。"②对任何事物,都将其视为"道"亦即"理"亦即"法"的体现,都给予其"道""理""法"的意义之肯定,那么浅近的事相上,就已具有最深妙的真理③。

圆,是太极拳运行的规律,其要求时时、处处皆为圆。《要拳解》讲:"运动时,以手平衡姿势运转,前后左右皆以中心线为界,步以走圆,身以行圆。总而言之,一举一动,皆以圆为宗。"圆所体现的是"滑"与"润",滑则无法拿捏,如鱼一般滑溜;润,既是细腻光滑,又是黏润,体现在粘黏连随上。因此,赵堡太极拳有"滑如鱼,黏如鳔"的说法。太极拳的圆是一种立体之圆,并非平面之圆,在运动轨迹上,其有走圆、画弧等说法,而浑圆一体是其"圆"修炼的结果。《太极拳要论》讲"浑圆廓象,阴阳感知,喻而名之,是为太极","太极为浑圆之一气,怀阴阳之合聚","浑圆一漾而贯全身,虚感之物

---

① 赖功欧.马祖道一"平常心是道"的禅道理念[J].中国哲学史,2002(04):79-84.

② 普济.五灯会元[M].北京:中华书局,1983.

③ 胡遂.从"平常心是道"看白居易平易浅俗诗风[J].文学评论,2007(01):37-41.

而寓灵动"，"击左左空，击右右空，如充气而圆，无处受力；似簧机受压，反弹随势。压之重而弹愈强，力之沉而空愈深"，又进一步讲"浑身一气如轮子圆活，虚实转换旋化随势。不明此者，久难运化，堂室难窥"。"圆"在赵堡太极拳以及其他派别太极拳运行中，不是概念，而是规范与规则，这也是太极有别于外家拳法之所在。所谓圆，则更需把握过与不及，更要祛除"贪嗔痴"等病。在学习上，初学者以大圈为主，"凡初学入门者，以大圈为法，始能柔筋活节，身作心维，朝夕盘打，精而求之，进步自速"（《初学太极拳之要点》）；招熟、圈圆后，则需体悟小圈运行，"先求开展，后求紧凑。乃可臻于缜密矣"（《十三势行功心解》）。在技击上，赵堡太极以圆之"滑、润"来体现其"过劲""化点"。

赵堡太极拳之运行，平为准则，圆为规范，有"权衡"与"轴承"的物理学精妙之意，离开了平，则失去了其柔化刚发的"刚落点"的准心；离开了"圆"，则无法凸显其滑、润及以圆"过劲、化点"的拳法特点。因此，"平圆"为其规范，才能引领赵堡太极拳运行。

（三）"中正平圆"是太极"力"的源头活水

"中正平圆"是赵堡太极拳的拳学规范与纲领，其以中行正，以平行圆，不偏不倚、无过不及，使得其拳法内外相合，《耍拳论》讲"以中正平圆为用功方法"即指此。在技击上，赵堡太极拳遵从"中正平圆"的用功原则，以"中正"求整，以"平圆"求化发一致。"中正平圆"四者合一则"外示安逸、内固精神"，更显"彼忙我静待，知拍任君斗"的于"无声处"显神奇。"无声处"体现着太极拳的"万向轮"，即何处"挨"，何处化、何处发。"挨"是一个相对词，运动中或与对方接触，或与对方同向而行（无接触），但都让对手无从着力，有化的空空之感，以此"无声处"借对方之力而使力，使对方"即扑"，体现出太极拳"四两拨千斤"的技击奥妙，而这则依赖于习练者向"中正平圆"的用功，其也有别于外家拳所讲"听见响往里闯"的技法，更阐述着赵堡太极拳技理与技法的相合。"中正平圆"也并非晦涩难懂、缈冥难测,以"中正"为轴,以"平圆"为运动方式,二者同向螺旋;"平圆"如触手一般去感知对方的劲力和方向,然后以对方的劲路为切点,"中正"之轴螺旋合同"平圆"的轴向运动而"圆润"地随与"匀平"地粘,此时化、引随之其中,待对方劲落空,大轴则以我与彼"直线距离最近"为原则,或按、或挤、或将、或采、挒、肘、靠,合轴身之力发于彼身,则小力即可牵动大力,使对方即扑。"中正"与"平圆"合而发之,其一,体现的是"接触点"上的随,即接力使力的引进落空或凌空发出,适用于捋、按、挒、采的发;其二,体现的是"接触点"的放空(放空对方,不是自我为之的丢),这时我使力与对方身体动态方向相对,互为"正撞",而我以有利位点攻击对方薄弱位置,即还施彼身,适用于挤、肘、靠的出,此中亦在诠释顺随"过刚","落点"发出。因此,"中正平圆"是赵堡太极拳运动以及技理技法的纲要与统领,以此用功于赵堡太极拳修炼,方为其正道。

二、"轻灵柔活"为其悟道之则

(一)"轻灵"为通

轻,分量小,负载少,用力小,常与重相对。轻是太极拳的一大特色,最为鲜明地体现在《太极拳论》"一羽不能加,蝇虫不能落"上。戚继光在《拳经捷要篇》中提到,学拳在"身法活便,手法便利,脚法轻固,进退得宜,腿可飞腾"[①]。轻体现的是便利,指向从心所欲;固体现的则是稳固,不轻浮。"轻固"二字相合即为太极拳之"轻"。轻的达成首先需要有"中正平圆"的用功。其次,在于"松"与"虚灵"。《十三势行功歌诀》云:"刻刻留心在腰间,腹内松静气腾然。尾闾中正神贯顶,满身轻利顶头悬。""松"可以便利从心,形成松之形态,

---

①高杨文,陶琦.戚继光文集:纪效新书[M].北京:中华书局,2001.

"虚灵"则可以给松动之意向。"松"与"虚灵"的相辅相成，撑起听劲，促成了太极拳动与静的无迟滞转化。在对轻的认识上，赵堡太极拳要求"身法运转要像三尺罗衣挂在无影树上"，更要有"在空中迎风飘荡"之感（《耍拳解》）。此中之"轻"更给出了轻而自然的奥义。轻是赵堡太极拳的形态和行动要诀，也是在实战中感知对方的法则。轻能感知树叶落下，则可洞悉周边一切变化。所以，太极拳守静。由静而轻，才可便利从心，更至从心所欲。郑悟清在《太极拳之练法说明》中讲："倘能平心静气，注目凝神，轻摇之以松其肩，柔随之以活其身，徐行之以稳其步，待至肩松、身活、步稳，然后镇头领气，以卫其力。力顺则气自通，气通则力自重。"由此，太极拳之"以静制动"的技击原则是由其"轻"的感知为导引的。另外，相对于重，轻求的是顺达，顺达则无往而不利，此时轻重可随意转化，"轻如棉，重如铁"即指此，此中轻重也是浑圆的，不再二分，均在一念，也是智念。佛曰："一念愚即般若绝；一念智即般若生。世人愚迷，不见般若，口说般若，心中常愚，常自言我修般若，念念说空，不识真空。般若无形相，智慧心即是，若作如是解，即名般若智。"（《六祖坛经·般若品第二》）因此，轻是拳法智慧。轻与松皆是为化空，赵堡太极拳放空必以轻而不为对方所觉为前提，即轻为极轻，松为真松，空才能真空。

灵，是一个宏大而又丰富的词。"天地不仁，以万物为刍狗"（《道德经》），道出天地不感情用事，对万物一视同仁，顺其自然，一切犹如随风入夜，滋长万物，润物无声的宏大蕴物有灵的背景。灵者五蕴，即色、受、想、行、识五事蕴结不分，其是开般若、除习气、度苦厄的工具。灵在何处？《西游记》中讲"此山叫作灵台方寸山，山中有座斜月三星洞"，从此中亦可解读出心虽方寸，却"洞"中有灵，是灵之源泉所在。王阳明讲"心外无物，心外无理"，灵明的心是物之主宰，事虽万殊，理具于心，心即为理。灵阐发于心，知行统一，即为理。如何做到太极拳之灵？一是从心中求，"心为君，心火动，而相火无不奉命焉""现在眼，变化在心，而握其要者，则本诸身"（《十要论》），

"势势存心揆用意，得来不觉费工夫""刻刻留心在腰间，腹内松静气腾然"（《十三势行功歌诀》）"，"扑何以善，手脚四肢皆听命于心神""上动下合，左转右旋，前移后趋，惟心神之所向，意气之所使也""俾使学者默识心通"（《太极拳道》），其所达到的是"从心所动"；二是从练中求，"手以阳论，脚以阴名，相合者而身自灵"（《太极拳说》），"举步轻灵神内敛"（《太极拳总论》），"身中者不偏，二脉隐于身内，气畅无须倚，气行现心意。浑圆一漾而贯全身，虚感之物而寓灵动"（《太极拳要论》），"灵与不灵亦在于步"（《十要论》），"且拳勇之势，固贵乎身灵也，尤贵乎手敏。盖身不灵则无以为措手之地"（《高手武技论》）。如何谓赵堡太极拳之灵？"极轻则极灵，用气则滞"（《耍拳解》），"虚虚实实明阴阳，身灵步活弗缰绊"（《习拳歌》），而最主要的灵在于劲灵，"且因其动作柔和劲灵"（《太极拳序》）。劲灵才会有所变化，才能做到随曲就伸，开合、吞吐、伸缩自如。

"轻灵"是开启太极般若智慧宝盒的钥匙。《太极拳总论》讲"一举步，周身俱要轻灵，尤须贯串。气宜鼓荡，神宜内敛"。太极拳之轻灵是轻以极轻，灵以俱灵，可达到处处贯通，神聚而内敛之效。

（二）"柔活"为达

柔，相对于刚，有轻柔、柔软、柔韧、柔滑、柔和、柔顺等组词。柔是一种能力，在于可塑，《说文解字注》讲"凡木曲者可直，直者可曲，曰柔"；柔也是一种方法，在于顺应、合宜，《说苑·敬慎》认为"柔弱者，生之徒也"；柔也是一种境界，在于柔和谦顺，《淮南子·原道训》："是故清静者德之至也，而柔弱者道之要也。"[1]从能力的视角，《太极拳论》讲"人刚我柔谓之走，我顺人背谓之粘"，其再说明"粘即是走，走即是粘"，提出了柔的"互济"问题，即刚柔互济、阴阳互济等。《十要论》更明晰了"互济"的意义："用刚不可无柔，无

---

[1] 淮南子[M].陈广忠,译注.北京：中华书局,2012.

柔则还不速；用柔不可无刚，无刚则催逼不捷。"还认为"刚柔相济，则粘、游、连、随、腾、闪、折、空、挤、捺，无不得其自然矣。刚柔不可偏用，用武岂可忽耶"，进一步阐明了"互济"是通达自然的条件。从方法的层面，《太极拳说》认为"纵者横之，刚者柔之"，更道出"柔"为太极拳的内容，即"阴阳刚柔，太极拳法"。在技击的法则中，《比手》讲"进退转侧，刚柔相济，舍己从人，相机进攻。彼以刚来，我以柔应，柔中寓刚，人所难防，悉心揣摩，临敌制胜，不难立见也"。而"柔"的生成在于"静"，《太极拳说》云"动之始则阳生，静之始则柔生"，需要贯穿"松柔"之要义，"此拳由起步学习，至精、气、神一元化，始终要求自然、松柔、轻灵，像顽童玩耍那样随便"（《耍拳论》）。赵堡太极拳"柔"的目的在于"柔中求刚"，《耍拳论》讲"以柔中求刚为目的"。这也是赵堡太极拳有别于外家拳，而具有其理论思想特点的原因之所在。如何为达到柔？如何理解赵堡太极拳的柔与刚？《耍拳解》讲："柔，松柔、纯柔、松关节、柔经络。初习者要明松柔之含义，身体须开展放大，不放大达不到柔的目的。柔中有刚，刚柔相济；柔而含蓄，刚发崩裂是功成后的自然表现，是极柔必至极刚的自然辩证结果，非勉强可为之。若初习者即求柔中之刚，则是错误的。须知柔不及则刚不至也。勉强得来之刚，也不外后天之力。此'刚'不过是枯槁之脆硬，一折即断，非真刚也。"松为真松，松至四肢百骸，却又"虚领"之意，即松身神凝；柔要真柔，有粘如随，似水一般，遇物而化，遇空则填，无迟滞、顿挫，方显以柔克刚之特色；柔确需"柔中有刚"，柔为阴，刚为阳，静为阴，动为阳，"动之极则阴生，静之极则刚生"（《太极拳说》）。"柔过劲、刚落点"，柔化刚发，刚柔相济，柔而含蓄，刚发崩裂，方显"柔"之境界与劲之大道。

活，指有生命的，能生长，与"死"相对，也体现在不呆板、生动、机灵，有生气与活力。活是源头，宋代理学家朱熹辩证地说出"问渠那得清如许？为有源头活水来"（《观书有感》）；活也是一种状态,鲜活、活络等,显现其存续状态;活更是智慧,印刷术以"活字"实现伟大与超越。太极拳要求习练者达到外在的"立如平准,活似车轮"(《太极拳论》),内在的"浑身一气如轮子圆活"(《太极拳要论》)的效果。何为太极拳之"活"?《十要论》讲"活与不活,在于步,灵与不灵亦在于步。步之为用大矣哉",赵堡太极拳《习拳歌》中有"身灵步活弗缰绊"的歌诀。从实践论出发,赵堡太极拳《耍拳解》点明"行动于腰,以腰带动肢体,基础在步,活动于裆,身体平衡运转于手"的运动、技击要旨。

《初学太极拳之要点》认为"太极拳之动静作势,纯任自然,运化灵活,循环无端",灵与活合用,更显赵堡太极拳灵活、灵动之意境,灵赋予拳法生气与活力。太极拳"灵活"的实然通达路径为,柔成就了拳法的灵与活,赋予了拳法生命意义;柔灵、柔活使太极具拳法活力与生命力,也具拳道的长生性。《耍拳解》讲赵堡太极拳要"像顽童玩耍那样随便。不要用意、使气,更不可显示发劲。如有幼童般的体质",可见,赵堡太极拳追寻的是向"生"与更好地"生与活"的意向。从方法角度来说,"惟其慢,始能柔。惟其匀,始能活"(《太极拳序》),其非数年纯功不能运化。综此而言,"若太极拳则以活动筋骨为主,故一切运动以柔活为上","初学者或未能知,习之既久,则得心应手,趣味无穷,即足以舒展筋骨,又能调和气血,可谓身心兼修,最合于发达体育之道者也"(《太极拳序》),这是其体育之意义。而以柔活之法,实现太极拳"车轮""轮子"般的浑身一气、周身相随的"活",通向其体命双修的道,亦才是赵堡太极拳柔活之真义。

(三)"轻灵柔活"可以通达太极"力"

《太极拳论》讲"有力打无力,手慢让手快,是皆先天自然之能,非关学力而有为也",《太极拳要论》也讲到"压之重而弹愈强,力之沉而空愈深",《较手三十六病》更认为"以力大服人"为"霸"

之病。《十三势行功心解》阐述出"全身意在精神，不在气。在气则滞。有气者无力，无气者纯刚"的"精神"为领的要求。从这些论述看，太极拳似乎不崇尚"力"。所以"以心行气，务令沉着，乃能收敛入骨；以气运身，务令顺遂，乃能便利从心。精神能提得起，则无迟重之虞，所谓顶头悬也；意气须换得灵，乃有圆活之趣，所谓变动虚实也"（《十三势行功心解》），更好地阐说了太极拳的用功之法。而其中以心行气，务令沉着，而能收敛入骨则为轻；以气运身，而顺遂需要柔；提起精神，唤起意气即为灵；便利从心，且俱圆活之趣方显活。其中轻的敛，柔的随，灵的领，活的从，阐说了太极拳的心力、意力与气力。而"心""意"与"气"之力的合为太极拳之内三合，内三合为太极拳生生之力的源头，而这又指向"劲"，如《耍拳论》讲"'耍拳'之用功准则，可使任、督二脉畅通，丹田劲随姿势运转而运行。所谓劲由脊发，膂力无限，是奠定内劲之基础，唯以此准则用功，始有此硕果"。同时，赵堡太极拳《耍拳解》给出"气、力、劲本是一体的"定义，认为此三者"在拳艺的理论实践中却有分别之论，即气是先天自然之气，力是后天人为之力。后天人为之用力，常非用先天自然之气。而太极拳在姿势变化运转中，则以气与力相配合，每势完成时要有气沉丹田之感。通过姿势转化，由丹田发出的为劲。所谓懂劲者，即要由丹田发出转化的劲"。纵观太极拳拳论，有说意、论气、探劲等理论，而论力者无几，其原因在于论力或谈力容易将习练者导入"本能用力"的误区，因为其力并非太极拳"学力而有为也"的"真力"。太极拳的真力，如赵堡太极拳所言"气、力、劲"是一体的，拳理所言其"气、劲"都凸显"轻、灵、柔、活"的要义，这样自然而然得来的力是巧力、灵力、妙力。赵堡太极拳言劲，需要粘黏连随，不丢不顶，凸显"引进落空，四两拨千斤"；言气，需要"一气贯通，周身相随"，凸显出"举步轻灵神内敛"。这样的气劲合一之力，绝非单一的物理学用力之力，而更是综合的生物学的击向虚处的极致妙力。

三、"合顺自然"是大道之法

(一)"合顺"为要——浑然一体

合,是太极拳的一大特色。《太极拳论》云"太极者,无极而生,动静之机,阴阳之母也。动之则分,静之则合",开篇即讲"合"。西汉哲学家董仲舒认为"凡物必有合",并且"合必有上,必有下;必有左,必有右;必有前,必有后;必有表,必有里"(《春秋繁露·基义》)。合是一个"统一"的概念。《庄子·达生》亦讲"合则成体"。赵堡太极拳讲内三合与外三合,外三合为"手与足合,肘与膝合,肩与胯合",内三合亦有"心与意合,气与力合,筋与骨合"之说,内外三合统为六合。除此之外,太极拳有易理"五行之合",《十要论》讲"夫捶以言势,势以言气,人得五脏以成形,即由五脏而生气,五脏实为性命之源、生气之本,而名为心、肝、脾、肺、肾也。心属火,而有炎上之象。肝属木,而有曲直之形。脾属土,而有敦厚之势。肺属金,而有从革之能。肾属水,而有润下之功。此及五脏之义而犹准之于气,皆有所配合焉。凡世之讲拳术者,要不能离乎斯也";亦有"表里之和",如"心与目合,肝与筋合,脾与肉合,肺与身合,肾与骨合"(《十要论》),还认为"百骸筋节,自相贯通,上下表里,不难联络,庶乎散者统之,分者合之,四肢百骸总归于一气矣"(《十要论》)。太极拳之合在于一气贯通,"莫教断续一气研"(《太极拳总论》)亦指于此。赵堡太极拳认为,合应在"中",《太极拳说》讲"一以中分而阴阳出,阴阳复而四时成,中为生化之始,合时成五气行焉。上下内外与意合,节节贯串于一身。因而,万千之变无乎不应",其还阐明"阴无阳不生,阳无阴不成。阴阳之气,修身之基。上阳神而下阴海,合之者,而元气生"。及此,根于脚、发于腿、主宰于腰、形于手指的"合中",即为有灵,如《太极拳说》讲"手以阳论,脚以阴名,相合者而身自灵"。而"合中"的结,在于"腰胯",正如《十三势行功歌诀》云"合意源头在腰隙"。

"合顺"是赵堡太极拳整体性的要求，体现出拳法的浑然一体。赵堡太极拳从上下、左右、前后的合到表里、内外的合，都要求顺，以至达到我顺人背，则制服对方可柔、可刚。"合顺"二字相合即是太极拳之"一"，其意在于加"一羽"，落"蝇虫"皆要合化顺遂，即化发一致。在赵堡太极拳中，"合顺"无处不在。在外形中，"三直四顺"即为合顺之体态；在动静之中，"六合"的内外相合即为合顺之义；还有其自身"阴阳"之合顺，即合为阴，顺为阳，这其中合以为化，顺以为发，也可顺为化，合为发，其皆要体现出"屈伸、开合"的自由和自然，所以拳理讲"随曲就伸"，也可"随伸就曲"，其尽皆体现赵堡太极拳"合顺"之要义，即为"无中生有"。至于"无中生有"，在《太极拳论》中，"偏沉则随，双重则滞"就是最好的诠释；与人交手，双重为病，一切皆无，而"偏沉"即为生化"有"之始，偏沉的目的在于"合顺"地随发。对"偏沉"的"有"之生化，遇转即有升降，"逢转必沉，逢沉必转"即是方法。当然，以"合顺"生成的"无中生有"亦才是"生生"之有，不是断续之有。对"生生"之有，赵堡太极拳讲"一以贯之"，这也正合《十要论》所讲"夫太极拳者，千变万化，无往非劲，势虽不侔，而劲归于一，夫所谓一者，自顶至足，内有脏腑筋骨，外有肌肤皮肉，四肢百骸相联而为一者也。破之而不开，撞之而不散，上欲动而下自随之，下欲动而上自领之，上下动而中部应之，中部动而上下和之，内外相连，前后相需，所谓一以贯之者，其斯之谓欤"，其心（心力）坚强，其意（意力）亦坚强，其身与神同往，"后天"修炼"先天"达之，以"无为"而"无不为"，以"自在且自为"而"达道"，浑然而成，可为天下武学先。

（二）"自然"为法——朴素的辩证

赵堡太极拳《耍拳论》讲"以柔中求刚为目的，以轻灵自然为原则，以中正平圆为用功方法"。理法相通是赵堡太极拳所秉持的修炼方式，《太极拳论》讲"动急则急应，动缓则缓随。虽变化万端，而理唯一贯"。在训练以及修炼的达成上,《太极拳论》讲"斯技旁门甚多,虽势有区别,概不外壮欺弱、慢让快耳!有力打无力,手慢让手快,是皆先天自然之能,非关学力而有为也",在此意义上,太极拳以"四两拨千斤"为准绳,给出"祛双重""分阴阳""刚柔相济"等修炼要求。赵堡太极拳在发生、发展的过程中,合道家之理,以"自然"为要求,寻求通达之法。《太极拳要论》中指出"吐纳自然,撮抵桥通"的呼吸之法;《耍拳解》给出了"学者用功,身法运转要像三尺罗衣挂在无影树上,在空中迎风飘荡那么轻灵自然"的行拳要求;在较手实战中,赵堡太极拳认为"不出于自然而欲取胜"的即为病(《较手三十六病》);《太极拳十要论》论刚柔,认为"刚柔相济,则粘、游、连、随、腾、闪、折、空、挤、捺,无不得其自然矣"。可见,"自然"是赵堡太极拳的运动与技击法则,《太极拳之练法说明》中,进一步阐述了何以"自然而然"的方法,即"力顺则气自通,气通则力自重。所学之法如是,练而习之,以期纯熟,则手、眼、步一致,心、神、气相同,自能臻自然而然之妙境矣"。在赵堡太极拳先贤的浩瀚拳法理论中,"中正、平圆、轻灵、合顺、自然"的用功法则亦可更为清晰地指导赵堡太极拳之修炼。当然,寻求自然是赵堡太极拳技理技法之根本,也是其峹巍、浩渺的道。

(三)"合顺自然"是太极"力"的应用

赵堡太极拳之合顺是一合俱合,一顺百顺,合顺为行动和技击之法,其合也自然,顺也自然,"合顺自然"才能真的"一气贯通"。《太极拳说》讲"夫太极者,法演先天,道肇生化焉。化生于一,是名太极。先天者,太极之一气。后天者,分而为阴阳,凡万物莫不由此",其道出太极拳是后天修炼,法演先天的运化之法。接着其以"阳主动,而阴主静。动之极则阴生,静之极则阳生。有生有死,造化之流行不息。有升有降,气运之消长无端。体象有常者可知,变化无穷者莫测。大之而立天地,小之而悉秋毫。太极之理无乎不在",说出阴阳、动静为世间常物、常事、常理。而如何使太极拳"法演"而进阶先天，以达极致常物，其言"阴无阳不生，阳无阴不成。阴阳之气，修身之基。上阳神而下阴海，合之者，而元气生。左阳肾而右阴肾，合之者，而元精产。背外阳而怀内阴，皆合者，而元神定"，即分出阴阳，阴阳循环顺乎逻辑，需以修身。又言"夫太极拳者，性命双修之学也。性者天上潜于顶，顶乃性之根。命者海下潜于脐，脐乃命之蒂。故知双修之道在天根海蒂之合也。真意为其中，使而有所验"，阐明修身之外，须有"性""命"之双修，双修合顺既为"真意"，真意出则"万千之变无乎不应"。而这一切的达成，"根出于一，而化则无穷"，即"物无常物，理无常理"，和顺对待，自然而然，浑然朴素就是"真理"。由此，《太极拳论》所言"虽变化万端，而理唯一贯"，即在于"动静、虚实、开合等"的合理、顺应、自然的应对，其凸显在"刚柔之中，复有刚柔"的辩证统一之中。

四、论力：基于赵堡太极拳要点字诀论的关系解读

（一）天道自然：中正平圆

"中正平圆"是赵堡太极拳之规范，"轻灵柔活"则是对其规范的极致运化，而"合顺自然"是其升起的道统，这一切都昭示其非"手慢打手快、有力打无力"的先天本能之能，也是有别于外家"讲技术"（其实外家也讲劲道）而其尊内家重劲法的道理，最终阐说出其后天修行在于实现"以柔克刚"地"小力胜大力"和牵动"四两拨千斤"地反哺先天，以及通过"内敛、内固精神"等的修炼进阶追求后天返还先天的机能之能的理想型心态和意向。这是具有"道"之血统的精神现象学心态，也是一个宏大而希望达到的志趣。

"中正平圆"本身就是一种正道的方式。人不可无中，故需守中；行不可无正，则需守正；阴阳离决，务须以平；周行而不殆，可以为天下母。在关系论中，《中庸》认为"允持厥中"，《尚书·说命上》

讲"惟木从绳则正",《黄帝内经·素问》曰"平人者,不病也",《大戴礼记·曾子天圆》讲"天道曰圆,地道曰方";在境界论与方法论中,有"致广大而尽精微,极高明而道中庸"的治学境界,"清静为天下正"的修身以及治世之法,"有平乃治"的治人和治国之法,以及"方以智、圆而神"的智慧境界。由此,"中正平圆"也更显中华徽记,合而论之,则其更显"和"之要义和精神,其犹如为人处事,缺"中"则没有立场和主见或容易激进,所以做人要有中;缺"正"则缺乏守望,易偏离正轨,所以为人要正;缺"平"则易过或不及,缺乏平衡,所以处事要平;缺"圆"则易刚或偏柔,缺少活泛与圆润,不利于关系的协调,所以要有圆;四者合,不偏不倚,无过不及,不贪不欠,不丢不顶,则更益"和"于社会洪流,其中关系无"强弱之分",而以"轻灵柔活,合顺自然"为佳。轻灵者,则有益于联合、贯穿"中正平圆"之关系;柔活者,易于变通和接受;合顺者,则可于己舒服,以柔克刚,显现智慧;自然者,于人于己都显舒服,不偏颇而又恒爱,这是一种大道智慧。

(二)人道柔弱:轻灵柔活

在行为逻辑上,"轻灵柔活"是悟道的方式。《周礼·车仆》云"轻车之萃,谓驰敌致师之车也",《战国策·齐策》云"使轻车锐骑冲雍门"。轻是社会集约转型的方式。"轻车简从"是由轻而精的锐化方式,更显集约之意义。赵堡太极拳"轻"的达成,需要从"简、精、贯通"中探消息。"简"可以由单式、单势或者某个劲中探寻,单式、单势中轻的探寻需要集约化,以至身轻、步轻。劲的轻需要省力化,而省力也需要集约,其集约一是体现在精神上,需要高度的神经募集;二是要有劲的发放自如,无迟滞。"精"是轻的锐化与凝聚方式,其凸显的是敏锐的"听劲"。"贯通"是需要把轻的"简与精"理念贯穿于整个太极拳的行动中,这样才能体现出"轻如鸿毛,重如泰山"的意义。《列子·天瑞》云:"一者,形变之始也。清轻者上为天,浊重者下为地,冲和气者为人;故天地含精,万物化生。"轻者,灵之始。由"清、精、爽"化而为成，可谓灵。轻之"清"体现于分明中，在技击中要有"粘黏连随，差米填豆"与"要啥给啥、吃啥还啥"的灵性，即为"灵之清"；轻之"精"需转化于"灵聚"，有"神聚、神领"之意，要"一举动周身俱要轻灵"，方能便利从心，体现在技击上方显"以静制动"的意义，此为"灵之精"；灵而能清、能聚，能便利从心，从心所欲，是为"灵之爽"。柔与活在于对他人的关怀，柔有柔远（安抚远人或远方邦国），柔软绥怀（安抚外方归顺者），"柔远能迩"（《尚书·舜典》）的意思。柔属于"性"的范畴，需要"诚"，《中庸》第二十二章云"唯天下至诚，为能尽其性；能尽其性，则能尽人之性；能尽人之性，则能尽物之性；能尽物之性，则可以赞天地之化育；可以赞天地之化育，则可以与天地参矣"；其也属于"法"的范畴，可以治，体现在以柔克刚上，"诚弱"如水"无为"有治，《老子》第四十三章云"天下之至柔，驰骋天下之至坚。无有入无间，吾是以知无为之有益"。"柔活"者，柔和而生动，有盎然与勃勃之义，是太极拳所需达到的意志。太极拳贵柔，却以"活"达。"活"者，不死板，其在太极拳中统拢阴阳，刚柔相济，《太极拳说》讲"阴阳刚柔，太极拳法。四肢义通且阴阳之中，复有阴阳。刚柔之中，复有刚柔"，"派生"是其一大特色，故太极拳有"太阴太阳，少阴少阳，太刚太柔，少刚少柔，太极拳手之八法备焉。曰：掤捋挤按采挒（挪）肘靠"，"一以中分而阴阳出，阴阳复而四时成，中为生化之始，合时成五气行焉。曰：进退顾盼定"，此正是"太极拳十三势"；其还"派生"出招式招法以及推手善用的"四技"，即"化引拿发"。活不活在腰胯，灵与不灵在心亦在手脚，柔将灵与活表里、内外、上下连接起来，既显柔之"专气致柔"，又将太极拳通达于灵活，显现轻和，这更能表现赵堡太极拳"轻灵柔活"的关系意义与"和"的意义。这犹如人之关系，关系过重，容易有负担，过轻，则容易疏离，有度量与把握则需灵活，以柔和、柔诚之方法，适度为佳。

（三）治道无为：合顺自然

"合顺自然"是赵堡太极拳之大道规矩。在技击上，太极拳《打手歌》讲"引进落空合即出"，赵堡太极拳进阶阐明了"上动下合，左转右旋，前移后趋，惟心神之所向，意气之所使也。腰为真机，而贯串肢节，势无所阻，是内意者用耳"（《太极拳道》）的合中求"顺"的理论。《太极拳序》阐明"太极拳主逆来顺受，以顺制逆者，故不须用过分之力"，由此仔细留心推求，则屈伸开合以"自由"为顺。《太极拳要论》讲"太极阴阳之理贯串于拳势之中，有刚柔之义、顺背之谓、屈伸之分、过与不及之谬（理解为谬误）也"，"习者与人相搏，须随其势曲而旋化蓄劲，引其过与不及而击之。击伸发劲以直达疾速，此圆化为方之义。彼刚攻而以柔应，此谓走化；彼欲抽身以黏缠，缓随急应；彼莫测而胆寒，虚实互换，彼崩溃而心惊。理用俱明，方悟劲之区别，熟而生巧，渐能随心所欲。故曰：知己知彼，百战不殆"。顺是柔在他力前，刚承随于他力后的柔化而发的体现。太极拳之"顺"，首先要做到三直，即头直、身躯正直以及小腿与地面的垂直，四顺，即腿顺、脚顺、手顺、身顺，这是身体的"领正与守中"；其次，要做到意、气、力的合与顺达，这需要"平稳与圆滑"；再次，内外相合需要有"轻灵柔活"的运化，行轻亦顺，转灵亦顺，柔化自然，活便内外全身，这样的顺才是"随曲就伸"的"整顺"，其所给出的力，无谓大小，亦才是整力，也正如《太极拳之练法说明》所云"力顺则气自通，气通则力自重"。由此，也可诠释出赵堡太极拳力的另一个意义，即其力的分量不以大小论，而以轻重论。

"自然"是赵堡太极拳的基本要求，也是修炼方法，更是境界追求。所谓自然是其"基本要求"，是因为初学赵堡太极拳时，不发力、不矫揉造作，只讲基本姿势，姿势也是随身起而起，随手、步落而落，不讲"抽丝""缠丝"等，每势以自然为主，所以观看和习练赵堡太极拳会有与别家太极不同之感，这是赵堡太极拳力求"自然"而向外显现出来的效果。所谓自然是"修炼方法"，是因为赵堡太极拳讲劲，也讲十三势，但是其都隐含于"中正平圆"的规范之中，其对"不对的"劲和内容，往往以"偏""扁""顶""丢""抗""过""不及"等来诠释，对"对"的劲和内容，以"粘黏连随""随曲就伸""走化""顺随"等来说明，并用"轻、灵、柔、活""合""顺""自然"来描述和强调。所谓自然是"境界追求"，是因为赵堡太极拳讲求"朴素"，更以"朴素"的唯物史观来看待和追寻拳艺、拳法之道，比如在对"中正"的标准阐释上，赵堡太极拳《耍拳解》讲"在用功时的身法要像太极图中的子午线那样垂直中正，上自百会，下至会阴，形成一条直线"；在对"轻灵自然"的理解上，赵堡太极拳《耍拳解》认为"学者用功，身法运转要像三尺罗衣挂在无影树上，在空中迎风飘荡那么轻灵自然"。"像"是一种比喻而非概念，因此赵堡太极拳在其"入门引路须口授"的传习以及修炼感悟证道的过程中，没有固定的概念和范畴的定义，因为有了"概念"或"范畴"的实质定义和归属，就会扼杀其多样性，也同样失去了其自然的真意义；而没有概念定义，才能有"自由自在自为"的"太极"之追求，其实这本身就是一种朴素的意境和向往。另外，赵堡太极拳崇尚水一般的道，以"水"讲技、论理、寻求自然而然是其鲜明的特点。水遇物则分，有空则填；随形而行，合而击之，顺其自然。引申于赵堡太极拳拳道即是遇抵柔化、粘黏连随、引进落空，使对方之力化于无形；有空或欠之处，则可"差米填豆"，使对方无处遁形；有"要"则"要啥给啥"，有给则"给啥吃啥"，一切顺随；其遇敌或抵看似屈服，却显"伸长"之意，以柔克刚，处处合顺，朴素自然。有当是"击左左空，击右右空，如充气而圆，无处受力；似簧机受压，反弹随势。压之重而弹愈强，力之沉而空愈深"（《太极拳要论》），其"分"自然，"空"也自然，屈伸依然自然，"合顺"更是自然，但其用却"如长江大海，滔滔不绝"（《太极拳总论》），可谓"大成若缺，其用不弊。大盈若冲，其用不穷。大直若屈，大巧若拙，大辩若讷"（《老子》）者然。

综上，如果说"中正平圆"是太极之"力"的源头活水，那么"轻灵柔活"则是对太极"力"的极致追寻,而"合顺自然"则是对太极"力"的极致应用。对习练者来说,"中正平圆"是太极"力"的基础,"轻灵柔活"是太极"力"的通达之法,"合顺自然"则是太极"力"的应用方法。也可以理解为,"中正平圆"是其正道之基,"轻灵柔活"是其悟道之则,"合顺自然"是其大道之法。根于一,化而万物始开,大道无形,有容乃大。赵堡太极拳在演进发展中,虽有"腾挪""代理""领落""忽灵"以及"和氏""郑悟清拳法""郑伯英拳法""侯氏"等拳架之分,或有"大、中、小架"之说,但均遵从"中正平圆、轻灵柔活、合顺自然"的行拳、修习之法,种种分类,势有差别,理为一贯。然,其分别在于个人领悟,亦在目的,即有为健身,有为技击,有为养生,总之,现行之下,大道遁形,合聚修习,方显其珍。老子曰:"合抱之木,生于毫末;九层之台,起于累土;千里之行,始于足下。"拳法依然,传承在于整全与求真,大道之路无外乎"中、正、平、圆、轻、灵、柔、活、合、顺、自然",默识揣摩,潜行修炼,从心所欲可期。另外,赵堡太极拳字诀亦是治世、处事、为人之道,天道自然,不失中正平圆;人道柔弱,需以轻灵柔活;治道无为,合顺自然为佳,其为力论,详加辨析,获益良多。

第二节 赵堡太极拳之"五需"

文化包含着宏大而具有精神内涵的叙事,《易经·贲卦》讲"刚柔交错,天文也;文明以止,人文也。关乎天文以察时变,关乎人文以化成天下"。赵堡太极拳之文化,有洞悉内在和外在之变的"察"之要义,也有成人、成性的"化成"之要义。

《太极拳正宗论五字妙诀》据传为陈清平所作,也有说其为武式太极拳李亦畬(1832—1892)所写的《五字诀》拳论(1935年刊印于《廉让堂太极拳谱》中),而其在赵堡太极拳和敬芝手录本中亦有原文。李亦畬之太极拳于1853年左右受学于其母舅武禹襄(1850年左右先学于杨露禅，"仅得其大概"，1852年左右其公赴豫省，过而访得温县赵堡镇陈清平，从其"学习太极拳月余，得其精妙，神乎技矣"。经此"二得"后，自创拳式，人称"武式太极拳"），李亦畲为武式太极拳第二代传人；和敬芝为和兆元第三子，著有《高手武技论》等拳学理论，其所抄录《太极拳正宗论五字妙诀》与李亦畲《五字诀》有26处不同（详见于和有禄《和式太极拳谱》）。本文吸纳和敬芝抄录之《太极拳正宗论五字妙诀》，认为其为赵堡太极拳拳学之遵守内容，更在于其"十字"五需之要（此妙诀十字齐聚，简称"五需"更为贴切）有体察自身、明察秋毫，了敌于心、洞若观火之意。现将其备录于下。

一、"五需"义解

1. 心静

心不静则不专，一举手前后左右全无定向，故要心静。起初举动未能由己，要舍己从人（息心体认），随人所动，随曲就伸，不丢不顶，勿自伸缩。彼有力我亦有力，我力在先；彼无力我亦有力（我亦无力），我意仍在先。要刻刻留心，挨何处，心要用在何处，须向不丢不顶中讨消息。从此做去，日积月累，便能施之于身。此全是用意，不是用劲。久之则人为我制，我不为人制矣。

"心静"义解：心静需守于心，静于心，心有治则可无往而不勇。此中心静需要意守于接触点，敢于"给"，即要啥给啥，舍己从人就是"给"，"给"看似屈服、顺从，实则在"吃"，给中有吃，或者给完则吃，体现的是"给啥吃啥"，其中不能有"丢、顶"之意、之为，才显"随曲就伸"无为而有为的真义。这些意念都来源于心的静与勇，不能意气用事，也不能心中无"舍得"之意，更忌讳有力、用劲，而以顺遂、自然为佳。

2. 身灵

身滞，则不能进退自如，故要身灵。举手不可有呆相，彼之力方觉有侵我之皮毛，我之意已入彼骨里。两手支撑，一气贯穿。左重则右虚而右已去，右重则左杳而左已去。气如车轮，周身俱要想（相）随，有不相随处，身便散乱，便不得力，其疾在于腰腿求之。先以心使身，从人不从己；后使身能从心，由己仍从人。由己则滞，从人则活。能从人手上便有分寸，量彼劲之大小，分厘不错，权彼来之长短，毫发无差，前进后退，处处恰合。功弥久而技弥精，技能精，进退之间，自然从人。而亦由己随心所欲，自无失着之处矣。

"身灵"义解：身灵体现在手灵、步灵以及全身之灵上，即"一举步，周身俱要轻灵，尤须贯串"。这一要义既要贯穿于太极拳修炼和应用中，更要贯穿于其气、劲的通达和灵巧之中，即"彼之力方觉有侵我之皮毛，我之意已入彼骨里"，此方显"灵"之探察之意；由"察"而心身连通做出反应，柔以从人，刚以随发，其妙在于腰胯，劲之来源在腿，转化、合顺在腰胯，奥妙在"从人"，即"由己则滞，从人则活"。"活"方显灵之巧妙奥义。

3. 气敛

气势散漫，便无含蓄。身易散乱，务使气敛入脊骨，吸呼灵通。周身无间，吸为合为蓄，呼为开为发；盖吸则自然提得起（李本多：亦拿得人起），呼则自然沉得下，亦放得入门出。此是以意运气，非以力运气也。

"气敛"义解：气敛在于显神，气定则神易凝。《太极拳总论》讲"气宜鼓荡，神宜内敛"，气之鼓荡在于可蓄、可发，其需要饱满而又要贯通，贯通则需要"敛"。敛是精致化的过程，既无不足，又无过分，开合吞吐任其自由，均在一气贯通，如此则吸可"力拔山兮"，呼可"下潜九渊"。这需要"随人"，察于意、行于气，即"以意运气，非以力运气"。

4. 劲整

一身之劲练成一家。分清虚实，劲动要根源，劲起脚跟，主于腰间，形于手指，发于脊骨。又要提起全副精神，于彼劲将出未发之际，我劲已接入彼劲，恰好不先不后，如皮燃火，如泉涌出，前进后退，无丝毫散乱，曲中求直，蓄而后发，方能随手奏效。此谓借力打人，四两拨千斤。

"劲整"义解：《十要论》讲"夫太极拳者，千变万化，无往非劲，势虽不侔，而劲归于一，夫所谓一者，自顶至足，内有脏腑筋骨，外有肌肤皮肉，四肢百骸相联而为一者也"，太极拳虽有各家之别，拳势也各有不同，但都以"劲"为练拳宗旨和法门。无论太极拳讲"缠丝劲""抽丝劲"，或"化、引、拿、发"四技，都以"掤、捋、挤、按、采、挒、肘、靠"八门劲为根基。"八门劲"配合"前进、后退、左顾、右盼、中定"五行之步法运动，其动能犹如"长江大河"生生、浑厚。劲之发动"起于脚跟，主于腰间，发于脊骨，形于手指"，这里有脚的接地启动力和脚掌与脚跟的拧转力，加上膝关节与腰胯的螺旋力，再加上胸背的吞吐、开合力，更加手臂垂坠、旋转力，多力融合，如同"螺丝帽"，外加顺遂对方自身或转或拧的"丝杆"，"螺丝"般的螺旋之力借力使力，"分筋断骨""发人丈许"也不在话下。诸劲融合，听命于心神，一动俱动，一静俱静，动也全身，静也全身，微动亦全身，即为劲整。太极劲之和合、顺从，需要"从人"，亦要随与贯通，这需要在"中正平圆"中探消息，体察螺旋是否转得开、转得圆、转得紧，亦要紧密与对方进退、开合、旋转等，即无空当或者滑丝。对方劲急则急应，劲缓则缓随。如《太极拳之练法说明》所说"若用猛力，处处夺力，而仅能显力者，此痴练耳"，这需要详辨与体察。"四两拨千斤"，在于劲的顺遂圆活地柔化，劲蓄也整，或化或引，但无遁形；劲发亦整，其落在点，彼之薄弱之点，发之摧枯拉朽。

5. 神聚

上四者俱备，总归神聚。神聚则一气鼓铸，炼气归神，气势腾挪，精神贯注，开合有致。虚实清楚，左虚则右实，右虚则左实。虚非全然无力，气势要有腾挪；实非全然占煞，精神贵贯注。紧要全在胸中腰间运用，不在外面。力从人借，气由脊发，气往下沉。由两肩收于脊骨，注于腰间，此气之由上而下也，谓之合。由腰形于脊骨，布于两膊，施于手指，此气由下而上也，谓之开。合便是收，开便是放。能懂得开合，便知阴阳。到此境界，工（功）用一日，技精一日，渐至从心所欲，无不如意矣。

"神聚"义解：心静、身灵、气敛、劲整合聚才能神聚。在赵堡太极拳中，心静至心通为化，从学者需在"不丢不顶""要啥给啥""给啥吃啥"中"默识心通"；身灵以活便运化，从学者需在"粘黏连随""舍己从人"中做到"活似车轮"；气敛则气易鼓荡、贯通，从学者需"腹内松静气腾然，气遍身躯不稍痴"，以此做到"敛气入骨，吸呼灵通，周身无间"，而达"满身轻利"；劲整可"四两拨千斤"，从学者需在"中正平圆"中求得"轻灵柔活"，更致合顺自然、自然而然为妙。心身一统有意，气劲合一可用，意用合一，可谓"神聚"。神聚则屈伸开合任自由，虚实分则阴阳判；动静为而阴阳变，阴阳和合胜负出。神聚"一"出，"浑圆一漾而贯全身，虚感之物而寓灵动"为察之感，此时彼击之则"击左左空，击右右空，如充气而圆，无处受力；似簧机受压，反弹随势。压之重而弹愈强，力之沉而空愈深"，均在于一。

二、"五需"义析

《太极拳正宗论五字妙诀》从"心、身、气、劲、神"五个方面，说到了"静、灵、敛、整、聚"的需要。"心、身、气、劲"是太极拳修炼的整全内容，心为领，身要统，气要顺达，劲要匀整，四者兼备，才能"神聚"，神聚者，"气势腾挪，精神贯注，开合有致"，才能体现出太极拳拳法的时时、处处可发、可收。在修炼方式上，《太极拳正宗论五字妙诀》认为一需"心静"，体现在修炼上则是"一静无有不静"，这种静不是自然无为之静，而是静与动静之际的体察之静；

体察自身则为静态时的"神守天根，意沉海底，心静息寂，神意互恋，升降吞液，腹中如轮，旋转循规"，此时"手脚四肢皆听命于心神"（《太极拳道》），即为心意合；动静之际时，更需静，乃至极静，即"静中触动动犹静，因敌变化是神奇"，这种极静的神奇之处在于"上动下合，左转右旋，前移后趋，惟心神之所向，意气之所使也"。心静息寂的静以及"静中触动动犹静"的极静，皆在阐发赵堡太极拳"心"之修炼，"察"是否有迟滞或落以"一羽""蝇虫"，如有这般则为病，所以要心通，意为"心之察"。而"心之察"于彼劲落与未落、彼我在粘与未粘之际，以心静、身灵、气敛、劲整总为神聚，则需要"行之察"。心、行统一，体现在太极拳技击上则是"一点动静心头起"，即要统领心、身、气、劲，"一点精神顶头悬"，即得机得势，合发自然，如此这般的"神聚"，可谓"明察秋毫"；其静不动如山，需内固精神、外示安逸，动则随彼，但劲在彼先，彼徐则我徐如林，彼疾则我疾如风，即动急则急应，动缓则缓随，无有迟滞，一切探察和行动皆在彼之前，这种意向深入彼里，我则"洞若观火"，随机就势，自然而然，柔过劲刚落点，以柔克刚，可使对方处处受制，也可随之发放，更可侵略如火。如此也才方显赵堡太极拳心静、身灵、气敛、劲整而求神聚的奥义，"神聚"是其整全性关怀，是一统之格局，"其疾如风，其徐如林；侵掠如火，不动如山；难知如阴，动如雷震"（《孙子·军争》）。

《太极拳正宗论五字妙诀》曰为五字，实为十字，即心静、身灵、气敛、劲整、神聚；其文中"妙诀"的解答并非妙诀概念的界定，而更多地指向于其在实战技击中的作用和意义，以及其所指向的技击效果。但是研究认为，《太极拳正宗论五字妙诀》中的"妙诀"更有修炼的指导意向，并且其具有递进性和整体性，简言之，其是太极拳由内而外的整体性的形成与概念化过程。《钱公良测语·规世》言："治人者必先自治，责人者必先自责，成人者必先自成。"太极拳是修心、修身、治人之拳法，赵堡太极拳学者遵从"治人者必先自治"的原则，以心静、身灵、气敛、劲整、神聚的妙诀为"五需"之要，先以达己而后治人。因此，文中"义解"于"五需"之义，而对应于《太极拳正宗论五字妙诀》的原文理解与学习，则更具意义和指向。通过深入剖析"五需"之义，发现其精妙之处在于察于自身洞悉于彼心，具有关系双方的整全性，而不再是简单意义上的自我修炼或绞尽脑汁地揣测对方，其细致入微的明察秋毫与洞若观火的知己知彼，料敌之先，还施彼身，更显太极之慧与能。

第三节 赵堡太极拳之"耍拳"

"耍拳"极具人文与拳法特色，在传统社会中，其可以联络拳者情感，建立熟人关系以及互相学习验证。但是，在现代社会中，随着赵堡太极拳拳法自身训练格局的断裂，套路的体育化和形式化使其"耍拳"的特色正在逐渐消失。赵堡太极拳较其他传统武术以及其他太极流派的独特之处，正在于其"耍拳"的理论和训练方法。《耍拳论》《耍拳解》揭示了赵堡太极拳耍拳"自然"的意向和"有序"的训练格局。更深的意义在于，赵堡太极拳耍拳具有"技击为本、以柔克刚"的要义与"自在、温度"的真义。这样的"耍拳之义"，使得赵堡太极拳成为文化性的自在且自为的存在。

在传统的集约性场域中，"集市"与"庙会"成为村落民众成员之间产生"社会互动"的重要场所，而在此人员集中的场所"耍拳""耍场子"，则是武术人联络情感，建立熟人关系以及共同体圈子的重要方式，其既是表达对神灵的敬畏仪式，满足当地村落民众多元化的生活和精神需求的方法，又是互相学习、取长补短校验武艺的重要途径。[①]有学者通过对劳作之余、民俗节日、宗教仪式中的武术"耍拳"形式进行研究，认为"耍拳"的"娱己""娱他"和"娱神"活动，

---

① 王明建.村落武术的文化人类学研究[J].上海体育学院,2016,40(03):68-72.

在文化层面上构建起了一个其乐融融的、人神共娱的娱乐空间。①"耍拳"之说由来已久,《水浒传》中有"耍拳、使棒"之说,《红楼梦》中有"醒时便在院里耍刀弄棒"的字句,红拳耍拳有"耍红了"之说,而把"耍拳"上升到理论层面的,赵堡太极拳独树一帜。赵堡太极拳之"耍拳"有《耍拳论》《耍拳解》的理论,其耍拳理论取法于道家的自然之道、《易》学阴阳之理及以弱胜强、无为之为之论②,是赵堡太极拳通达自然境界的重要途径,也是区别于其他流派太极拳的一个显著特点③。研究赵堡太极拳耍拳在于解读其真义,阐明其价值意向,这对于其文化传承、内涵发展更具现实意义。

一、"耍拳"特性

(一)耍拳的"自然"意向

"耍拳"是赵堡太极拳颇为独特的学习和修炼方式。一个"耍"字,给出了"顽童"般的心态。《耍拳论》讲"此拳由起步学习,至精、气、神一元化,始终要求自然、松柔、轻灵,像顽童玩耍那样随便。不要用意、使气,更不可显示发劲。如有幼童般的体质"。因此,按耍拳准则用功者,可获"返老还童的功效"。时间的单向性决定了人不能回归到生机勃勃的婴儿状态,肉身不能回归,但是心灵、精神、技术是能达到的④,《耍拳论》中"返老还童"所指更在心境和技击"随曲就伸"的自然而然。"耍"本身就是一种天性,它可以自然地"自在存在",即不关注外

---

①唐韶军,郑先常.亮拳、耍拳和讲拳:论村落武术的三种文化生存态势:基于冀南广宗县前魏村的梅花拳田野调查[C]//中国体育科学学会.第七届中国体育博士高层论坛论文摘要汇编.北京:中国体育科学学会,2018:2.

②和有禄.和式太极拳谱[M].北京:人民体育出版社,2003.

③洪浩,和有禄.和式太极拳述论[J].河南社会科学,2007(05):9-12.

④夏海.国学要义[M].北京:中华书局,2018:56.

在而自己存在；但是当"耍"中有了"约定"，比如方法、规则等，"耍"则具有了克服困难、防止异化等意义，致使玩耍者有了有序性的意义和价值寻找，那么这就是"自为的存在"；当超脱出这种"有序"控制而寻找"耍"的本身存在意义，并尽力回归于本真之我时，那么所有的约束和规则都不能成为阻碍自己的因素或成为其达成的一种方式，那样的"耍"也就是"自在且自为的存在"。其实"耍"的自在、自为存在以及自在且自为存在，构成了一个圆圈，它更具现实和存在意义。赵堡太极拳的"耍拳"指向自然，自然也是其技击法门，具体体现在攻防技击的"要啥给啥""吃啥还啥""差米填豆""引进落空""随曲就伸"的自然而为上①，而"不贪不欠""不丢不顶""粘黏连随"的柔软水性即是其"自然"用功之法。

（二）耍拳的有序化过程

1. 拳论的循循善诱

赵堡太极拳《耍拳论》讲其取"耍"之意源自"老庄自然之道，《易》学阴阳之理及以弱胜强、无为之为之论"，其"耍拳"有三个准则——"以柔中求刚为目的，以轻灵自然为原则，以中正平圆为用功方法"。有目的、有原则、有方法，也使得赵堡太极拳"耍"而有序。赵堡太极拳还有《耍拳解》理论，其讲要想达到"柔中求刚"，则必须要有"松、柔"。"柔"及全身，才能求刚，而没有达到全身之柔，就求刚，则"柔不及则刚不至也；勉强得来之刚，也不外后天之力。此'刚'不过是枯槁之脆硬，一折即断，非真刚也"（《耍拳解》）。在《耍拳解》看来，"柔中有刚，刚柔相济，是功成后的自然表现，是极柔必至极刚的自然辩证结果，非勉强可为之"。而这也讲出了习练者、耍拳者"柔中求刚"的寻求意向。在"柔中求刚"的修炼意向上，《耍拳解》给出了"中正平圆"的用功法门，规整了"轻灵自然"的遵循原则，有

---

① 李斌. 和式太极拳"耍拳"论 [D]. 郑州：河南大学，2011.

趣的是，它善用比喻地告诉习练者，"中正"要像"太极图中的子午线那样垂直中正，上自百会，下至会阴，形成一条直线"，"轻灵自然"要像"三尺罗衣挂在无影树上，在空中迎风飘荡"。这看似是"准绳"，单用比喻却又具无限想象空间，其实这种技术辩证攀爬的过程也是"自为"实现的过程。抽象化的思辨获得形象生动的意向表达，这比"刚硬的、强制的"概念应该更具灵性、活性和境界性。在形象的意向驱动下，《耍拳解》又循循善诱地给出"你知道什么是懂劲吗"的一问，"懂劲"要"遵循太极拳之自然规律"，因为"一势一劲"，而劲是"通过姿势转化，由丹田发出的劲"。"由丹田发出转化的劲"需要"周身相随"的训练，即"行动于腰，以腰带动肢体，基础在步，活动于裆；身体平衡运转于手；虚领顶劲，气沉丹田；沉肘松肩，松胯松膝"，如此形成周身相随运动，方可达内劲、走劲的目的。至此，"耍拳"修炼理论线条形成。

2. 耍拳的无序到有序

赵堡太极拳是"柔中求刚"而"以柔克刚"的拳法，如何达成？首先要在"中正平圆"上用功，其次要遵从"轻灵自然"的原则，明白了这些规范，还需"懂劲"，因为其劲与气、力有分别，但是是一体的。如何辨析，则是"一势一劲"，唯有"入门引路须口授"的有序化教学，才能窥其门径。赵堡太极拳拳学之法，从学者需由老师"捏架子"以调整内外顺遂，而不能停留在"照猫画虎"的"式样招架"上；其次，还需"感悟劲法"，即感悟什么是"粘黏连随""不丢不顶""不贪不欠"等，以达到"轻灵柔活、合顺自然"的境界，其耍拳制人亦如同耍人制人。其中之达，可谓"真传一句话，假传万卷书"，唯有"真传""实练"才能达成。"真传""实练"的"耍拳"之中，伦理、道德、规范以及求索的精神等镶嵌其中，自然而成传而有责、耍而有序、寻而有道的拳法"本质"，使得自在拳法在耍拳传承中自为、有序存在。

二、"耍拳"要义

（一）技击为本

赵堡太极拳有健身、养生、技击、修性之功效，但其精髓在于技击，根于技击，去于技击，当然，如今其技如同武术之技一般，被削减与弱化，而呈萎靡与消退之势。但是，正因如此，作为传统武术共同体的一部分，传承人与传人们更要由此认同与践行技击为本，这才可堪为太极拳"混沌"而化"清明"的智者与清流。如今武术之套路、散手、功法之分裂格局已呈加速之势。而赵堡太极拳之拳架、推手、散手统于一身，"拳架"是其拳法技艺的承载之体，推手是其技理、技法与劲道的验证之法，散手是其合乎拳理的应用之达；三者修习不可或缺，才为"三位一体"，才不辱其"三合一"之名。因此，赵堡太极拳"耍拳"传承不可仅偏于其"一"之形式，只有合而练之，用功日久，方能功到"自然"。此中，技击之目的，堪为其灵魂，流于形式之式样，没有技击之灵魂，其今日之"文化遗产"或真为明日之"化石"。其实，现在之武术，无论是太极拳，还是其他传统武术，都已到了存于"形式"、缺于"灵魂"的危急存亡之际，它们大多数的发展看似"繁荣"，"百家争鸣、百花齐放"，实则"髓气内枯"，危机丛生。尤其"耍拳"更趋向于"耍套路"，自娱自乐，没有"手到劲到"的周身顺随，没有"合顺自然"制人的功效。在"高、难、美、新、创"的现代武术之外在意向发展下，"灵、巧、雅、美、精"的原发武术之内在真义已经被隔断，与其说现代武术速成于"真力量与真速度"，不如说武术发展倒退回了"野蛮初期"。从赵堡太极拳的发展来看，其"中、正、平、圆、轻、灵、柔、活、合、顺、自然"的运动准则，生成于道、易、阴阳等之学，其意向阐发指向"小力胜大力"，进而达到"四两拨千斤"，使对手"应手即扑"，这是真正"耍拳"意义的至高境界。如果说这种"宏愿"无法"达成"，"四两拨千斤"之"要"又何以存在，只是现在多数武者更愿意短视于"高、难、美、新、创"的外在"强硬姿势"的达成，而不愿放眼于"灵、巧、雅、美、精"的内在"以柔克刚境界"的追寻。如此这般的"行而下"的发展，终究迎来的是当下多番的"打假""挑衅"。在人们的"反向认同"之下，是否也会迎来赵堡太极拳乃至传统武术的消亡？

（二）以柔克刚

从赵堡太极拳的流变、发展来看，其所提出的"耍拳"之理论与方法，就是要在"耍拳"的意向驱动下，形成一种愉快、悦心、较技、寻道的"共同体"氛围，这种氛围之中有乐趣，有情怀，可以自在，但更趋于自在而"自然"为。在运动方式上，赵堡太极拳缓慢、绵柔，不明就里的人认为其是"太极操"或者"老头拳"，只是供人消遣、玩耍之用，其实，这是误识误信。因为赵堡太极拳可大可小，可快可慢；"大"则需要舒展大方、势低筋柔，在于练功，便于初学与青少年身体发展；"小"则需要抽丝运劲，势小劲圆，便于感悟与老年人身体活便；取其"中"者，则便于中年人练习。无论"大、中、小"势，都需深研者一一体会、感悟，则更便于身法之纵、横、高、低、进、退、反、侧之灵活运用（《十要论》）。另外，赵堡太极拳之慢，势匀劲圆、柔，随曲就伸，其意在柔中求刚，练性与命；其快，意到势到、劲到，得机得势，其意在刚柔并济，练整与劲。在赵堡太极拳的"快而整"上，郑伯英讲得机得势之处要"闪电穿针"。在"性与命"上，郑悟清遇人总是笑脸以对，哈哈以礼，不争于一时之勇，不图于一时之快，"中、正、平、圆、轻、灵、柔、活、合、顺、自然"为其衡之之法。"西北二郑"奠定了赵堡太极拳修炼、持恒、养技为用的"耍拳"去向。郑伯英在世时，每天行拳百遍，快时整套拳架一分半钟就可完成一遍，擂台比赛与人交技未有敌手，证明了其"行与不行"；其精练功夫，"一打六开"更见证了其神功之能与赵堡太极拳之行。赵堡太极拳之"道"是"水道"，"天下莫柔弱于水，而攻坚强者莫之能胜，以其无以易之。弱之胜强，柔之胜刚，天下莫不知，莫能行"；赵堡太极拳之"性"是"水性"，"上善若水，水善利万物而不争，处众人之所恶，故几于道"。唯有把握住赵堡太极拳之用，练达于性，则柔弱胜刚强，四两拨千斤不言自明。

三、"耍拳"真义

（一）"耍拳"的自在

赵堡太极拳有拳架、推手、散手实战的体系分类。拳架、推手与散手有重叠，原来讲"三位一体"，现在实则三者之间分离，有了界限；在原来的"三位一体"的逻辑框架下则没有界限，是缠绕关系。说其有界限，是现代竞技规则束缚了从学者的思想和行为，使他们进入到竞技模式化的场域之中，增强了其运动的负荷和强度，阐说于效率，这有利于断裂的模块化训练，但人处于次要位置，为"拳练人"；而无界限，在于赵堡太极拳有有序的"耍拳"之修炼方式，里边更有人和温度，人处于主要位置，其关系效能，讲求通达自然与自然而然，是"人练拳"。"拳练人"会让人机械、负累，而"人练拳、人耍拳"会让人愉悦和精神。在倡导整全关怀的社会中，赵堡太极拳打破拳架、推手与散手的界限，依然在于"耍"。"耍"不是无序论者——不讲规则，也不是阴谋论者——设计"圈套"，而是常人方法，更是生活化的一种方式，其在于融入与生化，用常人的方法规劝、规范生活的有序。另外，赵堡太极拳作为武术的一种，其有美、有技、实用，离开了"三位一体"的格局，就是一种健身方式或者娱乐活动，意义也就会扁平、消减。从此意义上讲，由"耍"整全的赵堡太极拳更有存在，有修炼、行走和感悟；其"修炼"是拳架—推手—散手的系统化过程，有互动、有真识；"行走"是沉淀与思考，是获得智慧的过程，这种行走不是刻意化的，是有序的，有自然耍出滋味、耍出意境的意蕴，能更好地诠释人生的"一动与一静"。

(二)"耍拳"共同体的温度

在快速化、快餐式、碎片化的现代社会中,人们普遍缺乏行走的沉淀、思考和感悟,空闲的时间往往被海量的碎片化信息所遮蔽,这阻断了人们的深度思考,相反的是,其看似让人获得了大量的知识或者探到了真谛,其实得来的只是表层的知识、技术或者说是套路。其实,这种割裂系统所得的知识和能力,并非真知,它与大道已经相去甚远。过惯了现代快餐式生活的武术人,喜欢直接、快速的生活,已沉迷到急功近利的套法和招法的喜悦中却不自知,也不愿逃离。而且,人与人之间的关系已经疏离,人情也缺乏温度;看似他们都玩耍于网络之间,游历于山水之间,无非是得到片刻的"娱乐",哪有"耍"得尽兴,"耍"出真知的意味。如今之人,越来越偏爱于虚拟空间,也许那里才是"真我",现实生活中的我或已是"装进套子里的人",其实他们依然向往真情、朋友与快乐,但是因为现实生活"短、平、快",相应的负荷、攀比等叠加,一个"累"才能唱说于内心。闲暇之余,与同学相聚,与朋友玩耍,无不有怀旧之乐趣,但是,真正能畅聊和长期保持共同话题的是具有同一场域和相同爱好的"共同体圈子",当然,单位亦为共同体圈子,但是其无法关怀于乐趣与生活;那么能"耍得来",有共同爱好的圈子,更能达到期许。现代的武术竞技圈、太极竞技圈,无不与利益、金钱挂钩,竞争让其改变了原来的模样。太极拳竞技场已在展示其"顶牛""推搡"之本领[①],谈何"不丢不顶""粘黏连随""借力打力",这已然违背了太极拳"四两拨千斤""以柔克刚"的真义。"耍拳"在于把人拉回本真的位点,让人更能求真,更有情怀。郑悟清等人耍拳教艺,掀起西安武术拳的"推手热",其三代传人依然秉持教风,传拳于海内外,备受从学者喜爱和认可。郑悟清曾说:"练太极拳须

---

① 徐义诗,侍锁成,孔繁辉.比较视野下的太极拳与竞技推手技击原理研究及建议[J].中华武术(研究),2016,5(07):23-26.

有三个条件。一是个人和社会要有安定的环境；二是有道德高尚的老师，从武艺、武德两方面教导；三是个人需爱好而且要有恒。三个条件具备，练拳大成方可有望。"如今有安定的生活，还有武德、武艺高深的传承人，却缺少了学拳的人，是拳的问题还是人的问题？主要是缺乏了以"耍"的态度和准则来看拳传拳，社会和人们更愿意理性化地立竿见影，短平快地看待事物。其实不受理性化的约束，"耍拳"则更加自在，更加有温度。

（三）步向超我的自在且自为

赵堡太极拳是历史悠久而具文化承载的武术拳种，在其演生发展过程中，名家高手辈出，也聚成了其拳架、推手、散手一体，技击、修身、养生于一道的拳法体系①，更具特色的是其具有"耍拳"理论，以"始终要求自然、松柔、轻灵，像顽童玩耍那样随便"阐发了"自然"的意向，以"轻灵自然""中正平圆""懂劲""周身相随"之问，循循善诱于"入门引路须口授"的"真授、实练"；由此其"无序而有序"的真实修炼逻辑形成。"有序之耍"是"自为的存在方式"，而"耍"的愉悦与率性和向上意向镶嵌其中融为本质时，"耍拳"即为赵堡太极拳真正习练者"自在且自为的存在"。然而，身处在断裂与异化的现代性中，赵堡太极拳本身在分裂，其三位一体的格局也已断裂，"花法式的套路营造"使得其"耍"失去本真，"耍拳之义"逐渐消散。鉴于此，研究认为，有必要阐明赵堡太极拳"耍拳之义"，以助其文化传承，技击昌明，内涵发展。赵堡太极拳耍拳之要，首不失其技击之灵魂，才能保有特色，发展其健身、养身价值。因为，"耍拳"要义之二在于"以柔克刚"，失去此义则其拳也不再是太极拳，几十年或百年后，其是否还能存在很难得知。而唯有用功于当代，"正名"于赵堡太极

---

①王英杰,李全海,田鹤城.赵堡太极拳传承危机成因及发展路径探析[J].武术研究,2020,5（04）:59-61.

拳"耍拳学要义",精研于其真拳法,传承于其"真有",授益于广大习练者,形成其"三位一体"的真氛围,则其现在之有才可为长期之有。赵堡太极拳"耍拳"要义之上为其"真义",其义在"自在""温度",核心在"耍"。"耍"是一种自在的天性,也是一种自为的率性,是一个自在且自为的圈子。"耍拳"要保持良好的心态,要出技术和水平,要有结伴而耍的共同体圈子,耍而有技、有趣,更是温度和自在,这样其耍则更有现实的存在意义。

最重要的是,"自在"是"耍"本身实在的物质本体,"圈子"是"耍"自为而有温度的发展过程,而独上高楼以"耍"问道、证道以及回归其自身的"自在且自为"存在,这是"耍"以及"耍拳"的三层意境,三层达成者不论拳法精神、技术境界还是其实在,都是实有的自然。当然,这亦是一个圆圈,此圆圈可以无限循环,而不断走向完满,这亦才是"耍拳"所具有的真意蕴,有自我、他我、超我之状态,有独立、完善而坚定的意志与人格。

第四节 赵堡太极拳丹道之说

赵堡太极拳,亦称武当赵堡太极拳,据传源自张三丰。《张三丰全集》言:"大道渊源,始于老子,一传尹文始,五传而至三丰先生。"三丰丹道成,恍悟人体构造乃创太极(动功)长拳,不用力而长劲,深合易经之理[1],其言:"太极拳乃入道之基。"太极拳是内家拳及传统武术文化的经典代表,经历了由道教到世俗、由道术到拳理、由丹道到武道的演化,其世俗化的过程法脉、玄机深远。这既涉及生命本体(脏腑、气血、经络、形骸),又涉及精神实体(情志、意念、心神、德行)的深层认知[2]。在太极拳发展中,其传承者的观念深受道教

---

[1] 张三丰. 张三丰武术汇宗(下篇)[M]. 上海:上海中西书局,1932:177.
[2] 王纳新. 论"太极拳道"[J]. 北京体育大学学报,2018,41(08):127-131.

丹道的影响。而以"丹药——鼎炉"构成的全息化身体观，以及"丹道"修炼入静及入定后，炁机、性光及神识在实相、法界中不可思议之种种妙变的体察、照视与亲观的内景观，成为部分丹修太极者自求、自证所执着的方向。修丹道者多以拳助，练内家者多以"道"悟，此"道"本为大道却被放逐，逐渐抽象为"金丹""元婴"等之修，使之玄之又玄。透过历代高真的诠释，道家对长生久视、没身不殆的神仙一般境界的追求，加上葛洪《抱朴子内篇·黄白》提供的《龟甲文》"我命在我不在天，还丹成金亿万年"之理论和实践的依据追寻[①]，内丹、金丹之修以超脱生死的桎梏，后天返回先天的修炼意向，冥冥之中萦绕于部分太极修炼者中。太极拳的丹功修炼是对太极拳的终极功夫的认知，使其笃信者走向修丹、结丹、凝丹的修炼，比如"终南问道修真丹道实修班"就设置有"静功与动功"，"静功"有"小归元功（培元通督）、九转归元功（百日筑基）"的"小周天修炼秘法课"与"先天胎息功、动功导引术、金丹大舞、圆阳功等"的"大周天修炼秘法课"，"动功"以道家太极拳、形意拳、八卦拳术为主。在百度搜索词条中输入"太极拳"与"丹"，则能查阅到诸多关于修丹的解说。《太极拳技击和炼丹之奥秘》一书中则明确指出可以从赵堡太极拳中凝炼金丹[②]。《太极拳与内丹修炼》一文中提及"《太极拳正宗》作者杜元化先生，师承赵堡陈清平七大弟子中的任长春。杜元化学拳三年，虽已行功结丹，但尚在'过架'循经阶段，周天璇玑也不稳定"。修丹、金丹、内丹之说在赵堡太极拳修炼者以及其他太极拳修炼者中皆有传说。为了更好地诠释赵堡太极拳修炼的意义及其"金丹"之修的真义，研究认为，有必要论述一二，以便于矫正太极拳"金丹"修炼者的错误认识，

---

① 袁康就.老子"归根复命"观对《灵宝毕法》的启示[J].宗教学研究，2000(01):15-20.

② 戚建海.太极拳技击和炼丹术之奥秘[M].台湾：台湾逸文武术文化有限公司，2003.

而更好地、实在地发展太极拳。当然，作者在此方面的认识尚且不足，诠真之意更在抛砖引玉。

一、"金丹"之说执着于象

"丹道"之说由来已久，其以练气为方法，在古代常以吐纳、导引、行气、服气、炼丹、修道、坐禅等形式进行，以"内丹"为修炼目的，有"炼精化炁、炼炁化神、炼神还虚、炼虚合道"的说法。炁，读音同"气"，但不同于气，是一种形而上的神秘能量，被认为是构成人体及维持生命活动最基本的能量和生理机能。"炁"与"气"之不同，在于"炁"被认为是"先天"之炁或气，而"气"是"后天"之气，在生命的维度上，修丹之道认为"炁"不足，则多疾病、易衰老，若"炁"充足，则精神饱满、肌体强健。以现在的理解，"炁"应该是生命能量。东汉时所成的《周易参同契》，被后世尊为"万古丹经王"，其开创出的"外丹"铅汞理论被后世移植于"内丹"修炼体系[1]。"丹道"修炼体系把人体当作炉鼎，以体内精、气为药物，运用神去烹炼，使精、气、神凝聚互结，产生真种，结成金丹。金丹大道在于附"炁"还实，以达后天之为，即使修炼接近或者稳固先天。[2]《黄庭经》与《抱朴子·内篇》的"三丹田"生成理论，后来成为道家之上丹田聚神、下丹田聚气、中丹田贯通上下返"炁""成丹"以及成丹后"化丹"，元炁反哺"心、神、精"的"元婴"之"丹道"修炼理论。其中，"成丹"是后天返还先天的"元炁"之修，"元炁"除了生命能量之外，还能还神，附神以灵，也是"性"之修，即道化德生[3]；"元婴"的"元炁"

---

[1] 戈国龙.《周易参同契》与内丹学的形成 [J]. 宗教学研究,2004(02):28-35,195.

[2] 陈禾塬.丹道修炼与养生学 [M].北京：社会科学文献出版社,2007.

[3] 王纳新.论"太极拳道" [J]. 北京体育大学学报,2018,41(08):127-131.

反哺心、身、神，更体现在其用的意义和价值上。"丹道"之修是在自我意识的觉悟下，对自我生命所持的一种修持方式，归根结底在于追求年轻、健康与长生久视。后世的金丹修炼者执着于象，则关注玄关一窍，即修通了这一窍，便能成不老金仙。更有引申老子《道德经》为气与性命之学，如第三十九代天师太玄子张嗣成《道德真经章句训颂》对首章的颂解为："道何形象强名之，说得分明说又非；无有有无相造化，只于理气究真机。咦，未悟非无非有，若为常道常名，从渠自感自胎，成这个了无形影。道者何？理与气耳。因于无者理，著于有者气。有此理，道所以名有；有此气，道所以形无。理常于无而神，故自然而性；气常于有而空，故自然而命。"①这位天师自如地运用了"道""气""有""无""理""性""命"等概念，把玄远的道性演说为理气有无的存在，无法言说的道，用"理气究真机"②，似乎老子也成了金丹之祖。但是，老子《道德经》大道是世界观、人生观，治世、治身的综合体现，其以朴素的辩证法，阐述的是依据"自然"修成的大道。如果以"金丹"执着于不老金仙，抽象于理气、祖炁的内丹修炼的超脱生死与恒久不殆上，那依然是器或器象以及想象而并非道，更非常道③，因为其打破了生死有常的自然运行规律。

二、"真丹"之修戒于仙求

老子的大道在乎"道"，修道以"无为"，"无为而无不为"。无为而治，亦在于"道法自然"。万物"负阴抱阳"，阴阳相反却可相成。

---

①张嗣成.道德真经章句训颂[M]//道藏：第12册.上海：上海书店，1988:626.

②路永照.气论是道教的根本理论浅析[J].宗教学研究,2015(02):51-56.

③王博.老子哲学中"道"和"有""无"的关系试探[J].哲学研究,1991(08):38-45.

老子讲"谷神不死,是谓玄牝,玄牝之门,是谓天地根,绵绵若存,用之不勤"。空空荡荡的山谷,看似无物,实则"有物浑成,先天地生",其动静有为,返生不息,周行而不殆,可以为天下母,即为"玄牝";玄牝之门打开,则混沌化一,一分阴阳;阴阳出,万物生,这是万物生成和变化的根本,阴阳相成,其存绵绵不绝,其用勤而不殆。"玄牝"若作为金丹大道的"玄关一窍",那么其意则在于生化、生生,而这均出自"自然"。"自然"以"柔"化成,柔不是性格,而是方法,是一种"成性"之法。柔,首贵"静","无为自化,清静自正"(《史记·老子韩非列传》),即顺逆之行,以顺应为先,才能得机得势,得便自化,而这贵乎"清静",清静明诲,可为"自正"。如何达到"静"的标准,老子言"致虚极,守静笃",做到空到极点,没有一丝杂念与污染,空明一片,湛然朗朗,这是一种定功,也是一种专注探究生命的心态。次为"治",老子曰"上善若水,水善利万物而不争,处众人之所恶,故几于道",天下最柔弱的,往往能战胜最坚刚的,就像水,水善于滋润万物而不与万物相争,它看似低下平庸,然而正是这样,它才可以包容一切,这才有水和于"道"的品质。想制人者或受制于人,不治者或困顿于治,所以"治"归于疏通,以柔顺遂。大禹治水的旷世奇功亦在于此。"水"是一种性,其柔盈盈,可包容一切;其冲咄咄,亦可摧毁一切,因此用之以"善"可谓良药。何为善,柔顺自然为上。对于推崇老子为"理气究真机"的内丹之祖的,应该信奉于其自然之道、常道,才为其真丹、真道之修。所谓"内丹"并未有实体存在,其为"常欲",意念行器之法。只有戒于仙修、内丹之欲,而行养气、敛气、养神之修,此道才可至自然之道。白居易亦有云:"何况玄元圣祖五千言,不言药,不言仙,不言白日升青天。"其栖心佛禅,受洪州禅"平常心是道"的影响,着眼于现实,以平常心而求法宗,圆融、自在且自为于真我存在,岂非是"真神仙"之修?

三、"太极阴阳之说"是太极拳丹道之修的基础

"太极"一词初见于《庄子》，即"大道，在太极之上而不为高；在六极之下而不为深；先天地而不为久；长于上古而不为老"，之后取义于《易传》者较多，即"易有太极，是生两仪。两仪生四象，四象生八卦"。《周易·系辞》中有关"太极"的论述逐渐被推演为成熟的太极观念。东汉思想家王充引易学认为"元气未分，混沌为一"，此为"无极"状态；宋朝周敦颐《太极图说》讲："无极而太极，太极动而生阳，动极而静，静而生阴，静极复动，一动一静，互为其根，分阴分阳。两仪立焉。"此中"太极"为"一"；而王宗岳的《太极拳论》则认为太极者"无极而生，动静之机，阴阳之母也"，其"动之则分，静之则合"，"无过不及，随曲就伸"，此中太极由"阴爻、阳爻"构成，随动而分，随静而合，有过则含，不及则填，随曲就伸，总归于和合。阴阳和合顺遂、无冲撞、圆润，即为"平"。平在于阴阳平衡的状态。在动态循环中，阳至极则阴生，阴至极则阳生，阴阳互为转化。阴阳是自然界的客观规律，是万物运动变化的本源，是人类认识事物的基本法则，平是其本源状态，亦是后天修炼所需要达到的效果，平则无象生。老子曰："视而不见，名曰夷；听之不闻，名曰希；搏之不得，名曰微。此三者不可致诘，故混而为一。其上不皦，其下不昧，绳绳兮不可名，复归于无物。是谓无状之状，无物之象，是谓惚恍。迎之不见其首，随之不见其后。执古之道，以御今之有。能知古始，是谓道纪。"夷、希、微三者的形状无从追究，可混为一；其在上也不显得洁白，在下也不灰暗，仔细推来又不可名状，沉寂于无，而这种无状无象又真实存在，也可称其为"惚恍"。其实，"惚恍"如同"道"一样，迎之不见其首，随之不见其后。唯有持以"阴阳"一道，驾驭如今已有事物，以此通晓事物变化之理，随之运化，把握其规律，"道"就可寻到。

老子以先天演绎法阐明了"道"的存在，而现代社会发展普遍执

着于象。中医界认为，象思维是中华文化的主导思维，是原创性的源泉，原创性的母体，是提出和发现问题的思维，因此，中医相关理论的形成很大程度上来源于象思维。从"象"入手，依据经络学，探究"病因"，从而协调阴阳，使人体实现"平"，这亦是反证的方法，这种反证求平的方法在中医中被广泛应用。至于由"象"而"平"的水平高低之分，通过魏文侯与扁鹊的问答或可见一斑。据史书载，魏文侯问扁鹊："子昆弟三人其孰最善为医？"扁鹊曰："长兄最善，中兄次之，扁鹊最为下。"魏文侯曰："可得闻邪？"扁鹊曰："长兄于病视神，未有形而除之，故名不出于家。中兄治病，其在毫毛，故名不出于闾。若扁鹊者，镵血脉，投毒药，副肌肤，闲而名出，闻于诸侯。"太极阴阳论作为"道"的演绎之法，具有较为完善的理学基础，太极拳的生成与发展也依赖于此。

四、赵堡太极拳丹道诠真

（一）赵堡太极拳丹道歌诀解析

1.《太极丹功义诠》的出处

20世纪90年代初，陕西铜川赵堡太极拳传人王震川，在移居铜川的刘恒山后人的医案中意外地发现了一个古拳谱。此拳谱名为《太极秘术》，包括刘凤梧《序言》、王柏青《原序》、张三峰《太极拳势》、王宗岳《太极拳论》、蒋发《太极拳功》、蒋发《太极拳诀》、蒋发《太极拳论》、邢喜怀《太极拳道》与《太极拳说》、张楚臣《太极拳秘传》、王柏青《太极丹功义诠》与《太极丹功要术》，共12项[1]。其中王柏青的《太极丹功义诠》与《太极丹功要术》应为首次出现。《序言》中言："余幼失佑，习祖遗之医略，于《景岳全书》卷九'杂

---

[1] 戚建海.太极拳技击和炼丹术之奥秘[M].台湾：台湾逸文武术文化有限公司,2003:229-239.

证十三卷·瘟疫'处，得先祖手录太极秘术。方胜数折，字草潦乱，幸尚可辨识，故复录之存义，然实未睹其术焉。先祖刘（恒）山，道光八年人，初经药商，后习医道。咸丰十一年，路遇困病危者，施救罔效。祖怀善念，奔波镇里，挽一老医者复临乃处，老扶脉摇首而去。病者知无生，托祖善后，祖诺。其感。探怀示祖簿册，嘱录而殉葬。祖怜而草缮，复置其怀。其奄然溘逝。先祖俛乡人善葬焉。此于录后言之一二。因系祖手泽，且理玄奥，故誉而录存。是序。"落款为"民国六年仲春月汜水刘凤梧拜识"。《原序》言："余从师于温州张楚臣。先师曾曰：'是术得之于道门，精微（有）不可言传之妙。德不修不与之，名利重之难成之，才不足（者，不传）之，故择者不易，尔宜慎密勿惰。'余秘而习之已历四十余载，更添以道家丹法，始悟其源流之泽长，光耀九州。然修之不易，犹如深海寻珠，循宝光而不舍，历艰辛而不颓，始得而获。更知珍贵，虽万金而不售。斯道气常存者也。噫！敦鉴道之求真难于此乎？而身不其验，动不明其用，辄言得道，津津善辩，而惑人辈，犹为可悲耳。诈伪横溢四海，真言不屑而闻，故大道当隐，俟时渐复。此亦道之至理所含也。"落款为"雍正六年冬月愚叟王柏青留示"。《太极秘术》在郑瑞、谭大江合著的《武当赵堡太极拳小架》、戚建海所著的《太极拳技击和炼丹术之奥秘》等书中皆有收录，其对赵堡太极拳习练者有一定的导向作用，并且影响深远。因此，笔者认为有必要对王柏青《太极丹功义诠》进行解读。

2. 王柏青及《太极丹功义诠》的内容

王柏青，师承赵堡太极拳传人张楚臣，其通过40余年的太极拳学习与研究，融道家丹道于赵堡太极拳学，雍正六年（1728）著有《太极丹功义诠》《太极丹功要术》。《太极丹功要术》为手抄残篇。《太极丹功义诠》为歌诀形式，共812字。具体内容如下：

道自虚无生有为，便从太极中规循。天地分判阴阳义，人法自然意合神。
道心玄秘守天根，内丹培育成在坤。精气合练延年药，浑身天人俱忘春。

悟得天心道基尊，生生妙境育灵根。抛却名利海天阔，圜中日月随心神。
两只慧剑定中土，一团和气冲玄门。沧海无浪缘龙蛰，青天恬谧赤子心。
精气神喻三祖孙，气为先祖万物根。精乃气子生神意，积气生精自全神。
出玄入牝呼吸循，念念归底海容深。俟至地火喷涌时，百脉俱活修全真。
三花妙合统在神，五气聚分权由心。修得瑞土孕内丹，日月真息火候存。
三魂息安昼夜分，两弦期活朔望临。但使方寸宅勤守，黄芽白雪何须寻。
汞借水银喻人心，铅如钢铁比人身。婴儿姹女亦如是，黄婆撮合土意真。
坎离分合水火轮，注生定死本命根。上下左右皆非是，中腰阴阳两肾门。
子午上星下会阴，戊己神阙并命门。庚申金气土得藏，坤火巽风意息存。
乾中阳失翻成离，坎得中实转易坤。化阴抽阳还健体，潜藏飞跃总由心。
寅时面南守天根，舒形缓息渐寂隐。恬澹念沉入深海，无物腹虚静无尘。
大道无声缓缓运，一缕绵绵下归引。渐细渐长谷底满，收聚散气团仙真。
日追月坠晓星临，三光先后开天门。深山寂幽溶溶夜，恰是道基初生根。
贪龙欲腾行沛霖，怒虎出洞将噬人。天符一道玉音降，虎归龙伏修清心。
阴阳媾合龙虎吟，意痴神醉恋魂魄。心肾交合水火济，田蒸海温好浴身。
紫气炎焰冲玄门，肌爽窍开乐人伦。甘露琼浆天池满，饵津润脏涤身心。
潜龙无用筑基因，见龙在田产灵根。飞龙在天运武火，亢龙有悔形退阴。
祖气复入闭出门，腹胎意转运法轮。能令十息缓缓吐，三十息上可调神。
精生灵根气护神，神定身中息自沉。内息气运精神固，此真之外更无真。
神行气行元海运，一轮始终胎息匀。善养生者在守息，物欲善者勤养根。
太极一气延年药，气命神性双修门。天地合育续命芝，但知求我不求人。
肢松心沉入脐轮，太极未分是真阴。一阳动处天意现，神令手运移昆仑。
挽起光圈转乾坤，气滚意池腹中寻。龙翔九天云伴起，虎啸幽谷风摧林。
借势循向在心神，贴从璇玑妙进身。顺力浑然跌不觉，勿用气力返伤根。
腹虚若海载万均，能运沉浮善曲伸。神形意气能一处，移山倒海翻乾坤。
阴摧阳转阳摧阴，可知玄奥在腹心。丹田一球璇玑活，舒合恬逸动无尘。
孰晓腹气圆活真，调腑理脏顺经筋。若待寿高神体健，不枉当初勤练身。

3. 赵堡太极拳丹道为后传所加且主旨在内丹之修

据《太极秘术》原序所言，太极拳之修与道门有关，其中精妙不是言语所能尽数的；太极拳之修需要德才兼备、轻名利，因为选材的原因，择徒弟不易，更需要缜密笃行；另外，至于"丹法"之修，原传太极拳或许没有，应是王柏青根据自己的修炼加入的，当然他也认为太极拳丹道秘术之修，可谓"深海寻珠"，需要历艰辛而不颓，才能有收获。

《太极丹功义诠》依据道家丹功之修，旨在通过练气、聚神、修丹，达到神形意气的和合，由此实现"移山倒海翻乾坤"太极技击应用与"寿高神体健"太极养身的目的。总体来说，该歌诀是练气、聚神、修丹的法门，"练气"需要"寅时面南守天根，舒形缓息渐寂隐。恬澹念沉入深海，无物腹虚静无尘"，这需要"勤""清""静""守"，勤在于"寅时"的常行，清亦在"寅时"的清爽，静有外在的万籁俱寂与内在的心静，守在于摒弃一切杂念。"出玄入牝呼吸循，念念归底海容深"亦全在自然之为，而长期勤行、坚守，阴阳平衡，"俟至地火喷涌时，百脉俱活修全真"的经络通行人人俱可达到。"聚神"有"三花妙合统在神""三魂息安昼夜分"，三花者精、气、神，三魂者天魂、地魂、人魂，这进阶在"心念"之中，亦是常年行气所具有的强大精神磁场；歌诀云"精生灵根气护神，神定身中息自沉。内息气运精神固，此真之外更无真"，气行、神定，呼吸自平，平则可固精生灵，身体的内循环就会通透，物质交换也会频繁，机能就会节省化，呼吸也会变得深沉，每分钟的呼吸可由 70～80 次变为 20～30 次，这也是一般意义上的"胎息"，如此息平神凝，仿佛能感知天地之微妙变化，也能实现"丹修"。

（二）赵堡太极拳丹道锻气而疏锻体之因

1. 内家如是观影响

一是内家"内练"的如是认知。黄宗羲的儿子黄百家在《王征南传》中记述说:"自外家至少林,其术精矣。张三丰既精于少林,复从而翻之,是名内家。"由于"翻之"与"有所谓内家者","故别少林为外家"的驱动,内家拳更趋于内向的求索。从 20 世纪 80 年代中期开始,武术学界对内外家拳的关系研究与争论就从未停止过,形意拳大师孙禄堂认为"善养气者即内家,不善养气者即为外家",谭大江认为,内家拳的真正含义要围绕道家学派内丹修炼这一要旨来解释才能明晰,等等。[1]太极拳在内家拳以及武当道家丹修的影响下,其练更关注于内,因此其练也更趋向于"练气"。亦有学者通过内外两家"可乘与不可乘"的焦点之争以及"主搏与主制""主动与主静""主外与主内"论点的辩论,认为外家持体能论,内家持意识论,体能与意识的关系问题是两家在理论上的分水岭;外家追求"以大胜小",内家追求"以小博大",大与小的博弈问题是两家在技术上的分水岭。[2]内家的内景如是使得太极拳贴上了内家拳的标签,更趋向于向内用力。此为赵堡太极拳主练气的原因之一。二是养生为宗的内修认识。张三丰太极拳真诀云:"学太极拳为入道之基,入道以养心定性、聚气敛神为主,故习此拳,亦需如此。"[3]重修炼、轻武道的道家修炼,使得太极拳拳术为内丹、养生、气功的产物。另外,道家、道教以仙道修真为本,视武技刀兵为不祥,不得已而用之,"有道者弗处"。在武技神通乃仙道之末枝,人事之余[4]等观念的驱动下,太极拳"以养生为宗,以技击为末学"的认识与践行观,也导致了其偏沉于养生而疏于练体。

---

[1] 梁宇坤,洪浩.《王征南墓志铭》考论[J].学术交流,2013(02):207-210.

[2] 田金龙,邱丕相.武术内外家之争:焦点、论点及其分水岭[J].上海体育学院学报,2020,44(11):13-17.

[3] 张三丰.太极拳祖师张三丰内丹养生[M].太原:山西科学技术出版社,2009:146.

[4] 王纳新.论"太极拳道"[J].北京体育大学学报,2018,41(08):127-131.

2. 道修法宗影响与求解

自宋代随着内丹学的兴起，内丹修炼的做法在道教内部十分盛行，并且道教徒大多从内丹炼养的角度来理解《道德经》。此做法一直延续到了清代。直到清中期，部分道教徒在面对儒家批评之时，依然坚持道教本位思想，从内丹学的角度阐释《道德经》[①]。可见，道教内丹法修的意识"力量"之强大。在内丹道修的康熙、雍正两朝，宫廷中多有道士行走，或尚炼丹，或擅礼斗。雍正帝好外丹药，至有服药暴死之传闻，其事已有学者研究，也不是此处所探讨的内丹之说。[②③]明清时，内丹修炼在"三教合一"思潮的背景下不仅成为一种风气而广泛影响到民间社会，而且以其与日益活跃的民间宗教的结合而表现出一种新取向，即内丹修炼与民间宗教的结合。这不仅改变着内丹修炼及丹道思想本身，同时也在改造着民间宗教本身的面貌，这是一种双向的改造。因此，民间宗教的内丹修炼、丹道思想与传统内丹术、丹道思想既有关联，又有差异[④]，而自明清时期成拳的、受道家思想影响的太极拳在民间传承中亦受此思想影响，接受着内丹修炼的思想改造。《太极秘术》中王柏青《原序》落款时间为"雍正六年冬月"。雍正崇奉道教，在其《藩邸集》中，有关道士、道教方面的诗文记录了他在皇子时代与道士交往和对道教的向往等情况。雍正五年（1727），第55代正一天师张锡麟应召入京，雍正沿袭明朝旧例，授予其光禄大夫品级（从一品官）[⑤]。之后在雍正十一年（1733），张伯端（北宋时期著名高道）的《悟真篇·外

---

①王闯.道与世降：清代老学的传承和演变[D].武汉：华中师范大学,2015:238-239.

②杨启樵.揭开雍正皇帝隐秘的面纱[M].上海：上海书店,2011.

③杨启樵.雍正帝及其密折制度研究[M].湖南：岳麓书社,2014.

④梁景之.清代民间宗教研究[D].北京：中国社会科学院研究生院,2002.

⑤李国荣.雍正与丹道[J].清史研究,1999(02):83-89.

集》被收入《御选语录》，其也被雍正帝敕封为紫阳真人[①]。由于皇帝的道家修习之好，内丹之说与修习亦在"合法化"下盛行。同时，在由道家而俗家弟子、宗教而受众的驱动下，"坐功运气""打坐运气""坐功念经""打坐入功""坐功""运气之法""而字功夫""参功悟道功夫""运气念无字真经"等内丹修炼或金丹术的俗解，使得道玄内丹融入民间，而民间更有"皈依"于道家，探寻修习法宗的正统意向。当然，从《太极丹功义诠》来看，作者王柏青应该具有一定的道家内丹知识储备，比如其对"道、阴阳、人"的认识——"道自虚无生有为，便从太极中规循。天地分判阴阳义，人法自然意合神"；对"铅汞、坎离、五行"与"内丹"的认识——"坎离分合水火轮，注生定死本命根。上下左右皆非是，中腰阴阳两肾门。子午上星下会阴，戊己神阙并命门。庚申金气土得藏，坤火巽风意息存。乾中阳失翻成离，坎得中实转易坤。化阴抽阳还健体，潜藏飞跃总由心"。可见，王柏青《太极丹功义诠》也是"历四十余载"之赵堡太极拳所学，而"添以道家丹法"的道修法宗求解，其目的在于通过内丹而期至太极"至上"境界。

五、赵堡太极拳"丹道"之修的洞见

《太极丹功义诠》出自《太极秘术》，其作者传承脉络清晰。王柏青《太极丹功义诠》所论皆来自对赵堡太极拳的切身修炼，并且与《太极秘术》书中"太极拳势""太极拳论"等理论连续组成赵堡太极拳理论体系，可见其有"承上"之意，但其更指向修成丹功。王柏青以"丹功"而非"丹道"义诠命名，是因为其还有《太极丹功要术》理论解释。《太极丹功要术》讲"天地人灵，道存唯此。欲修丹功，象天法地。

---

① 王卡. 雍正皇帝与紫阳真人：兼述龙门派宗师范青云（上）[J]. 宗教学研究, 2013(01):22-39.

参自然而合人身，夺造化在悟玄机"，使"气流转而无微不到，阴阳和合而化育五脏。运行于筋骨经脉，营卫于肌肤毛孔。通连于天地祖气，气机循环升降有序。身遂升降而起伏，手随机势而运形。形动而神静，意会而势灵。微风亦能顺化，叶落亦能知警。蹬此门堂，许为初成"，此"初成"为其"丹功"之成。然后作者又言"功既有成，须明用道"，而此"用道"在技击一道，即"太极之妙，首在心神。惟心静，能详察进退之机。惟神领，可体悟起伏之道。进因降而起，退而合而伏。其法，曰神，曰气，曰形。神者能轻灵，气者有刚柔，形者可纵横。以神击敌为先，身未动威先发于瞳，伤敌之神，令彼胆寒。以气击敌势未成，而无畏浩气出，破敌之气，令彼心怯。以形击敌俟敌动，身应形合之制敌之形，令彼跌扑。内静外动，外疾内缓。神静而意动，心静而气动，息静而身动。眼欲疾而神须缓。步欲疾而气须缓，手欲疾而心须缓。内态静缓，外形愈疾。息无此乱，无虞自疲"。此中，神、气、形合一，才能做到"运功发劲，外柔内刚。卷之则柔，发之成刚。柔为长劲，刚为瞬间。化敌之力，缠绵如丝。圆而劲柔，击敌空门。势若奔雷，循方直达。柔则松弛，内气如缕不断。刚则开张，瞬间一泻千里"。"意深如此，惟气行之"，方能达到"动如簧弹箭发，静如山岳雄峙"。唯有太极拳"功不间断，持久通灵。气机活泼，由心外场。感应神通，人来临身，已知来犯之处。意令气发，去则攻其无救，人未明立扑警心寒"的大道维度，此亦才称为"丹道"之修、之用。由此，也可分析出，其一，《太极丹功义诠》"承上"前贤理论；其二，"神、气、形"合一之说需要内外合一；其三，"动如簧弹箭发"非"气实质化"所弹，实则需要内外之功。由此，研究需要"上承下合"的佐证。

（一）体用结合　益寿延年

太极拳的生成不早于明代，最早具有太极拳指导意义的理论为王宗岳的《太极拳论》。王宗岳讲太极拳之妙在于"四两拨千斤"以及何以善知善用，并未谈及丹修；在其《十三势行功歌诀》中阐述道"仔细留心向推求,屈伸开合听自由。入门引路须口授,功用无息法自修。若言体用何为准,意气君来骨肉臣。详推用意终何在?益寿延年不老春。歌兮歌兮百四十,字字真切意无疑。若不向此推求去,枉费工夫遗叹息",阐明太极拳之修,在于"益寿延年"。赵堡太极拳传到第三代邢喜怀,其著有《太极拳道》《太极拳说》。《太极拳道》讲"先师曰:习拳,习道,理义须明。功不间断,其艺乃精。夫拳之道者,阴阳之化生,动静之机变也。知气养而增命,善竞扑而全身,此为习拳之妙理",此中已说明太极拳修炼的目的在于"养气增命"与"竞扑"。《太极拳说》以"阴阳"为理论,阐说了太极拳的"性""命"双修,最后说太极拳是"呼吸二五之中气,手运八法之灵技,脚踩五行之妙方。上下内外与意合,节节贯串于一身。因而,万千之变无乎不应。此所以根出于一,而化则无穷,太极拳之所寓焉"。此说目的在于"俾使学者默识心通",心通何以"全身气劲贯通","竞扑"以善;其中,他也感慨"有生有死,造化之流行不息。有升有降,气运之消长无端"。确实,生老病死乃天地、自然之法则,若附之太极拳玄之又玄的长生不老或者修丹成仙之说,那必然无益于太极拳的发展,更无法使其常在、长存。而在《太极丹功要术》中也讲道:"修者,寅时合道,须择幽静之处。背北面南,气收地灵。直立两肩之中,安定子午之位。气沉腹脐,意导孕合。心静而息寂,呼吸悠长,若无脉流。而气摧神意俱,会似如失意。导气运腹轮,常转杂念止。则内外松,适心念静,而呼吸若一,意气互感,暖流回转。其态若轮,生生不息。此为一气浑圆,修之可享遐龄。"至于"竞扑"技击之道,"卷之则柔,发之成刚","圆而劲柔,击敌空门。势若奔雷,循方直达。柔则松弛,内气如缕不断。刚则开张,瞬间一泻千里","感应神通,人来临身,已知来犯之处。意令气发,去则攻其无救,人未明立扑警心寒",皆是其功成的应用,而非实体的丹。

(二)内外相合 神形合一

张楚臣《太极拳秘传》言:"太极拳功有济世之法,技有运身之术,示外者足矣。而修行之秘,须宝而重之,不得轻授,倘传匪人,则遗祸为害,宁不惕哉。"其"诀曰:沉气于腹,以意定之,不得妄提。聚而鼓荡,状若璇玑。意活而运,气如轮转。其要不离腹中,此所以刻刻留意者耳"。这指在内。"神领全身,以手为先,脚随手动,身随脚转。意与神通,气随意走。筋脉自随气行,此所以举动用意者耳。"此指在外。然后,其言"夫太极拳者,内气之鼓荡运动,须与外形之势同。凡举动神意互恋,神领手诀,而意令气运,由手而肘而肩,由脚而膝而腰,自可达以众归一之道,此即上下内外合为太极之妙术也",可见,内外相合是其要领。同时,《太极拳秘传》又给出"手有八法而一神虚领,气有百环皆随意而定。神主阳而行外势也,形也,意主阴而守内精也,气也。手为阳而动于上,脚为阴而移于下。妙在俱合,灵在俱松。势未动而意已动,神意俱在形之先,势不可执,以神意为机变,无须以成架为局焉"的内驱外动、形驱势动理论。此为重要的内外相合之理论。内外相合理论在《太极丹功义诠》"铅汞"之喻中已有指向,在《太极丹功要术》"神、气、形"的论述中也有解释。

(三)内外双修 闪电穿针

《太极丹功义诠》歌诀中对"修身"的阐述亦有提及并较为客观,即"汞借水银喻人心,铅如钢铁比人身","汞铅"作为炼制"长生不老"丹药的外丹修行,常为人们所诟病。敕赐大重阳万寿宫内有一通王重阳手书《无梦令》石碑,其道:"大道长生门户,几个惺惺觉悟。铅汞紧收藏,方始澄神绝虑。心慕心慕,便趋蓬莱仙路。"全真道祖师王重阳是中华道学史上承前启后、贡献卓越的一代大宗师,其内丹生命哲学的内容,体现了性命双修的道修内容。道教内丹中,铅是有形的固体,代表阳;汞是无形的液体,代表阴,铅汞紧收藏,代表的是阴阳结合,修炼内丹,可以逍遥自在。明末清初,内家拳兴起,武术内外家分流，外家尊少林，内家尊武当，如黄宗羲在《王征南墓志铭》中写道："少林以拳勇名天下，然主于搏人，人亦得以乘之。有所谓内家者，以静制动，犯者应手即扑，故别少林为内家。盖起于宋之张三峰。"少林代表刚勇，武当代表柔玄，两气分支，太极尊内家拳学而更依附于道教丹修。张三峰或为何人，或不为可考[①]，而王征南应该是内家拳的代表人物。王征南（1617—1669），名来咸，字征南，浙江宁波府奉化人。早年从军，以"七矢破的，补临山把总"，由于"屡立战功"，官至"都督佥事副总兵"。参与反清复明，事败后隐居乡野，"终身菜食以明其志"。他早年从军，能"七矢破的，补临山把总"，应该说其本就是身强体健之人，后有内家拳修习加持，可谓独树一帜，所以王征南之学本身是建立在"内外兼修"的基础上的。王柏青《太极丹功义诠》以"汞"喻人心，需要"心"的清明与醇厚，以"铅"比人身，需要身的坚实与稳固，其所言太极应该有内外双修的要求。这与普遍意义上认为的太极拳是"内家"，重意不重力、练气不练体是不同的。由此，《太极丹功义诠》"两只慧剑定中土，一团和气冲玄门"中"两只慧剑"指阴阳二气，也有心身一道，即阴阳和气之修，必以锻身锻心为基。笔者在多年对赵堡太极拳第十一代、第十二代传人的访谈中获悉，郑伯英每天赵堡太极拳行百遍，每遍一分半到两分钟，这应该和常规的外家拳行拳速度相仿，也可知太极拳需要有速度、耐力等的要求，这也是其在河南开封国术比赛中勇夺魁首的基石。郑伯英在教授弟子时口授，赵堡太极之用要达"闪电穿针"，这种意向的达成需要在得机得势的情形下，内外相合地与神俱往、寻缝插针、刚柔并济。太极拳作为拳学，需要内外兼修，虽其妙在"四两拨千斤"，但总归需要有牵动"四两"的能力，其非"神力"，而需要"数年"乃至"永久""纯功"，才能"熟晓腹气圆活真，调腑理脏顺经筋。

---

①周伟良.武当道教文化影响下的一个文化案例：基于武当武术的历史梳理[J].中华武术(研究),2013,2(01):6-15.

若待寿高神体健，不枉当初勤练身"。因此，练气调腑理脏顺经络，炼身锻体强筋壮骨合劲，内外兼修，相得益彰，方为太极拳修炼之功，丹道之修。

综上，《周易参同契》指出外丹的修炼需要三个要素：鼎器、药物与火候。[①]紫阳真人张伯端继承了《周易参同契》的易学思想，以"性命双修"为其内炼宗旨，认为以人体为鼎炉，以人的身心中的精气为药物，以神为火候，通过内炼的内丹修炼，可使精气凝聚不散，结成"金丹大药"[②]。张伯端反对外丹服食，《悟真篇》七律之八言："休炼三黄及四神，若寻众草更非真。阴阳得类归交感，二八相当是合亲……时人要识真铅汞，不是丹砂及水银。""铅汞"为人体大药，其旨在通过"坎离交媾"实现炼精化炁、炼炁化神、炼神还虚而成"金丹大道"。道家的修炼多受内丹学的影响。

明清之际形成与盛行的赵堡太极拳深受内家拳以及道家丹道的影响，亦主于锻气内炼而疏于锻体，这一现象在其拳法理论中显而易见，这与其内家拳归属以及明清道家丹道的盛行不无关系，并且关系紧密。在《太极秘术》一书中，有《太极丹功义诠》的理论，足可见道教内丹学对赵堡太极拳的影响。虽然此书被医者所收，于20世纪90年代被发现并被部分有影响的赵堡太极拳专著收录，之前或因为"秘术"而鲜有或无有所传，但是其对现代一些太极拳者的"内丹""丹道"修炼追求还是产生了影响，尤其在"南山寻道"的一途中，太极拳被当作"筑基"练"内丹"而被利用。当然，太极拳的内修、治病、健身、养生等功效已有显著之实证，但是若以太极之修而求成丹、成仙，则是不切实际的。赵堡太极拳崇尚自然，因而在拳论中有"婴儿""孩童"般心态、体质之说，其言亦在阐述"自然""自然而然"之功，而非"后天返还先天"的"还丹"之途。出于对赵堡太极拳"丹道"的诠真，

[①]曹剑波.《周易参同契》外丹炼制探幽[J].宗教学研究,2002(01):104-111.
[②]孔令宏.论张伯端的丹道与易道[J].周易研究,2008(03):83-91.

从"金丹"之说的执于象阐说了它的并无"实在",接着又从"真丹"之修戒于仙求而阐明了其内在追求的实在与自在,进阶说明丹道之修在于内在阴阳的平衡与统一,其确以"太极阴阳之说"为基础。前论之意在于诠真于赵堡太极拳丹道之修。因为,在赵堡太极拳的著作中确有《太极四季功》《太极早功法》《太极午功法》《太极晚功法》《太极行功法》《太极打坐法》《太极玉液法》《太极合道法》《太极金液法》《太极超凡法》《太极长生法》等道教功法的收录,此或会将习练者引入太极拳玄学的维度。鉴于此,通过对《太极丹功义诠》进行分析,诠真了赵堡太极拳"丹道"体用结合、益寿延年,内外相合、神形合一、内外双修、闪电穿针的实在意义和作用。

另如前文所述,"丹修"需要鼎器、药物与火候的三要素,内丹修炼以人体为鼎炉,以人的身心中的精气为药物,以神为火候,通过内炼的内丹修炼,炼精化炁、炼炁化神、炼神还虚,使精气凝聚不散,结成"金丹大药"。当然,这是以物看待人的数学算法,是有缺陷的,首先同质地去看待"鼎",但是人的体质、状态等是不同的;其次,此是"空间合一"而不是"时空合一",或理解为理想概念,无关乎心情、悟性等。而以人为丹修炼,则鼎为其身,药为其精气神修炼,火候为其用功纯度和达到的效果;那么三者缺一不可,其中需要关照的,有鼎的质量、效果与承载、包裹程度,药的凝练程度与鼎的贴合程度,用功所达成的数量与质量等因素。在此意义下,就太极拳丹修的概念来说,"内外双修"实为其核心要义。因为赵堡太极拳为实用技击之道,健身、养生之道,其丹修也指向靠近于此,除此之外皆为附庸。

第四章

赵堡太极拳的修炼

　　赵堡太极拳是以内外双修为核心的拳法，其修炼包含了炼"身"、炼"劲"与炼"技"，此三者的达成都服务于其拳法的"由技入道"。其中，炼"身"在于心身合一与行动的统一；炼"劲"则服务于拳道，演化于听劲、化劲、发劲等劲法之中，体现功力与技击效果；炼"技"则体现拳法的精妙与无微不至，其技并非简单的招式应用技法，而是凝练的技击理念与探微升华的整体性逻辑。赵堡太极拳炼"身"、炼"劲"与炼"技"的修炼逻辑，以其"拳架、推手、散手"为内容，拳架可以拆开来练，也可单式练习感悟，推手、散手主要在校验、校准，如此，其修炼更由感悟而导向寻道之真维度。就"拳"而言，其本身是由人的切身体会而创造，并不断精妙化的；"体练""揣悟""精修"其中味道，才会越发醇厚，也才能体现出"人练拳"的美妙；当"拳"由心发，随意而到，且到可收可发，收时"一静俱静"，发时"心、神、体"俱往，此才显拳道之精妙绝伦。太极拳是寻求"灵、美、雅、巧"意蕴和境界的拳法，而赵堡太极拳更追求"自然"道法，如水般的道是其"有意"而向的"无意"的自然之道。赵堡太极拳这一道法的达成，拳、劲、技三者不可分离，且需要统一。在学拳和研拳之中，更需要明晰三者的递进和循环之关系。当然，此处解析赵堡太极拳"炼身成拳""炼劲成功"与"劲技为用"的修炼，目的在于裨益于从学者理解拳法，并抛砖引玉。使太极拳学爱好者走向"由拳入道"的真维度。

第一节 炼"身"成拳

身心关系一直是困扰学者研究的人类问题之一。哲学中任何将身与心分开来进行研究并进而考察身心之间关系的做法都会遭遇极大的困难。美国哲学家泰勒言："很清楚，如果一个人把他的身体和心灵当作两种不同的东西区分开来，就会产生如此巨大的难题，以至任何荒诞不经的理论，只要提供某些关于消除这类难题的希望，就会显得似乎有理。一旦把身体和心灵割裂开，就会产生足以使哲学家们世世代代去研究的种种问题。"[1]中国历史上的大多数哲学家倾向于朴素的身心合一论，他们都在身心合一意向下探讨身与心的互相影响，且在身心二者中更重视心的作用。因为气本论的传统，大多数哲学家将精神、行为活动归结为气的自然作用，在修养的维度中升华为人道德的、艺术的意蕴[2]。有学者认为："身心一体论"为中国武术"以身为美"提供了身体哲学的立论依据。[3]在中国传统身心合一论的映照下，赵堡太极拳即为身心一统之修炼拳法，其言身则以心为领，身心一统，意气劲神之所往。赵堡太极拳身心合一的统一性要求，使其言身必有

---

[1]泰勒.形而上学[M].晓衫,译.上海:上海译文出版社,1984:19.

[2]张学智.中国哲学中身心关系的几种形态[J].北京大学学报(哲学社会科学版),2005(03):5-14.

[3]陈保学,胡昌领.中国武术"以身为美"的理论建构与解构[J].体育学研究,2020,34(02):87-94.

心、言心必有身，所以其"炼身"是身心俱炼，且是"身心"锻造而达"一气贯通""形神兼备""与神俱往"效果的拳法。有学者认为，太极拳是"以武入道、拳道合一"的拳法，在"道"的修养准则下，其实际具有"道化德生"的性修功能①。因此，赵堡太极拳"炼身成拳"是身与心的双向与统一性关照。

在《太极拳论》《十要论》等理论的指导下，赵堡太极拳后学的著作中亦出现"三节、四梢、三直、四顺、六合、精身法、分阴阳"等拳法指导性修炼论述②，其可以更加精准地矫正赵堡太极拳修炼者的修炼与研究，但是由于此些论述未加深入说明和系统划分，使从学者和研究者有碎片化和不得其要之感。为了使赵堡太极拳习练者更加明晰地修炼，且使习练者逐级达成修炼效果，启迪感悟拳法，研究在赵堡太极拳先辈理论的基础上，划分阶段并阐说了修炼意向，认为可成为赵堡太极拳修炼的指导性理论。当然，赵堡太极拳的修炼是身心一统的修炼之法，其境界的达成并不能清晰地界定，并且训练、修炼有法而无定法，此处作为"导学"之法而更有可读和启发性。另外，在赵堡太极拳的修炼上一定要破除"气本论"的认识，练气可以修养身体、强化精神，但是它不是太极拳的全体。如果仅以"气"为缘起，"一气流行"为合道状态，而求返本合"道"作为途径③，而不关照到身体之修，以及内外双修的身心一统，那么依然是一种不切实际的想象。

一、明"三节四梢"为"意、气、劲、力"之所往

在"三节"的划分上，赵堡太极拳将人体分为上、中、下（头、

---

① 王纳新. 论"太极拳道"[J]. 北京体育大学学报,2018,41(08):127-131.
② 刘瑞. 武当赵堡承架太极拳[M]. 西安：三秦出版社,2004.
③ 尹永佩,姜传银. "气本论"视角下太极拳本质：着熟·懂劲·神明[J]. 上海体育学院学报,2019,43(06):104-110.

躯干、腿）或根、中、梢三节。在身躯上划分，有上、中、下三大节，即头、身、肢。此"三节"之中还有三节，即头（上）三节：额、鼻、口；身（中）三节：颈胸肩、腹背、丹田尾椎；肢（下）三节又分上、下肢，上肢三节为肩膊、肘、手，下肢三节为腰胯、膝、脚。在劲的运行上，赵堡太极拳讲"根在腿脚"，这是"劲力"的根源；"中在身"，这是"劲力"的聚合与转化之地；"梢在手，需要行于手指"，这里是"劲力"的传达之所；脚为劲之根中之根，所以脚还有"脚跟、足掌、足趾"的三节划分，其使根力更有机能的杠杆之力；脊柱"大龙"为劲之中，其有腰胯、腹背、胸背的三节划分，即腰胯的拧转力、腹背的吞吐力、肩胸背的开合力，此处诸力缠绕的螺旋合力，较为难通；手为行劲之所，其又分"腕、掌、指"三节，其亦有缠绕、螺旋之力，再加上腿、臂的屈伸如弹簧的张力，其所具备的是一个强大的具有多种劲力转化的"动力总成系统"。在技击应用中，头、肩、肘、胯、手、膝、脚也为梢，这是一种机变的、自然而然的随机就势之法、之用。在对梢的认识上，赵堡太极拳遵从《十要论》"牙为骨梢，舌为肉梢，发为血梢，指为筋梢"的认识；寓"牙"在行骨杠杆的"咬合断裂"之力，寓"舌"在行肌肉的"灵活通达"之力，寓"发"在行肌肤的敏锐感知的"柔顺、生化"之力，寓"指"在行筋的"轻盈、紧实、包裹"之力，当然这四句的"四梢"，为其意、气、劲、力的运达之所，并需形成有机整体。由此亦可以看出，赵堡太极拳"三节四梢"是一个内外结合的有机整体，它是从"局部整体"到"全身整体"的运化过程。

赵堡太极拳明三节四梢的目的，首要在于把握其意、气、力、劲的"动力"的生成。《十要论》讲"气之发动，要从根节起，中节随，根节催而已"，《太极拳总论》讲气劲之动"根在脚，发于腿，主宰于腰，形于手指"，《太极拳正宗论五字妙诀》更详细于"劲起于脚（跟），主宰于腰，形于手指，发于脊背"。明"节、梢"之后需要做到"通达"，使太极拳气、劲的发动与生成落于实处，而无迟滞与偏颇，体现出"节节贯通"，即"则上自头顶，下至足底，四肢百骸，总为一节"，总归于其行意、气、力、劲合发于一。为了行意，而落"实"于"气、力、劲"，《十要论》用"盖上节不明，无依无宗。中节不明，满腹是空。下节不明，颠覆必生"来说明识"节"的重要性。当然，明白原理之后还需做到"练达三节四梢"。《十要论》讲"夫气本诸身，而身节部甚繁，若逐节论之，则有远乎拳术之宗旨，惟分为三节而论，可谓得其截法"。因此，"练节"以达"通梢"极为关键，其是赵堡太极拳"内外合一"之整体观的认识和行动基础。

二、求"三直四顺"卫于"内外顺通"

三直者，收颌以达到头直；尾闾回卷以达到身躯正直；脚踏地面的姿势，如弓步、马步等，小腿必须与地面保持垂直。四顺者，腿顺、脚顺、手顺、身顺。"头容端正，身所动目所随，手向左去身顺之去，腿向左去脚顺之去"（《武当赵堡承架太极拳》）。"三直四顺"首要在于求赵堡太极拳"中正"之姿，也是"中正"的基本要求，其可祛"过"与"不及"之病。从"三直"的要求"头直、身正、腿脚顺直"来说，其目的在于练习身体"大节"，即头、身、腿的三节合一，此三者合一，才能做到身体前进、后退、左顾、右盼、中定的五行之统一。赵堡太极拳需要处处为顺，"四顺"既为姿势之顺，又是行动之顺，需要体现在其拳法"中正平圆"的运行之中，即左旋要顺，右转亦要顺，前进、后退、左顾、右盼、中定也要顺，上下、内外、表里都要顺，而这些顺都来源于其"慢练快用"的"腿、脚、手、身"之顺上。此中之顺，还有左右、上下的配合之顺，而不是单一的一方之顺，即左顺必以右顺遂配合，上动必以下动相呼应。在技击上，左重则左轻以右出发彼，右重则右杳以左出发彼的合顺与配合也方显"左重则左轻，右重则右杳"的真义。"三直四顺"的姿势与行动达成后，其内涵的意义在于"力"的顺达，因为"力顺则气自通，气通则力自重"

（《太极拳之练法说明》）。因此，"三直四顺"所需要的内外顺通，在于求向动静"一节"的整体。

三、得"六合六进"卫于炼身成"力"

六合分为内三合与外三合。内三合：心与意合、力与气合、筋与骨合。外三合：手与足合、肩与胯合、肘与膝合。六进者，一曰头进。头不进，不能统领全身，全身不得进。因为头为全身主。二曰膊进。膊不进，手不能向前。进手先进膊。三曰腰进。腰不进，力不足。进身不可不进腰。四曰步进。步不进，则头、腰、胯皆不能进。强进则身形散乱，力无从发，难以发掷敌方。五曰上左必进右。六曰上右必进左。掌握了六合六进的要领，一说进，则全身为一整体，没有一处不合、不进，即"一动无有不动，一合无有不合，五脏百骸悉在其中"。六合练不到，行动定会松散，意到身不到，身到心未达，力劲非所往也；六进练不到，一进，则全身各部分有进有不进，散乱不统，相互牵制，难以取胜。所以，六合六进相得益彰，合而有进，进而必合。赵堡太极拳有云："求六合，必须得六进；六进不得，六合难求。""六进"是太极拳行动整体观，"六合"是太极拳行动效果的整体，即处处有合。"六进"之"进"是统一之意，即进退、左右、顾盼、中定皆要统一于一身；在六进中有"头领""虚灵"之意，可行意、气之合（内外连通力），而加之手与足合、肩与胯合、肘与膝合之形态之合（身体机械动能）后，还可行筋与骨的生物力之合（本力），这种合由内外连通力、身体机械动能力、本力所构成，更有内外、筋骨的融合度，当然对外的动能也会更加强劲，其所显示出来的效果是"随之意长，可柔"，"用之劲促，坚刚"。由此，也可以看出，"六进六合"的和合之力，除了意气促使、形态之力外，还需要身体机能的机能本力，而这种力更有形态学的修炼意义和效果。当然，初学时是不需要意气促使生发这种力的，一切以"自然为要"，因为身愈强硕，使用本力的"意向"会更强；因此，也常常有练太极拳者练其置于末学或者认为练"气"即可，岂知练体、练身也为太极拳之要，只是"气本"的太极拳认识论，"自然而然"将拳学者导向练气而不练体的维度罢了，其实内外的双修与融合才是强大的太极拳之"力"。

四、"求整"以卫刚柔并济

赵堡太极拳要求由头顶至足跟，由肌肤至脏腑，上下内外先求统一，其为"求整"。"整"则上动下合；下动上应；中节动则上下和之；一静则俱静，一动则全身顺遂呼应，内外、前后、左右、上下贯通，可谓其"整"。赵堡太极拳之整不是局部之整，也不是硬性之整，而是活顺、柔和的"水"性之整，其运动是一动各个部分都顺遂、呼应的运动。赵堡太极拳之"整"需要从"身整"中求"劲整"。"身整"除了"三直四顺"的中正平圆运化以及其呼应、配合的合顺之外，还需明可柔可刚的柔是至柔、刚是纯刚，以及更在刚柔并济的相反相生、和谐共生。因为除乎其"柔制"之整，依然非至柔之整，除乎其"刚发"之整，依然非纯刚之整。柔之整在于一松俱松，松而不呆，松而有"彼之力，方觉有侵我之皮毛，我之意已入彼骨里。两手支撑，一气贯穿"的阴柔之灵动意向；刚之整在于其生于毫末，寻而无踪，却动如雷霆，与神俱往，用法上有"彼劲将出未发之际，我劲已接入彼劲，恰好不先不后，如皮燃火，如泉涌出，前进后退，无丝毫散乱"的阳刚紧炸意向；至此化身可柔可刚，刚柔随意运化，方是"真整"。赵堡太极拳之整，先需从身形的整上求得，而后贯通于劲，即为"劲整"，劲整后方可"神聚、神领"。在练法上，《太极拳之练法说明》讲"夫初练者，宜端正方向，以立根基。最忌粗心浮气，精神不属，眼不顾手，手不顾脚，此谓之盲练也。尤忌身形不活，手脚不随，即用猛力，处处夺力，而仅能显力者，此痴练耳"，赵堡太极拳端正、化身的方向就在于"求整"，即内外的静态与动态之整、刚柔之整。

五、"精身手步腿法"以活其整

普遍认为太极拳绵绵、稳稳、徐徐即可，不用"大动干戈"，奈何赵堡太极拳有身法、手法、步法、腿法之别与用。赵堡太极拳之"身法"，即起、落、圆、转、进、退、腾、闪。起在足，要有欲上意下之意；落在脚跟，要稳而生根；圆在转轴，要中正安舒；转在腰胯，要沉稳活泛；进在身统，要于得机得势中"闪电穿针"；退要反侧，以退为进；腾在神，要虚灵连通身心；闪在顺随，以屈伸显快慢之意。"腿法"，即缠、跪、挑、撩、崩、壁、挂、蹬。缠在腿，粘黏连随；跪在膝，蓄而后发；挑在脚，轻快弹升；撩在小腿，旋空而填；崩在弹，冷脆快狠；壁在脚下生根，要贴而拔对方之根；挂在小腿，粘贴回带；蹬在脚，展于胯。"手法"，即掤、捋、挤、按、采、挒、肘、靠（也为八门劲）。掤在全身可显在手臂，要撑，时时处处都有；捋发于手臂，要轻，顺势而为；挤在身可行于臂膀，要横，夺形之位；按在手而催于身，转于腰，要攻，要贴要拥；采在关节，行于手、肘，要实，分筋错骨；挒在肱，要惊，错筋断骨；肘要冲，顶心夺命；靠在膀，要崩，短促撞崩。"步法"，前、后、左、右、中尽五行之变。步法有"五行"是赵堡太极拳"举步轻灵神自敛"的练习之法，即前进、后退、左顾、右盼、中定，对应五行方位，兼顾八方，体现着其中正安舒、举步自若、运化自然的特点。进，对应退，有进退自如之说。用于拳架，要求迈步似猫行，轻灵沉稳。用于推手，一是移动重心，二是配合八门劲协助发劲。退，包括防御和进攻两个方面。防御用于引进落空，如用捋式时，是积极的防御；进攻用在边退边攻，退中求打，如倒撵猴。顾，照管、注意之意，与盼互为因果。顾在点，落实求虚，意在看管，实至以待，虚之以发。盼，盼望、切盼之意，与顾互为因果。盼在面，求虚以发；虚之以待，实至以发。可简单理解为顾为管，盼为发。左顾则右盼。眼睛注视对方眼睛为实，身体手脚之动作为虚。引进落空，以弱胜强。以静制动，形神俱往。定，是太极拳架、推手的核心。它是阴爻、阳爻转换的点，是化的终点，亦是发的起点。中定为"化、引、拿、发"的核心之所在。"进、退、左、右、定"及其太极五行对应方位，前进、后退、左顾、右盼、中定，是其对应而又不完全对称的补充解读。在空间上，有前必有后，有左必有右；在时间与时机的应用上，有以进为退的"实则虚之的引进落空"，以退为进的"虚则实之的柔化刚发"，同时"左顾则右盼"，"右顾则左盼"，中定作为"生化"的起点与"发放"的落定，都在诠释太极拳运动变换的对立统一。因此，赵堡太极拳步法五行囊括动静、虚实、步伐转换等，其既指空间，又指时间。由此也可看出，精练赵堡太极拳之身、手、步、腿法，以卫其身体活便、虚实顺通，可说其内容磅礴，应用诡变。

六、"分阴阳"以得其变

太极拳的运行，虚实、开合、升降等处处分明，其"一动"则阴阳分。"阴阳"为太极拳矛盾对立的哲学思想，指导太极拳有了"生生之变"，《太极拳说》讲"虚实分而阴阳判，动静为而阴阳变"。"阴阳"理论贯穿赵堡太极拳学始终，其动则分，表现在开合、蓄发、屈伸、退进、虚实、升降、吞吐、化打、收发等中，其"初识"可由左右、上下、前后的"大节"之动中识得，即左高右低、上升下降、前进后退为阴阳之分。然后，行使于"节动"的"呼应"之中，即左虚则右实应之，左轻则右重应之，上浮则下沉随之，上开则下合随之，前进则后退应之，前曲则后直应之，总归于阴阳呼应。再次，需要行使于行动的"生化"之中，"左重则左虚，右重则右杳"，即左、上、前实则化为左、上、前虚，右、下、后重则化为右、下、后轻，如此才能体现"虚实分而阴阳判"的随意与随势。另外，太极拳"阴阳"之变还需体现在身体机能的含胸拔背的开合吞吐，以及身形的起伏拧转，以及其应用之得机得势的化打、蓄发的流畅之中，此方显"动静为而阴阳变"之细微与洪浩。于此之外，"分阴阳"亦是"混沌化物"（无中生有）以及开智明慧、明义的拳学实践之要。可以说，无阴阳则无太极，更无太极拳之说。"阴阳之变"是化生万物之始，是太极拳学之基。化必有分，亦有合；分则为变，无中生有；合则为用，兼收并蓄，化生为一。从"混沌"之我无或我有，到分化之实在、真实之我有，再到"我总在彼先"的"合彼如一"之有，此可谓太极拳开宗明义的核心内容，而其中"分化"的阴阳，为其最为核心与难懂之部分。核心在阴阳由无而来，又承接于合，如何抽丝剥茧，精妙划分，使相反者无缝、流畅相合相生，可谓难练；难懂在其有虚实、开合、吞吐、刚柔等，恐非一个机械原理所能解释，其需要柔，又需要刚，还需刚柔并济，可谓难分。难练、难分在言重要，而非难以练达。这就需要调整练习太极拳的心态，因为阴阳尽在其中，需要思辨与体悟，并且分化于时时处处的拳学运行之中。简而言之，由练整而分阴阳起为真"入门"，思辨、悟懂则为"开窍"，悟通、练顺并体现于处处时时，可谓"悟道"。此中"仰之则弥高，俯之则弥深"，笃定慎行为要。

七、"祛除四病"通心达化以卫随机就势

"悟"与"用"在赵堡太极拳中是互生之关系。当然，"练"是准则。赵堡太极拳拳架训练可以单向理解"过与不及""贪与欠"，但是这是理想型状态的练习与体悟，而双方的或者多方的运动对抗中，其理想型应用并不一定会达到预期的效果。那么，这就需要在拳法的单练与对练以及对抗中"祛除四病"。"祛除四病"是在中、正、平、圆、轻、灵、柔、活的运动准则下，卫以求整的重要环节，也是分化阴阳以及把握阴阳节点的重要一环。四病者，顶、扁、丢、抗，其在身也在心。顶，易过，容易用本力，心急，非太极拳自然而然之要；扁，不圆、不及，易被对方所乘、所填，心意不通，非太极拳用功之所为；丢，不随，体现在处处夺力或者不敢给，心急或怯，有"阳亢阴虚"之嫌，无用于太极拳之所学；抗，抗拒，易僵硬，紧张或过为，非太极拳意、

气、力之所聚。因此，在赵堡太极拳行拳走势中，首先需要招招式式均按要求到达一定位置，不要偏颇，用以祛除"顶劲"病；在运动中，时时处处皆有圆，势势螺旋运转要清晰顺达，式式转换要顺滑、圆润，不要动作未到位，就去做下一个动作，以戒除"扁"病；拳行始终匀整通走，保持不断线，式虽有中定却未断，劲亦不断，即俗语说的"粘黏连随"，以消除"丢"病；全身放松，不用本力、僵劲，自然运动，以消除"抗"病。其实，从盘架开始，就应着意于把学习太极拳易犯的顶、扁、丢、抗四大弊病加以克服和消除，卫于心意相通与求整。另外，拳架匀整后，不顶、不扁、不丢、不抗的意、势、劲，要付诸推手与实战中，意、势、劲统一而无"四病"，才能随机就势，使"力"所往。此中道理，则需要在练中悟，用中悟，悟中练，练中用，如此这般循环往复，阴阳之分化也会更加明晰和细微。当然，更需要祛除心中的"顶、扁、丢、抗"四病，而此心病的祛除则源于"用"，并在"用"中得到磨砺。如此，心、意、神、身、手、步法也能尽得其变，实战中的纵、横、高、低、进、退、反、侧也能得到发挥。其实，《十要论》所讲"夫察人之强弱，运乎己之机关"，"纵，则放其势，一往而不返。横，则理其力，开拓而莫阻。高，则扬其身，而身有增长之意。低，则抑其身，而身有攒促之形。当进则进，弹其力而勇往直前。当退则退，速其气而回转扶势。至于反身顾后，后即前也。侧顾左右，左右恶敢挡我哉。而要非拘拘焉而为之也"，其讲"机关"就是身心统一"顶、扁、丢、抗"四病祛除下的"心、意、劲、力、势"之运化，由此才能达到"身"可纵、可横、可高、可低、可进、可退、可反、可侧的其用不弊、随机就势与无往而不利。四病全无，阴阳分开则我总在彼之先，并且使对方无处遁形。此时，强势是强势，弱势亦是强势。但总归于："现在眼，变化在心，而握其要者，则本诸身。身而前，则四体不命而行矣。身而怯，则百骸莫不冥然而处矣。"(《十要论》) 这亦才是"祛除四病"身心一统而能随机就势的要义。

八、炼化如水归于无意则为真意所出

赵堡太极拳崇尚自然，要求自然，归于自然。在自然之中，赵堡太极拳修炼追求如水一般的境界，即遇物则分，遇空则填。这其中有有形化无形的通变，亦是内心世界的圆成。"有形"在于式式要亮，招招见将，清晰于什么是攻与防，这种清晰、有形的技术表达是拳法技术传承的基础。在推手"功防"的意识强化下，"有形"的招式有了柔化、拧转等的变化，"功与防"意识随之转换，其中"防中带打，打中带防"的阴阳之变随之凸显，"有形"之形态也在向"意"向性的方向演化。在渐进的"防就是打，打就是防"攻防意识融合中，拳法"意向"的灵性随之展现，拳法的"动静之际""随曲就伸"起于"意"而流向于"意"，即"意到、气到、力到"，拳法的"水性流向"也随之呈现。这种水性流向是以"柔化的避实为起点，合顺击虚、借力使力为落点的"，感知上则为"彼之力，方觉有侵我之皮毛，我之意已入彼骨里"；用法上则是"左重则右虚而右已去（或到），右重则左沓而左已去（或到）"，其动是"周身相随，一气贯通"。此种不以"有形"之形态而运化的"随机就势"，起先训练归于"有意"，待训练至"四病祛除"，身整、劲整（思辨感悟后的再达成）与神聚时，则进退自然而然，可谓"无形"，即"无招"，一切皆为顺势自然自动而为。在"有形"与"无形"的能力获得上，"有形"需要在传承中获得，"无形"则需要在感悟中获得，而"有形"的通达才能为"无形"的追求打下根基。"无形"在形体上表现为"打人不显形，现形何为能"的自然；在意念上通达的是"化有意为无意，无意才是真意"。无形之中无意而自为，此为真意所出。《列子》讲："夫无意则心同，无指则皆至。"[①]赵堡太极的"本心"就是自然如水，柔弱胜刚强的道。

---

①中国哲学史专家严北溟注：泯灭了意虑，它就和本心相同了。

九、境界圆成拳法自然而然

赵堡太极拳讲求内在的循环和追求，如果说"步形、身法、运动路线等"是其量化、理性的标准的话，那么"经络、意念、意境"等就是其感知、直觉的标准。赵堡太极拳是拳架的熟练、推手的加持、"法"的校验、"理"的指导，如此回馈于拳架，方显精益求精，这也表达着其"一层功夫一层'力'，一层功夫一层'理'"的炼化。在感知的无为而无不为的获得上，"听劲、懂劲"是需要通过长期训练的。"感知"后"感悟"，才有赵堡太极拳"化引拿发"的一体"表达"。可以说，感知是积累的过程，感悟是精细分化、化繁为简的过程。融会贯通、厚积薄发、化有形为无形，渐至"从心所欲"再至"神明"是赵堡太极拳所追寻的道。从传承的角度来说，从"招熟"到"懂劲"属于传承的积累期，从"懂劲"而"入微"属于感悟期，而从"默识揣摩、渐至从心所欲"到"阶及神明"属于"入道"期。从"道"的角度来说，习武是以"后天"修炼来还补"先天"，追求内心世界的完满为目的的自我追求和实现过程，在每个周期的炼达中，身心都需要得到淬炼。赵堡太极拳道的生成也可以分为"术、势、道"三层境界，"术"是传承中的武术技击、技巧等，以身体发展和对抗为目的；"势"是体练中的拳法趋势，是身体和内心的相合，形趋势动、势之已成，有"形神兼备"的意境；"道"是感悟中的身心统一境界，有无形、无意的自然意境之说。当然，赵堡太极拳的境界不同，意义亦不同。"术"是身体、技击之术，有静态性，体现在技击的"见招拆招"上；"势"是流动、运动中的心意通变，体现在"借势打势""借力打力"的以妙制人上；"道"是内外的高度统一，有自动性，体现在"应手即扑"与"内圣外王"上。知行统一、内外合一是赵堡太极拳所秉持的境界与方法。因此，在赵堡太极拳境界达成上，理性和感知需合一，其遵循"凡物必有合"的规律。由"合一"而达到"道"的圆成，是赵堡太极拳不懈追求的道法。

综上，赵堡太极拳的"三节四梢"的划分指向于"一节"并统一于一气贯通的内外相合，在明节通梢的修炼达成中，习练者首先需做到"三直四顺"，通过"三直四顺"的中正与外顺而求内外统一的"六合六进"，进阶凝练于"求整"，即身整、劲整。劲整后需达到"形与神"的圆，那则需要精于身手步腿法而卫其活，求于"形圆"，但是，此时"形圆"多相对于身，而未达"神圆"之境。赵堡太极拳是"圈""圆"的运动，其犹如"太极图"一般，阴阳变换而相生，则"形圆"之中需要分化阴阳。分化阴阳需明阴阳的对立统一，即有阴必有阳、有阳必有阴，阳不离阴、阴不离阳以及阳中有阴、阴中有阳，在修炼中可体会、明悟于虚实、开合、内外、吞吐以及刚柔之中。以上所达，更具独立的继承与领悟性，但是，赵堡太极拳作为拳学，其不能在"封闭"的空间中而独立存在，而需要在"技击"与"用"中，去克服自身的"异化"，那么由身而心的"祛除四病"是其习练者、修炼者必须去完成的"一关"，当然身与心的"异化"之克服，或因环境、对手的不同及对手水平强弱等而有所变化抑或有新的异化，那么则需要反复校验、感悟、调整而至身心一统，这其中是跟随着"听劲、懂劲"等劲的训练的。此中，分阴阳、祛除四病到刚柔并济、随机就势的"求整"是"无限次"的循环过程，这也符合黑格尔所讲的圆圈理论——它是循环过程[①]。如此这般的循环往复，则是为了通达赵堡太极拳所持以及所追求的"水道"，及炼化自然如水一般"自由"，这种"自由自在"是"人不知我我独知人"的至柔、至刚。此如同《道德经》第四十三章所讲："天下之至柔，驰骋天下之至坚。无有入无间，吾是以知无为之有益。不言之教，无为之益，天下希及之。"如水般意境化有形为无形，则皆在"一"，而此"一"是"有意"而练达的"无意"之为以及"自

---

① 黑格尔.精神现象学[M].贺麟,王玖兴,译.上海:上海人民出版社,2019:62.

为",此为赵堡太极拳境界圆成,亦为"神圆",此时"身心"之为亦是自然而然。这就是赵堡太极拳"炼身成拳"的真义和去向之所在。当然,如"水般的道"以及"自然"之道,也在含蓄与孕育人"德与性"的生成:济物、谦卑处下、动静自若、有容乃大、仁德厚爱等。"道化德生"是赵堡太极拳"炼身成拳"的一个重要走向。从广义上讲,赵堡太极拳的修养身心的身修与性修、归根复命的健康命修[①②],可广济天下人,使人得到健康、长寿、身心安舒;从狭义上讲,赵堡太极拳的身心、内外整体观,阴阳相反相生之理论与实践观以及"神明"的大道观,可启迪智慧,开化"灵觉",御敌化形(有化于无),推助生命意义的追寻。

第二节 炼"劲"为功

对太极拳来说,拳是基础,而劲是根本。太极拳演拳则在于寻劲、炼劲,就其势法来说,势因为"中定"而有断续,但劲却无断续,所以其有"势断劲连"之说,且其"滔滔"与"连绵"不绝,也因为"劲"而"势势连环"。

一、"劲"的根本性阐释

(一)"劲"的整体而实际存在

赵堡太极拳在炼身成拳的基础上,需要炼"劲"而成就其功。拳

---

①吕有云.论道家虚静之道与当代人生命健康[J].学术论坛,2010,33(07):16-20.

②袁康就.老子"归根复命"观对《灵宝毕法》的启示[J].宗教学研究,2000(01):15-20.

谚有云："拳假功夫真，力大强十分。"其实，拳法并非为"假"，而是因为劲不到，功不显罢了。拳法是实体的，但是其劲却无法言说，不是实体的，却是实在实有的。劲，具有实在性，但是不具有直观性和单一性，它的形成和运动是多因素的综合，具有大小、方向的不确定性。比如掤劲，它在全身而不显在全身，却又可显在全身处处，需要在放松中寻来，却又不能松松垮垮，如果用力则容易僵硬，不用力则容易松懈。因为，劲的不直观性和多向性，往往使习练者很长时间都不能炼达于自身，所以"力大强十分"的直接与单纯的感性确定性就淹没了对"劲"的理性认知和获得。如同黑格尔所讲："自我没有包含多方面的表象或做多方面的思考，事情并不意味着质的多样性。毋宁说只是：事情存在着（或有这么一回事），而这个事情之所以存在，仅仅因为它存在。它存在——这对感性知识说来，就是本质的东西，而这个纯粹的存在或者这个单纯的直接性便构成感性确定性的真理性。"[1]也就是说感性确定性的真理就是仅仅知道"这个存在"，其所具有的"真理"也并非"真理"，而当通过"他物"或者"中介"而被经验为"共相"时，其才是真理。对于赵堡太极拳的认识，需要通过"劲"这个"中介"来获得"劲"的功夫（而非力的功夫），这才是其拳法一道。当然，在"劲"运动的整体中，通过凝练，它也会变得"透明""具体""实际"，因为其是"现实的东西，自己建立起来的东西，在自身中活着的东西，在其概念中实际存在着的东西"。

（二）"八门劲"的根本性

赵堡太极拳的"劲"有懂劲、听劲、化劲、发劲等之说，但都是建立在"掤劲、捋劲、挤劲、按劲、采劲、挒劲、肘劲、靠劲"的训

---

[1] 黑格尔. 精神现象学 [M]. 贺麟, 王玖兴, 译. 上海：上海人民出版社, 2019:62-63.

练以及修炼基础上的，此八劲也叫"八门劲"。此八门劲，包含于"太极拳十三势"中，即"掤、捋、挤、按、采、挒、肘、靠、进、退、顾、盼、定"。"八门劲"与五行运动之法"进、退、顾、盼、定"相互配合，则更显其劲道的浑厚与变化的奥妙。在劲的炼达中，首需明白、分化、炼达"八门劲"，是为懂劲；其次，需要把已"懂之劲"用化于推手与实战中，需明悟以及演化"八门劲"，以通达于"听劲"而"引""化""发"的"牵动四两拨千斤""引进落空合即出"中。此中，"劲灵"则能"随机就势"，有"生生之变"，"劲圆"则"无迟滞""劲自沉"，"劲浑"则"力自重"。以"进之则愈长，退之则愈促；仰之则弥高，俯之则弥深"的"先机在彼前""劲的感知在彼前""势也优于彼"，似乎更显太极拳"以劲制人"的"诡道之变"。此"诡道"，则为"八门劲"与"五行"汇聚之"势"，其可如潺潺流水缓缓运诀，亦可如长江大河奔腾不绝。势有运行之道，在于择机择势、随机就势，法无恒定之法，八法五行相克相生，但其根在"劲"。唯有恒于"八门劲"用功，其中玄机才能一一变通，并融于"一"中，使对手"应手即扑"。当然，运"劲"如抽丝，需百炼才能成钢，才能"刚柔并济""化发一致"。另外，需要明晰的是太极拳的劲，初练时需要一一锤炼，而后需要"一到多"的交替融合，生发于"听、化、引、拿、发"的招式细微变化之中，如此才能显出太极拳发人让对方"不知为何，懵懵懂懂"而被发放出去的奇妙。

二、"八门劲"详解

打手歌有云："掤捋挤按须认真，上下相随人难进。任他巨力来打我，牵动四两拨千斤。""掤、捋、挤、按"四门劲，为赵堡太极劲法的基础与根本，是炼好整劲的法门，被称为"四正"。"四正"寓"以正治"。"采、挒、肘、靠"四门劲，为赵堡太极拳奇制之法，被称为"四隅"，有远巧采梢节、近用肘法、贴身靠打、遇顶则挒的意向用法（实战中则应对变换，相机制敌），挒以惊而过对方劲，以实制敌。"四隅"寓"以奇胜"。"掤、捋、挤、按、采、挒、肘、靠"，既是劲，又是法，也是势，但是其以"劲"为根本，以"劲、法、势"合一为特点。

（一）掤

掤，捧而上承之意，令力不得下落，劲不能着我身。掤劲为赵堡太极诸劲之本，其行犹如下雨撑起的伞无意让雨侵入，也如同水中浮行的船均衡有度，其力从四面八方支撑，不贪不欠、不丢不顶，恰到好处。掤非抗非扁，最忌僵滞。僵是不知自己的运动，滞是不知对方的虚实。抗是以力御人，用力过大则会失去敏感性，是滞的根源；扁是力弱或不及而为人所进，不利于运化，是僵的原因。掤为劲者，无处不有，时时有。掤劲者，不是无劲，也不是故意用劲，其行要"撑"，要撑得起、撑得圆、撑得恰如其分。在行拳运劲上，其体现的是顺滑连绵、自然而然；在推手中，其以对手的接洽的劲力为标准，"一羽不能加，蝇虫不能落"，否则视为"丢或顶"。所以在推手中，赵堡太极拳有"毫毛为度"的说法，即用最合适与尽量轻微的劲去接触对方，引动对方，这样才能运化太极拳"四两拨千斤"的神妙。因此，掤劲在推手应用中要圆，支撑其八方，还要粘黏、相随，这样才能圆润走化，刚柔相济。在掤劲的粘黏之中，附有灵活转动之意，即"粘就是走，走就是粘"，目的在于通过掤接化除对方的劲力。在运动上，掤劲要圆，还要螺旋、滚动。

（二）捋

捋，散其力，使对手力散而不能复聚之意。在捋劲中顺其势使对手散其力，即成捋式。捋起手要轻，让对方感知不到有被抓、拿的感觉，落时要沉、猛，使对方有坠海之感。正确有效地实施捋法，需以懂劲为前提，知己知彼。捋暗藏于引化之中，引进落空、顺势沉坠更得其法。捋一般忌提前用力，即在对方未出自己身体之圆或者重心稳定时用力，此时用力多为拙力；而多是用在掤化对方劲力后，随机顺势，引进落空"捋发"对方。当然，捋势之中，配有退步，有"捋带"之法，此法不同于"捋发"。"捋发"在于顺势带引对应，若对方有回劲，则顺势进步推按、采拿制服，此法为过程性用法。捋劲多与后退、转身、下沉相配合，劲法也更偏向浑厚。捋劲可借助"闪通背"等拳架中的捋式动作等训练，其沉坠之力亦可借助弹力带等训练。其行不怠，久久方能为功。

（三）挤

贴近或者挨靠着对手，使对手失去重心，谓之挤；有的也称合为挤。"挤"与"填"相关，对方有"欠"的位置即可填挤，乘虚直入，抢得先机，赢得主动，赵堡太极拳讲"差米填豆"即是此。挤为进攻之法，往往避开梢节，从根节入。挤在拔根，使对方失去重心。挤要横，即向对方用力以及站位横向用力，有"横破直"的意味，但主要在于巧用劲，其行要贴，借助于与对方"垂直"的力，拔其根、散其势。在用法上有挤靠、挤按等。挤要见缝插针、差米填豆。在推手与实战中，对方力猛或沉，则引或捋后横向挤；对方收缩或后退，则跟、填使对方倾斜；对方稳定则伺机垂直贴近对方身体，夺其位、散其势。挤要身形、步法一致，切胯、发力一致。在训练中，可多左右练"吊打指裆捶""斜行鹞步""白鹤亮翅"等动作，亦可借助招式盘桩练习。

（四）按

按是发放的一种劲和方法。化按、捋按、挤按、拿按通常衔接。按是一种螺旋发出的劲。由单掌或双掌自上而下为下按，自后经下向前弧行推出为前按。按需手脚相应，前进后退有升降之势。艺高者用按法，以起步为虚，落步为实，虚则为引化之意，实则为发放，亦为化按之法。按需要腰腿合一与身体的开合吞吐、蓄发相一致。按是手指、手掌接触对方向前或向下推按之法。将按、挤按、拿按通常是两劲衔接，其中将、挤、拿多为虚，按为实（此处之虚实是相对而言的），即将、挤、拿制对方时，一旦遇相反与顶抗之力时，则将、挤、拿立刻化无，随机就对方之势推按对方，此时所按之劲力或仅为压倒对方的"一根稻草"，但是在应用上"意贵远，劲贵长"，要攻、要拥。招式训练上可主练"上金刚"，亦可推按沙袋练习。

（五）采

采以控制对方的关节、梢节为主。采要落到实处，让对方无从旋转和解脱。采，有单手采法和双手采法，还有身手配合的采法等。单手采法是以单手控制对方指、手、腕，而达到控制对方身体的方法；双手采法是以双手配合控制固定对方的关节的方法。采以螺旋缠绕、控制对方小关节和薄弱关节为主。劲法上要配合腰腿、身形和全身之力，不能单靠手指的力量，劲要合于一处，发劲要速、脆。采是赵堡太极拳的一大特色，民间有"赵堡太极拳擅采拿"的说法。采，起手要轻灵、柔活，如同采花一般，落点要合腰、螺旋，以刚、脆为要，如同折枝，有"摘除"之意。练习时，柔过劲、刚落点，点到为止；用时则分筋断骨、一气呵成。赵堡太极拳拳架中诸多动作都包含有采。训练时可采用拧大杆、双手拧棒子等方法练习"采功"。

（六）挒

挒，撇挒、捩、折断之意。挒是对对方的身体施以旋转的力。应用上要使对方有"闪空""折断"感。对方落点为虚，挒则为实，以"倒撵猴"的"挒法"最为典型；对方落点实，我则对应对方落点的"中段"位置横向发力，亦为"挒"，此"挒法"多用于解脱与反控制。另外，"挒"作为转（向）击之劲，用于对方用劲落空之后的反向、螺旋用劲，是以"旋"折"直"的劲之应用，以"高探马""十字手"的拧、捩之法最能体现"挒"。挒劲应用要惊，要急如漩涡，用旋转的力。

捌劲要求身体中正，力由脊发，周身要配合双手，一气呵成，以合、吞、沉发力为主。捌劲训练重在发力和腰胯合一，可用弹力带进行训练，招式上可以"倒撵猴""高探马""十字手"反复体会校验。

（七）肘

屈肘击人为肘法。肘法在近身时使用，击人的胸、肋、面等部位。肘还可以缠绕控制对方。发肘劲要用身体开合的整力，同时有腰胯的拧错之力。武术上讲"拳轻掌重肘要命"，赵堡太极拳的肘也是"一开俱开、一合俱合"，全身力合于一点的力。肘为避实击虚之法，其劲可冲、可落、可开、可合，冲要崩、落要沉、开有横、合有错（劲），崩如开山、沉如虎卧、开如磨盘、合如贯地。赵堡太极拳肘法多为暗肘，引进对方或对方落空时用肘，劲法雄厚。可采用肘击沙袋的方式进行训练。

（八）靠

以肩、背、胯、臀击人为靠。靠亦是柔过劲、刚落点，即落于实处。靠法在双方身体贴近时使用，要有靠山之势，崩塌之劲。靠是全身合力紧炸之力，是步到、身到、靠到的冲量之合。用法上有正靠、侧靠与背靠之分，迎门靠、肋下靠、背折靠等都是其典型的应用之法（其都是拳架招式的过渡和部分动作）。靠是以身体的硬点位攻击对方的薄弱点和易失去重心的面，靠打如铁，犹如飞来的铁山；靠打要崩，其势犹如崩塌的雪山、拍来的巨浪一般。赵堡太极拳亦善用靠法，民间对其有"铁靠"之称。靠法的训练可以采用靠沙袋、靠桩、靠墙等，亦可采用两人对靠的练习方法。

掤、捋、挤、按、采、挒、肘、靠八门劲，四正四隅，奇正相生，内外统一。初练时，此八门劲分开练习，一一体会；待基本掌握与纯熟后，需在拳架中一以贯之，劲的交互也会慢慢产生；当然，也需要将其贯穿于推手中，由配合练习而到灵活应用。另外，八门劲需要配合五行步法，六进六合贯穿其中，步活、身灵、气敛、劲整，功到自然。其中奥妙，一层功夫一层力，需要抽丝剥茧、默识揣摩，功夫自然精纯。

第三节 炼"技"为用

拳的演练、功夫的磨炼都是为了技击的应用，反过来说，技击亦蕴含在拳式与功夫之中，其作为身体、运动技能，可由泛化、分化而达到自动化，以及自然。但是，当处于对抗之中时，其自然之拳也会因为场域、听劲的水平等受到影响而需达到新的平衡与自然。这就如同呼吸一般，平时走路、跑步等时呼吸是自然的，不需要关注其也是自然而为的，但是当站在悬崖边或者走钢丝的时候，呼吸平衡就需要重新建立。这种置身于对抗场域中的"自然"是可以训练的，其主要依托于"技"。赵堡太极拳之"技"，主在借力使力、以柔克刚，其用法以粘黏连随、引进落空、刚柔并济、合顺自然为特色。赵堡太极拳技击之用，首需拆解拳架而使所习者理解拳架，次则精炼其技以劲贯之，再则化形为象，即形成"借机借势"的趋势。而这种趋势的形成则归于"化、引、拿、发"四技的能力。此"四技"可以在拳架的"一式"之中表达，也可以在"一招"之中显现。当然，其一技也可单独成势，制敌获胜，但是能做到势有连环、势势连环、劲之巧、劲之灵就会更加凸显，如此这般"技可附魂"；魂技合一，"应手即扑"可见其成。

一、化

化是太极拳技击的突出特点，即遇劲、遇力化为先，其有"走化"之意，用以避其锋芒，遁于无形，即使对方力化空、走偏，却又使对方感觉顺着走、拔不出；意志上，使对方能挨得着，实际上却"挨不着""摸不着"；走"粘、黏、连、随"字诀。"粘""连"为"走"，

"黏""随"则"出"（相对而言）。化是柔在他力前，以粘黏连随、不丢不顶运行。化是拿、发的必备条件。在推手中应用弧线将对手凶猛的刚劲吞化掉或是将刁钻的劲滚化掉，为"化劲""化势"。"化势"之后则是"因势利导"的引进落空或为"随机就势"的拿、发而出。

二、引

意在诱敌力出、诱敌深入，令其自入困厄之境或空悬之地。引需顺人之势，不丢不顶，用法是使对方之力走空，偏失重心。引劲实为引化，无引则不能化，不化则无所谓引，所以引与化二者是相辅相成的；粘、连亦是其功，粘而顺其劲，连而顺其势，借机借势、引进落空，即将对方的劲纳入自己的轨道上来，使敌千钧之力化为乌有；随机合顺而出，即在引进落空的基础上发劲，连化带发，顺势取胜。引在引劲，需要由技而劲，由劲而势，以成势。

三、拿

拿主在控制，有"拿捏"之意。拿着敌劲，即控制住对方的劲，使其不能自主。可以通过控制对方的重心或臂、肘、腕、指关节处，使之进入死角，而控制对方的劲道，运用八法或其他方法将对方制服，此为"拿法"。拿法的种类甚多，无论是手与胸拿、手与腹拿、手与腿拿（控），还是双手合拿等，都须运用适当。"拿"在于控制对方的劲，锁定对方的劲路。此处"拿"亦主在拿对方之劲，主要在称量、拿捏，使对方形成背势；其主要走"黏"与"随"字诀，如影随形，让对方感到困顿无助。拿在拿劲，但用则通过技而用。

四、发

发,放出之意,有掷、打、跌等法。发劲之法种类多样,有捋按、沉坠、开合、吞吐、捌惊、采拿等之法。放松是发劲的前提,极柔软方能极坚刚,只有做到充分放松,去掉全身之僵劲,才能够完整一气地发出弹抖、脆快、紧炸之劲。赵堡太极"外操柔软、内含坚刚";柔软是连绵的"意",而柔化后的刚发是其领起的"魂"。发劲,起于脚,脚为劲之根,劲不起于根就好像是无源之水,没有脚的蹬地反弹,就不会有节节贯串的推动力,也不会发出威力强大的整体劲;主宰于腰胯,腰胯是劲的转换点,劲之或沉、或转、或横、或崩,都在腰胯,落在点。落点之劲就是将周身之力于一点发出的综合力,其是刚发的结果,或掷,或打,或跌,一气贯通,神贯顶。发要劲力合一,还需把握时机,时机更为其核心,其一要把握"空当",主在"空"(对方"空白""无感"),随机就势;其二要顺敌之势,主在"借"(对方抵抗或者用力而借力),借机借势。此中机会瞬息而过,听劲要敏锐,时机要把握得恰到好处,郑伯英所讲"闪电穿针"就是对其形象的表述。

"化、引、拿、发"可说为"劲",亦更是"拳意之技",其是拿捏之法,少则欠,多则贪;是治势之则,借机借势,势之所成。凝练"四技",需意气顺达,魂技合一。"意顺",则全身骨节松开,肌肉放松,最大限度地减少了对抗肌的用力,使力不至于在中途由于对抗肌的紧张而消耗减弱,"顺、随"由之而来。"意气相合",周身之力则能够在一瞬间到达着力点,也就是集全身之力于一点发出,其是太极拳运动的灵魂;化、引之中,其"虚领",虚实莫测;拿、发之中,其如"惊鸿一瞥"一般,顺势而下。"四技"要想达到一定的水平,就必须结合意与气,以意领气,以气运身,气到则劲到;意念一动,则全身皆动,在腰的带动下,按照发劲规律,节节贯串地使劲迅速达到着力点;劲落的同时一合俱合,肌肉收缩,弹抖劲、螺旋劲等随势而发,此等劲力极富弹性,有力而不僵。要想做好弹抖劲、螺旋劲、紧炸劲等，关键在腰胯，劲起于脚，主宰于腰胯、行于身、达于梢节。此"四技"形成，所用无穷。简而言之，"化、引、拿、发"四技是拳和劲以及功的联动产物，是"有形"之功化成的"无形"之"太极力"，若将其解读为单一的技法，割裂其魂，那就是自我分裂与形而下。另外，由技入道、由技及道之说，如果仅从技术阐说于道，而没有默识揣摩于"魂技合一"的"从心所欲"，那其"道"或仅是运动规律，而非"道"，更非太极之道。

总之，炼"身"成拳、炼"劲"为功、炼"技"为用，是赵堡太极拳不懈用力、用功、聚神的方向。此三个方向也不完全地对等了赵堡太极拳拳架、推手、散手的三个层面，其既是递进之关系，也是循环之关系，更为确切地说是三者合一、三位一体；其整体演进则如同读书，由薄到厚，再由厚到薄。赵堡太极拳修炼可说难，亦可说易；难在理义深奥，难窥大道；易在有拳、有法，循序渐进，自然而然。要想成功，需有良师引导，贵在持恒、揣悟。

中华文化源远流长，武学精神代代相传。
赵堡太极星火燎原，吾辈传承重任在肩。
奋发图强自当竭力，尊师重道自不待言。
太极文化已入非遗，发展之际承字当前。
赵堡太极刚柔相济，掤捋挤按采挒肘靠，
顾盼中定进退得宜，动静虚实阴阳相成，
阳不离阴阴不离阳，借力打力柔以克刚。
从心所欲先师有研，其行有法毫毛为度，
中正平圆轻灵柔活，随机就势合顺自然。
道学所往，治世之则：天道自然不失中正平圆，
人道柔弱需以轻灵柔活，治道无为更期合顺自然。
岿巍之道，探究入微，非数年纯功不能豁然贯通。
赵堡太极，三位一体，阴阳和合、内外双修；

训练之道，心静气敛，步活身灵、劲整神圆。
唯精唯一、谨记训言：遵纪守法、爱国爱民，
诚信友善、禁斗非言，团结同道、精艺在先，
刻苦耐劳、练之当先，默识揣悟、研艺经年，
闪电穿针、功到自然，愤悱启慧、水滴石穿。
国学武技，民族经典，技击为本，魂技内涵，
体命双修，益寿延年，寻求正道，太极为缘。
继承遗产，饮水思源，不忘初心，勇往直前。
武学瑰宝，传承有源，砥砺奋进，大道可攀。

第五章 访谈录

为了厘清赵堡太极拳郑悟清、郑伯英、侯春秀三位大师来陕、在陕生活以及授拳的情况，编委会成立了访谈小组，对三位大师的后人、传人以及近邻和武术圈内有影响力且直接或间接接触过三位大师的相关人员分别进行了访谈。访谈组在陕西西安、宝鸡、铜川等地以及河南温县走访收集了宝贵的图片等资料，并整理成了20余万字的访谈稿。访谈突出之处在于明确了大师的

访谈人员赴温县赵堡镇实地调研访谈（左起：郭岗、田鹤城、王英民、吴水利、王英杰、温若冰、刘文碧）

生平、传拳与生活情况。由于访谈稿内容多有重复，此处以归纳和精简的访谈录形式呈现。

访谈组人员

王英杰　王英民　田鹤城　温若冰　刘文碧　梁高峰　郭　岗　胡九红　李　刚　李全海　吉兴民

被访谈人

赵堡太极拳传人及亲属

李随成：1948年生，从小喜爱武术。15岁时跟随郑悟清学太极拳。

郑　钧：1933年生，郑悟清次子。自幼跟随父亲郑悟清学太极拳。

吴生安：1939年生，著名中医大夫。14岁起跟随郑悟清学太极拳。

董　金：1932年生，郑伯英外甥。

郑鸿姿：1941年生，郑伯英之女。

侯尔良：1937年生，河南赵堡镇人。1960年到陕西后，跟随郑悟清学太极拳。

吴忍堂：1948年生，1961年开始跟随郑悟清学太极拳。

张世德：1920年生，从小喜欢武术。学过枪、刀、棍，后来跟随郑悟清学太极拳。

侯转运：1957年生，侯春秀之子。自幼跟随其父侯春秀习拳。

卢华亮：1940年生，1966年起跟随郑悟清习练赵堡太极拳。

吴本忠：1944年生，郑悟清弟子、高峰的女婿，1970年起跟随郑悟清学太极拳。

张聚财：1928年生，1957年开始随大老黑、孙兰亭学练赵堡太极拳。

李　刚：1934年生，原名李凤兴。1950年开始随郑悟清学习赵堡太极拳。

郑娥英：1947年生，郑悟清侄女。1964年开始跟随郑悟清学习太极拳。

郑建君：1967年生，郑伯英之孙，郑鸿烈之子。

郑终南、郑渭南、郑华南：郑悟清之孙，郑瑞之子。

郑喜梅：1955年生，郑瑞之女，郑悟清孙女。1971年后伴随祖父郑悟清生活，并学习赵堡太极拳。

郑传会：1959年生，郑悟清之孙，郑钧之子。

侯　鑫：1978年生，侯春秀之孙，侯战国之子。

郑佳乐：1994年生，郑鸿烈之孙。

陕西武术名家

周润生：陕西武术名家，红拳名家，吴式太极拳名家。

张　林：马氏通备名家。原居住于西安市东关，为郑悟清邻居。

邵智勇：陕西红拳文化研究会会长，红拳代表性传承人。

访谈一

拜师学拳——与赵堡太极拳结下厚缘

王英杰：您是什么时候开始跟随郑悟清先生学习赵堡太极拳的？怎样的契机或者什么动力使您和赵堡太极拳结下不解之缘？

李随成：1963年11月，我当时15岁。邻居权会敬先生见我整天踢腿拔筋、舞枪弄棒，就说为我引荐一位太极名师。我当时想太极拳是老年人练的，有点儿不愿意去。权会敬看出来了，就说："你还不愿意去，只要郑先生能收你为徒，就是你小子的造化。"于是我就抱着去看一看的想法，跟随权会敬来到了西安东关古迹岭。那是一个很普通的院子，只有简陋的两间小屋。在这里，我第一次见到了郑悟清先生。权会敬对郑先生说明了来意。郑先生很和蔼，说话笑眯眯的。他问我："小伙子，你练的是什么拳？"我当时还有些得意地一一做了回答。郑先生说："你能不能练一练让我看一看？"我就在院子当中很麻利地练了一趟关中红拳。郑先生笑着问我："你还会练啥？"我说我还会练棍，于是顺手捡起一边的齐眉棍，练了一趟琵琶棍。练完棍心想，这下老头该表扬我几句吧。事后我才真正理解了什么叫作"班门弄斧"。可能郑先生看穿了我的几分得意，就笑着问我："你练的棍能不能用？"我说："咋不能用，俗话说'枪遇六合死，棍遇琵琶亡'，这趟棍用法好得很。"郑先生顺手拿起了他的拐杖说："小伙子，咱俩比试比试棍。"我麻利地操棍在手，冲着郑先生说："老人家您注意点……"我的话音还没有落下，只见郑先生手中的拐杖顺着棍子一刷，我手中的棍子便掉在了地上。郑先生说："你咋不把棍子拿好，拾起来重来。"我刚要摸到棍子，郑先生的拐杖又点在了我的手背上。我有点急了，对着郑先生喊道："你这老头，为什么老打我的手？"我想趁其不备再拾起地上的棍子，但是一时又想到他手快、眼更快。正犹豫的时候，郑先生说话了——"你手拿棍我就打你的手，你要再去拿棍子，我就该敲你的脑袋了。因为你现在想打我了。"我当时心想，这老头神了，他原来知道我想偷偷地拿棍子。郑先生见我待在那里不说话，又不敢动，便说道："你是不是不比棍，想和我搭搭手？"我想这回你猜对了，就说："那你先把你的拐杖放下，你的拐杖打得我手疼。"郑先生笑着说："行，那你来摸摸我的手。"我伸手就想抓他的手腕子，只见郑先生腕子一缠一按，"啪"的一声，我跟跄着，被一股无形的力冲撞到了后墙上。这下我真的急红眼了，起身就往上扑。郑先生接着我的双手，腕子往下一沉，我不由自主双膝跪在了地上。这下我算死心了，便顺势跪在地上不起来，非要拜他为师。郑先生说："你回去好好练你的拳，不是你练的拳不好，是你没有练好。"我说什么也不起来，说："你不收我这个徒弟，今天我就不起来了。"可能是恩师和我有缘，看着他慈祥的面容，震撼于他绝妙的功夫，感觉虽是第一次见面却像在自己的老人面前一样，我耍起了小孩子脾气。也可能看我年龄小，郑先生觉得挺有意思的，就笑着问："你为什么要拜我为师？"我说："你的功夫太厉害了。"郑先生说："学拳就是为了要厉害，你这种人我不教。"我急忙解释不是这个意思，说我非常喜欢武术。郑先生说："喜欢，高兴了练，不高兴了就不练，我教你有啥用。"我急了，指着权会敬说他可以做证，我每天起早贪黑练拳，我能吃苦。郑先生说："要热爱，要入迷，只有热爱、入迷，才能以苦为乐，只有吃苦才能练有所成。"我急忙说，我能吃苦，一定刻苦练拳。郑先生说："还有一条你做到了我才能收你。"我说："我腿都跪麻了，咋还有这么多条条呢？"郑先生说："那行，你起来吧。"我说："不行，您老人家还没有答应收我呢。"郑先生笑着说："你起来吧，回去告诉你的师父。一定要征得他的同意，这是武林的规矩。"第二天，苏德涵老师买了三盒水晶饼，领着我登门拜见了郑先生。苏德涵老师对郑先生说："随成能拜你为师，真是福分不浅啊，希望您也能收下我这个老徒弟。"郑先生说："你能亲自送随成来，就凭你这样的豁达，咱俩就有缘分。"从此，我们师徒两个共同拜在郑先生门下，跟随恩师20余载。

李随成传承、教授赵堡太极拳推手

郑　钧：我父亲到西安后，住在西大街德记铁工厂，在十里铺的织布厂打工。后来在陕西省政府视察员唐毅的介绍下到军政办事处教拳，那时候军校开始建设，叫"天水行营"，后来到的西安警备司令部。军校建好后，1940年左右在黄埔军校西安分校教拳，回西安住在盐店街。军校之后在喇嘛寺西北军政部里教拳，不到一年搬到了红兴后院，后来搬到了东关，先是在景龙池，后来到了古迹岭。

20世纪40年代末，那时候西安还没解放。我父亲在建国公园教拳时我跟着开始学，早期学的还有谷泰隆、李海龙，李海龙比我大一岁，孙兰亭也是解放前学的。咱这个拳，一个老师教的拳，学生练的各不一样，一个老师十个学生十个样，思维不一样，偏重也就不一样。主要是把气走好，就是修炼，就是正道。

访谈人员与郑钧先生及夫人合影（前排：郑钧先生及夫人；后排左起：郭岗、刘文碧、王英民、王英杰、田鹤城、温若冰）

吴生安：我家和郑悟清先生家离得很近，常见面就认识了。我家里是中医世家，小时候练过长拳。有一次练功受伤，郑先生给了我一些药，治好了。后来我就开始跟郑先生学拳,当时我14岁。郑先生让我不要同时练外家拳,先教了我几个动作,顺顺气。

李随成(左一)、吴生安访谈交流　　访谈合影(左起:田鹤城、吴忍堂、王英杰)

吴忍堂:我父亲和郑悟清先生是好友,他们1942年就认识。我原来是练长拳的,当时练习方法不对,感觉身体不适,老呕吐,后来就随郑先生学太极拳。时间是1961年9月份。

吴本忠:岳父高峰先生看我爱练武术,就让我学这个拳。记得那时就是像现在这样的冬天,穿着毛衣,郑悟清先生在那里坐着说:"听说你东西练得不少,你练练让我看看。"我就在那里耍开了,先生又说:"你来,来这里试试。"我想着不能试试,这老头怎么试?当时是礼拜天,人也很多,后来他就说:"让你用,你就用,你学的那么多。"我就上去,叭,一掌过去了,我就一边倒过去了。老头说:"小伙子没有用劲嘛。"他的意思是让我放开了上,我这一看,手一

吴本忠与其师父郑悟清先生合影

晃，一掌又出去了，"砰"的一下，他说，小伙子可不敢往床上砸啊。他本来在床上坐着，我一下子，就趴在床上了。周围人很多，大家都笑出来了，他问我在那里干啥，我想抓他的手，结果，一抓没有抓到，他一拎，我一下子栽到他的怀里了。他就拍了一下我的头，我觉得把人丢大了，就赶紧出来了。礼拜天，人多，屋里站了五六个人，十来年都没忘。那时心里面倒不是气愤，就是感觉不舒服，我连边都没有挨上，把老头晃一下也行，给一个回合也行，半个回合都没有弄上。我正式拜师，是1970年，那时郑悟清先生75岁。郑悟清先生让我从单位开个介绍信，我就问："你又不是一个单位，你让我写介绍信，写啥啊？"他就说："写你多大了，把你干啥的都写上。"等于说是给郑悟清先生递了一个帖子。人家都喊师父，屋里站了一帮子人，我岳父也在屋里，老头就说："你泰山在这儿，你也跟着喊我师父，这咋说了？"这句话是原话，后面说了一大堆，把我们关系拉近了，关系上是师徒，但是辈分上是孙子辈，也是对我岳父的尊重。

吴本忠（左一）与王英杰（左二）访谈交流

郑终南、郑渭南：我父亲（郑瑞）与我爷（郑悟清）商议，我父亲带家人定居在陕西眉县齐镇官村庵。1960年左右我爷回来居住过较长一段时间。我父亲经常练拳，我们小时候跟着从学的学生一起练过，当时也有人经常过来求教。

郑悟清、郑瑞先生及家人在宝鸡眉县齐镇官村庵居住的地方

故地合影（左起：郑喜霞、郑渭南、郑娥英、郑终南、王英杰、吉兴民）

郑华南

郑华南：我们兄弟姊妹共6人，大哥郑终南、二哥郑渭南，大姐因病早逝，二姐郑喜霞，我是老五，妹郑喜梅是老六。大哥是在祖父任教黄埔军校的地方——西安终南山王曲镇生的，祖父便给他起名"终南"。他跟随祖父在王曲长大，从小就学会了拳架，现在已经76岁了；二哥因生于"渭南市"，因而起名"渭南"；我生于西安市东关景华巷，因而起名"华南"。大哥和二哥在宝鸡工作生活，我在赵堡镇生活。我自幼随祖父郑悟清在西安长大，住在祖父西安古迹岭24号家中。1964年春节，祖父的弟子来拜年，大家到兴庆宫公园合了影，后到沉香亭练拳、表演。大家的表演对我启发很大，记得当时孙茂云的女儿

1964年郑悟清与部分弟子合影留念（前排右一为10岁的郑华南）

表演了"子棍"。那时起我就下决心要练太极拳。之后,我每日陪伴祖父到兴庆宫公园沉香亭。受祖父言传身教,手把手指导,可以说我承袭了祖父拳架原貌。那个时候,祖父的生活起居是由大姐郑喜桃照顾的,后来大姐有了工作,加上1966年"文化大革命"开始,学校停课"闹革命",我闲在家中,就开始照顾起了祖父母的生活。直到1971年我走上工作岗位,喜梅则接替我照顾祖父母,到1982年他们落叶归根回到赵堡镇。

郑喜梅与爷爷(郑悟清)、奶奶合影

郑喜梅：小时候全家十几口人都在西安,父亲在渭南开织布工厂供给全家生活,爷爷专职教拳。经老乡介绍,父亲将爷爷奶奶及母亲和我们几口人落户到眉县,那时父亲在西安工作,大姐郑喜桃在西安上学。居住两年后,爷爷奶奶不适应那里的生活,又回到西安和父亲郑瑞、大姐郑喜桃一起生活,我们则都留到眉县了。

1971年,我初中毕业,父亲安排我照顾爷爷奶奶的生活起居。那年,爷爷76岁、奶奶80岁。父亲为了爷爷奶奶以及母亲和我们兄妹六个,一大家子十几口人,到处奔波挣钱,养家糊口。我于那年7月1号从眉县来西安爷爷奶奶身边时,是15岁,由于个儿小,奶奶教我擀面条,我脚下要踩小板凳。在我来西安照顾爷爷奶奶以前,我大姐郑喜桃一直和爷爷奶奶一起生活。大姐结婚后,工作忙,我父亲就让我二姐郑喜霞照顾爷爷奶奶,后来二姐结婚了,三哥也不上学了,三哥便来西安照顾爷爷奶奶,洗头洗脚,做饭洗衣,给爷爷的弟子们沏茶倒水。几年后,三哥该学手艺,协助父亲养家了,我父亲安排我大嫂冯芝兰带着我一岁多的小侄女郑丽芳,来西安照顾两位老人,直到我来了,嫂子才回眉县了。

  1971年至1982年,我悉心照顾二老生活起居以外,跟随祖父习拳。当时,弟子们来学拳,祖父均耐心讲解,日复一日,耳濡目染,我也记住了赵堡太极拳拳架。赵堡太极拳陪伴了我一生,我也与赵堡太极拳结下解不开的缘。

  王英杰:您能讲讲郑伯英先生的传拳情况吗?

  董 金:1941年郑州沦陷,我随家人来到西安。我与郑鸿烈、张鸿道、直存喜是表兄弟,1948年左右我们开始跟随我舅郑伯英老师学拳。解放后,学拳初期随我舅学拳的亲戚较多,在革命公园。那会儿不知道叫什么拳,就叫太极拳。后来,我舅搬到枣园巷,我就去得少了,因为在外上学(1952年在西北工学院上学),只礼拜天去。那时候学拳的不少,来拜访的人也特别多。李应聘、焦明德之前就会拳,后遇我舅,拜在门下,跟着学的。我舅饭量好,每天早上、中午、晚上打拳,能打100多遍,练完拳衣服都能拧出汗。早上带学生打半个小时以上拳,然后自己练,再指导。见过我舅教拳发人,发出去很远。

董金赵堡太极拳拳照

访谈董金先生（左起：郑建君、王英杰、董金先生及夫人、郑佳乐）

郑鸿姿：我父亲身高将近一米九，身量魁梧，吃饭能吃一蒲篮馍，功夫好，心地善良。听我父亲说，他从河南出来在潼关七里店住过一段时间，火车通车后到的西安。到西安后，生活困难，先是住在西安尚德路，搭的布篷住。他参加过中条山战役，那时候好像给赵寿山教过拳。他接触过彭（德怀）老总，彭老总给他送了《共产党宣言》，后来《共产党宣言》找不到了，没有实物，也没有能力去考证这个过往。1945年左右，我记事的时候，父亲就每天练拳、教拳。最早父亲来西安，先是操持旧货生意，后来在牙刷厂上班做牙刷。1944年左右我们举家搬到西安尚俭路，平时父亲在革命公园练拳，每天早上四五点钟就去了。20世纪50年代，在徒弟董金（姨侄）家的赞助支持下，我们搬到了东关枣园巷，父亲早上去兴庆宫公园练拳，晚上在院子里教拳，那时候每天晚上院子里都有人，大概二三十人过来学。那时候，我父亲经常去省委八号院教拳，也带我去，进门里面都有警卫，好像教的是彭胜将军，那时候小，我也记不清。八号院的那位领导有头风病，跟我父亲学拳，加上我父亲调理，治好了。后来在董家的支持下，父亲买了两头奶牛，以卖牛奶为生。母亲手也很巧，剪纸、做衣服都很在行，近邻、亲戚有结婚的都请母亲剪窗花。那个时候流行马裤，母亲把父亲的裤子拆了给我做了马裤。我没见母亲练过拳，但是母亲聪慧，看父亲练拳时间长了，耳濡目染也懂点太极拳。那时候常随我父亲练拳的有赵鸿喜（住在隔壁）、张鸿道、李应聘、范诗书、焦明德等。

访谈郑鸿姿夫妇（左起：王英杰、郑鸿姿夫妇、郑建君、郑佳乐）

董　金：我舅在国民党三十八军赵寿山部队担任过武术教官。解放后，赵寿山是军管会副主任，和我舅关系特别好。有次我陪我舅去找赵寿山，赵寿山还亲自来接他。后来彭胜将军也跟我舅学拳，他是抗美援朝回来的，住在八号院。他跟我舅还在华山上照过相，在华山劈山救母那块儿照了很多，我还见过那照片，也见过彭胜将军。

与董金先生合影（左起：郑建君、王英杰、董金、李全海）

郑鸿烈先生

郑建君：我爸郑鸿烈小名叫战胜，那是我爷打擂胜了后起的。我爷是跟和庆喜学的拳。我爷是1934年、1935年左右来的西安。我爷在尚俭路住过，在革命公园附近住过，后来一直在东关居住。我爸十一二岁开始跟我爷学拳。我爷去世得早，我是听着我爷的故事、在父亲的熏陶下开始练拳的。

王英杰：侯春秀老师来西安传拳的情况以及您学拳的经历，能讲讲吗？

侯转运：我父亲离开赵堡镇后，辗转来到陕西，先是到宝鸡待了一年，后来定居西安，那大概是1937年。我是十三四岁（20世纪70年代）开始跟我父亲学拳的，十八九岁的时候就专职练拳。

侯转运与王英杰合影

访谈二

严师高徒——跟随先生勤学苦练拳艺

王英杰： 当时先生们主要在什么地方教拳？教学的方式和内容是什么？

李随成： 我是1963年跟郑老师学拳的。郑悟清先生当时住在东关南街古迹岭的一个院子里，院子有两间厦房，门前有个小院，有时候会在院子里个别教学生，带带推手。但主要是在兴庆宫公园教拳，地点在沉香亭边上。每天早晨天不亮大家都会来到这里，郑先生早上起得也早,每天四五点便起床来到公园。先生在前面练,大家在后面跟,平常每天有 20 到 30 人,练完 10 多遍后,很多人就去上班了。从我个人的学拳经历看,先是学站桩。无极桩站了有一个多月,才开始学拳。先生对教拳动作要求非常严,一式一式教,一个动作没有学好,不教下一个动作,拳架学好了才教推手。特别是对年轻人,要求架子要低。新来学拳的一律先站无极桩,在旁边教其他弟子练拳时,新学生就站在旁边站无极桩,有时一站要两个小时。过一段时间,看新学生能坚持住,也站得松了,郑先生才开始一式一式地教,一式动作学不好,决不教下一式。1965 年的时候,先生带了 8 名学员在体育场表演过一次,我印象特别深,当时先生打的架子很低,后来先生年龄大了,练拳架子就高一些。先生教拳讲得少,谁练得认真刻苦,先生也会多说一些。我当时在陕西工业大学干临时工,除了每天早上在兴庆宫公园学拳外,每天下班后,到先生家里,帮忙干些家务,再学一会儿。学了半年多,才把拳架学完,三五年后才慢慢有了体悟。郑先生对我非常严格、严厉,姿势要求处处必须到位,手到脚不到,拐杖点在脚上,脚到手不到,拐杖打在手上。可以说,我的拳架是恩师的拐杖一下一下打出来的。我当年学拳时,年轻,性子也比较急,感觉学了好长时间才学到闪通臂,问郑先生,

李随成带弟子祭奠郑悟清先生

是不是太慢了,郑先生说你看你原宝山师兄比你早学大半年呢,现在才到高探马,你已经很快了。慢就是快,动作规范了,功夫才能上身,否则,练了也是白练。现在大家生活节奏加快了,都是尽快把拳架教完,

再慢慢改架子，也是不得已。

吴生安：郑悟清先生当年给学生教拳时，也讲理论，如讲周易理论，暗物质，暗能量，还有八卦、《道德经》等。讲《周易》理论在现实中的作用，一半是太极，一半是医术，是将中医的理论与《周易》结合了讲，实际也是因材施教，因为我就是中医。学拳，学生必须先学习太极拳架，太极拳是混合型文化。

吴忍堂：当时练拳的具体地点是兴庆宫公园沉香亭。早上四五点钟，有的学生就来了。郑先生5点多到公园，到6点钟学员就来得差不多了。每天早上练拳在25遍左右，前7遍不算，只是热身。7遍后才算开始练功夫。其间郑悟清先生给大家讲讲拳。9点以后，郑先生回家。当时我年纪小，"文革"学校停课，就跟着郑先生回家，帮忙打扫卫生、挑水。然后再练到12点回家吃午饭，下午1点半以后，又去练到下午5点半回家。晚上自己还到公园再打20遍。当时没有其他文化生活，只有以练拳为乐趣。1970年参加工作后，就只能在工作之余练拳了。郑悟清先生先学的是腾挪架，后学的是代理架。郑悟清先生传拳注重修心养性，拳架中正平圆、轻灵柔活。将传统文化融入太极拳，既讲搏击，又讲养生，这才是完整的太极拳。搏击方面的特点是，打人不伤人、一式多用、多式连用、化发结合、贴身短打，反映了人的内在机能和外在变化的结合。

李　刚（李凤兴）：我是20世纪50年代，二十一二岁学的拳。原来郑悟清老师住在东关景华巷，后来搬到东关南街古迹岭住，我就在那时候认识了他。老师教拳，先让活动活动，然后踢踢腿、拔拔筋，完了站桩，打云手。站桩是必须要练的功夫。不站桩就是没有规矩。当时老师要求很严格，站桩站端庄，老师认可了才会继续进行。接着是打云手，云手打好了，就开始学拳。拳架也是一招一式，一个动作一个动作进行。拳架练好了才会接触推手。后来家搬得远了，礼拜天去和老师学，那时候没有自行车，来回得三四个小时，地点多在兴庆宫公园，有时候也会在老师家里。老师以教拳为主，不教器械。学推手的时候，老师在家里教得多，高探马用得多，床板都压坏了不少。老师也讲拳理，掤捋挤按，上下相随人难进。别人攻时，如何四两拨千斤。要求是身体端正，中正平圆、轻灵柔活是大道理。我教的徒弟有赵正红、王正典。

郑娥英：俺伯（郑悟清）原来在东关南街住，大概1982年下半年离开西安回的河南老家，1984年过世的。俺伯说慢练出功夫。我现在一般十遍拳，一个半小时。俺伯教拳，一动对方就跌床上了，中间就塌下去了，那个时候把床板砸坏了多少，成天修床板。俺妈给我说了两件事，一件事是，俺伯骑自行车去寒窑，对面过了个马车，不知咋地突然马惊了，马车撞翻了俺伯，俺伯站起来和没事的人一样，骑着自行车就回来了。还有一件事是，那时候冬天冷，兴庆宫公园结冰很厚，俺伯穿的一般的鞋，不是滑冰鞋，人家都说这老汉冰滑得好。俺伯的手就像毛巾一样柔。我是见过俺伯的功夫，那是确实好，我再没见其他人达到他这境界的。

郑娥英女士为王英杰先生提供郑悟清先生照片资料

田鹤城：拳架一般学多长时间？

吴忍堂：这个因人而异，一般都是练三四年拳架，才教推手。我是练了8年拳架才学推手。郑先生教拳，一式学好才教下一式，最后再串起来。我现在教学生也按照郑先生的方法，一式一式地教。

郑喜梅：当时徒弟们都上班，平常早上在公园练，礼拜天才到家里来。来了之后，改改姿势，练练步伐，推推手。

张世德：郑悟清先生主要教拳架，其实拳架不分大小。年龄大了，一般练高架子。郑先生在架子里面教推手，练拳注重两手要协调，左手不占右手的位置，屁股要和身体的动作相协调，要把这些道理都弄明白。手要跟着脚，不是脚跟着手，要有技巧地练习，练拳就是练大道理。

访谈侯尔良（左起：郭岗、田鹤城、侯尔良）

侯尔良：我1962年参加工作，在铜川煤矿做矿工。星期天从铜川坐车到西安，住在珍珠泉浴池，每天四毛钱。然后到郑悟清先生家里学拳，学回来后自己练，每天上班下矿井前练15遍，下班出矿井后再练15遍。当时教拳主要是口口相传，郑悟清先生根据学生的情况进行教拳，练好武术要看个人情况、家庭情况以及悟性。先查验能不能习武，不能草率，不经几次改拳不定拳架。

侯尔良：郑伯英先生教的拳和赵堡镇还是不一样，郑先生教的是代理架。和人接触时不用力，就像自行车的车圈，转动、甩出。郑悟清先生的拳架是小架，小架将技击和养生结合得更好。小架，周身关节也要打开，该下的动作要下，有的动作要大到、背到极限才打人。现在有的人把小架练成了懒架。

与侯尔良先生合影（左起：梁高峰、王英杰、侯尔良、田鹤城）

田鹤城：除了练拳架外，有无练内功的方法？

侯尔良：没有，就是练拳架，自然呼吸。

田鹤城：郑悟清先生传过器械没有？

吴忍堂：郑悟清先生没有传过器械，一切都在拳架中。原来学过器械的弟子，也通过学拳架来改劲路。

侯尔良：赵堡镇有器械，但更重拳法。和兆元说过，拳架打得好，器械就能练好。

李　刚：孙兰亭我见过，没有交过手，那时候他就很有名了。孙茂云和我是师兄弟，关系比较好。郑老师也让孙茂云教我推手和刀枪棍棒。郑老师那时候也总拿着文明棍,但主要还是教拳。

王英杰:侯春秀先生都是在哪儿教拳的?有什么具体的要求吗?

侯转运:我父亲最早在革命公园对面的铁路职工医院教拳,后来人多了就到革命公园,后来到体育场。20世纪60年代后经常在老省人民银行后面(解放路东,现在看不到了,建了派出所)推手。1982年后到东门教拳,因为当时家搬到了东一路75号。以前,多数学生是在公园学,也有一些人到家里来学。教拳先从拳架教起,一般教一两个月,后又纠正拳架。拳架练好后,有兴趣的学推手。当时还传了一套棍法,是从赵堡镇传过来的。这拳是先有功夫,再说技巧。只有从拳法的训练中让功夫上身,推手中技巧才能发挥出来。郑悟清、郑伯英先生与我父亲,奠定了中国大西北"二郑一侯"的太极拳界泰山北斗的崇高地位。他们共同打造了中国武当赵堡太极拳在西北地区的根据地,从而使武当山的武当赵堡太极拳经由河南温县赵堡镇传到了西安市,最终落脚在西安市,使古都西安成为赵堡太极拳的又一传承地。

王英杰:郑伯英先生教拳有什么要求吗?

郑鸿姿:我父亲打拳行云流水,我虽然不会练,但会看。父亲打拳架子很低,舒展大方。小时候我不懂拳,就记得在枣园巷的院子里,父亲给弟子教拳时,一下就打出一个(弟子)。有一次有人在外面和人交手输了,大清早就来找我父亲,我父亲让他把比试的动作做了一下。他一做,我父亲一个"玉女端金盆",把他打到牛棚里了。问他学到了没,他从牛棚里出来,感激地一步一鞠躬退出了巷子。我父亲那时候每天练拳,不打够100遍都不回来。

郑建君:我爷教拳认真、严谨,一般要求先站桩,后学拳。学拳架,必须要规矩，必须做到"三直四顺、外三合，能挂住线"。学到一定程度，有了体悟，需要做到"内三合"。我爷还讲，学会了拳，还要把功夫练到身上。我爸在汉中工作时，空闲时间多，他下功夫练了一段时间，每天上午一二十遍，晚上一二十遍，每遍在两分钟内，有时一分半。那时，功力长进很快。我爷还有一个"顶门棍"，不过棍子都在拳里面。我爷说，要把拳练好，拳练不好，棍是给别人提的，因为棍子很快就被别人下了，成了别人的兵器。

---- 访谈三 ----

言传身教 —— 学拳明理、悟处世之道

王英杰：生活中各位先生给大家留下了什么印象？在练拳中有什么自己的体悟？

李随成：郑悟清先生不仅是一位武功盖世的太极大家，更是一位慈祥博学的老人。郑先生为师，不仅教习练拳，还教为人处事、待人接物。他说过："只要你诚信做人、认真做事，你的一生就没有问题。人一生的价值是，不论是高官还是平民，活着大家都尊敬，死后大家都怀念。"真正做到了练武修身的最高境界。"文革"以前，郑先生的话还多点，"文革"之后，他就低调很多。郑先生一生经历的事情非常多，但是平实、低调得很难让人了解到他是一代武林宗师。郑先生对新闻、参考消息非常热衷，每日不是在家练习毛笔字就是去隔壁工厂转一转，将过期的报纸带回家，每日必看。从交友上，郑先生的观念是，"熊与人""乌鸦与喜鹊"。在动乱的年代，我作为一个年轻人，喜欢练武又好动，但在成长的年代没有出任何事情，是郑先生的身教言传影响了我的一生，塑造了我的性格和人生志向。现在，细思体会越深，这是我一生最大的庆幸。

郑悟清先生小时常听老人讲三个故事，他教拳也常和人提及这三个故事。第一个故事是"乌鸦与喜鹊"。讲的是有一只乌鸦和喜鹊是朋友，它们每天形影不离，一天大树下的主人家逢喜事庆祝，亲朋好友都来祝贺。喜鹊看到院子里来了很多人，一高兴便拍着翅膀一阵欢叫，主人和朋友亲戚都很高兴，感到顿时增添了不少喜气。乌鸦看喜鹊讨得主人的喜爱，也一阵欢叫，却惹得所有到场的人很不愉快，有人认为是霉气，便拿起石头砸向乌鸦。喜鹊和乌鸦再飞到院子里的树上时，院主人就赶走了它们，使它们再也不能以此树为窝。这个故事说明跟好人在一起，学的是好东西，跟坏人在一起你就是好也会惹上不好。从武术的角度上讲，有效和规矩是胜利的保证，每个人的时间是有限的，如果用有效的时间学到了一些不好的东西，是浪费生命，更有可能沾染一些不良习气。

第二个故事是"熊与人"。讲的是有一个人和熊是朋友，当熊睡着了，人给它扇扇子，有一个苍蝇飞来，人将苍蝇撵走。后来人睡着了，熊学人的样子给人扇扇子，有一只苍蝇飞到了人的身上，熊学人的样子，一掌上去将人打死了。赵堡拳中有"粗人得之则粗、细人得之则细、文人得之则精"的说法，其实也就是讲这个拳要精细着练，更要体悟。不是像熊一样，学样子，那也违背了它"轻灵"的法则，也练不出来。另外，这个拳需要多思考，多从"欠缺"的角度考虑，赢了不是对手弱，而要想自身还有哪些不足，输了更要细致潜修，另外还要思考哪些地方、劲没有把握住，以使拳法更加精细、轻灵。

第三个故事是有一个卖艺的人舞刀滴水不进，任人怎么泼水，全身不湿一处，有一道人看见，顺手将自己头上戴的草帽扣到了卖艺者的头上说："你的缺项是顾身不护头。"这个故事是一个无懈、完整的比喻，赵堡太极拳追求太极的完整性和全面能力，崇尚全身、内外、时时、处处，这样才能体现其以静制动、后发先至，从而使自己立于不败之地。

卢华亮：一是笑。郑悟清先生见人总是和和气气，慈眉笑脸，与人不争，很谦和。这也是太极拳修炼达到一定的境界胸怀的体现。在与人推手中，先生动作极轻，很难有人过得去。先生一般人都过不去，但他不会伤人，赢人教人也是让人心服口服。

二是安贫乐道。郑先生很清贫，一个荷包蛋就是很好的一餐饭。他从来不向学生要东西。逢年过节，学生孝敬老师的，先生也推辞不过，从来没有向学生主动要过东西，即便是很困难的时候。我记得给先生送过一个铜墨盒，他很喜欢。先生是一个文武兼修的人。对拳法，先生一生追求，练拳、教拳就是他的生命和生活。

三是一丝不苟。郑先生经常用毛笔抄写拳谱送人。当时用的是毛麻纸，先生所抄写的拳谱总是干干净净，没有一个墨点。教拳也是认认真真，一丝不苟。一般一次只教一两个动作，直到学会才教下一个动作。他经常说："少而精，多而惑。"起初还有学生认为老师保守不多教。先生一生练拳不断钻研细究，到他80多岁的时候，还不断总结新东西。如果有一个劲过不去，他都不放过，用心揣摩，直至顺达。老师年纪很大时，行动不便，躺在床上，还给我们教手法。

吴忍堂：郑悟清先生教拳十分严格，对学员人品要求比较高。正式拜师的学生要写保证书，要尊师重道，不能为非作歹。郑先生教的学生很多，前前后后有几千人。

李随成：郑悟清先生教学很注重人品，当时正值"文革"，社会上比较乱，对于性格暴躁、爱惹事的，先生都不教。给学生教推手，也不让学生到外面去推，怕惹事。先生自己为人很低调，不太和人动手。但是他当时算是职业拳师，遇到来挑衅的，如果失手，就会影响生计，所以，一出手就要放倒对方。所以郑先生在收徒方面有十不传，其中就有一条骨质柔弱者不传。身体条件不好的可以学拳架健身，但不传技击。教授中也有力量训练，但更注重实战切磋。我年轻时曾向先生讨教绝招，郑悟清先生用拐杖在地上写了一个"练"字，说道："练到功夫上身，招招都是绝招，没有功夫，什么招都不绝！"在多年的练武过程中，我悟懂了恩师的谆谆教诲：不论南拳北腿，还是武当少林，"养生是根本，技击是灵魂，取胜是目的"。所以，习练武当赵堡太极拳，最难的是持之以恒地坚持锻炼，精心揣悟，顽强拼搏，这才是克敌制胜之道。

张世德：我是通过学拳把身体练好了。以前不劳动不行，不可能啥事情不干光练拳。在跟随郑悟清先生学拳、练拳的过程中，我领悟到练拳要像劳动一样不断练习，这才是学拳的技巧、学拳的道理。不懂这些，人就稀里糊涂的。练拳也是练火候，和做饭一样，掌握不了火候，做不了好饭。

这些年，我在学拳中领悟到了一些养生之道，比如三面睡觉、梳头洗脚。活动是万能的，练拳是有好处的。坐的时候练习，睡的时候练习，站的时候练习。练拳的时候不需要真气，自然就好。我现在练得手指头都是圆圆的，气都到了手指头，慢慢练，气就到了。柔能克刚。

访谈百岁老人张世德（左起：王英杰、张世德、杨王俊、王英民、梁高峰）

郑娥英：我是1964年，俺伯叫我去学的拳。我和俺伯的大孙女郑喜桃一起练，那时候我最小。练这个拳心要静，心不静练不成。我觉得是弟子们具备的条件不一样，主动练和被动练不一样，身体条件不一样，悟性也不一样。再是学这个拳之前学过其他的拳，学拳的时间长短不一，也会不一样，容易将原来那个拳架带到这个拳架里，师父改拳改得好的就好，改得不好的就是四不像了。现在这个拳，此一时彼一时，做什么都顺其自然。俺伯很低调，弟子们要是有谁出去和人打架，俺伯就会教训他们。俺伯强调练拳就是健身、防身。健身就是咱有病，把身体练得壮实。防身就是别人打不到咱。现在不一样了，练拳就是为了出名，违背了初心。俺伯强调的就是练基本功和拳架。站桩就是为了静心。这个无极桩还是挺好的，练拳之前，检查自己准备好没，舌头顶上腭没有，百会穴对着檀中穴、对着会阴穴。整个过一遍就是检查放松了没有，和直接上来就练拳是不一样的。我那时年轻，不懂得习拳的好处，对自己要求不严，现在想起来，很遗憾当年没有跟着俺伯刻苦习练。这拳心要静，心不静，练不成。

郑喜梅：跟着祖父和奶奶，我除了做家务以外，就是看拳、听拳。祖父的弟子来学拳，我负责烧水倒茶，有的路远、从外地赶来的弟子，日出到来，日落才归，祖父就让我做饭给他们吃。弟子们络绎不绝，周日来的弟子尤其多。祖父给他们教拳、讲拳、捏拳架、推手，我都在一旁看，用心听，时间久了，我就学会了整套拳架。有一次，我主动给祖父耍了一遍，祖父说："没想到你都看会了，以后我教徒弟时你就看，旁观者清嘛。"我心里很是欢喜。祖父的老

郑喜梅教授推手

徒弟来了常常是推手，祖父会讲每个姿势用法，推手能纠正走拳过程手脚的尺寸。祖父推手发劲时，干脆利落，搭手者都会站不稳，像脚下踩到棒槌似的，有时就像站在漂在水面上的小船一样，两只脚都不敢踩实。

祖父平时早晚练拳，常常看医书，有《黄帝内经》《难经》《甲乙经》《脉学》等。常和几个弟子（如李道洋、郭命三、崔怀旺、李海龙、吴生安）谈论练拳也要运气于五脏六腑、经脉气血。推手时，一出手，采、拿都是分筋错骨的点穴位，把对方打出去都是要害穴位，在祖父的影响下，我爱上了中医学，走进了针灸世界。

我从医的历程也是由太极拳的缘分牵引的。1975年开始，祖父让我拜师于他的高徒——郭命三门下。郭命三先生在武术界很有名气，常和武术界孙兰亭等人练多种拳术，他的一任老师叫李官亭，是阎锡山的保镖，教一种拳叫八法拳，现在西安流传的八法拳就是由郭命三先生继承并发扬，流传开来的。郭命三先生既是武术家，也是著名的医学家，他是全国著名的针灸专家，陕西省首批名老中医。我是郭老先生的学术继承人。我乃三生有幸，使世间高端的中医针灸术，及顶尖的太极拳术，汇集于我身，感谢我的祖上积的善缘。我一生行医，扎针时手有太极功夫，针感非凡，治病有奇效。祖父虽已离世多年，但这几十年来，我满脑子都是祖父练拳、教拳的形象，也牢记祖父的教诲，继承了祖父传授的太极拳，总结了他老人家教拳的经验和方法，弘扬拳术，传承弟子数十人。在以后的日子里，我将继续精于医理，规范拳术，拳理、医理结合，继续造福人类。

侯尔良：这个拳要练"圆"。圆从方中生，浑身都是圆。对方无着力点，化就是打，打就是化，而不是化完再打。

郑建君：我爷为人很豪爽、义气，与人为善。那时，不管练什么拳的，如因练得不对，身体出了问题，来找我爷调理，他都会热心帮忙。原来西安北关有个练弹腿的，练得不得法，腿练得路都走不成了，拄拐来找我爷，我爷问明了情况，给扳了几下，按了几下穴位，那人就能扔了拐杖正常走路了。那人跪下要拜我爷为师，我爷不收，说"你有师父，跟着好好练"。有些人练太极拳，气堵到胸口下不去，胸闷，我爷给他们调一下动作，气就会下去，慢慢会顺畅，胸就不会闷了。我爷调理后，他们都会受益，也高兴得不得了。我爷给家人交代，人家有求，你们就要尽量帮助解决。遵照家训，有人练拳练出问题找到我，我也尽力用心帮着调理。

侯转运：我爸为人豁达、大气，不保守，不管是谁的学生、徒弟，只要求教于他，他都会指点。现在西安一些太极名家都曾求教过我父亲，我父亲带他们推手，讲解一些动作的要点。父亲的太极功夫有三个特点：第一是他的腰部已经练到仿佛一个万向旋转的陀螺一般的境界，任何外力袭来，可随意旋转而不受力，在瞬间化解一切外力。同时在任何情况下自身整体身形不背势，只要腰部略微转动，立刻扭转一切背势而使自己永远立于不败之地。第二，父亲的手掌整体略微外倾，与人搭手，对方即感到一种压力在无形中绵绵而来，随手瞬间采人手指、手腕、关节、肘肩，随心所欲，无人能逃，一招制敌，百采百中。第三，父亲整体身形发动之快，可谓电光石火，迅疾异常，真正做到了"彼不动，己不动；彼微动，己先动"，后发而先至，发敌于无形。父亲一生主张武林各门派不应闭关自守，夜郎自大，而应该打破门户之见，互相学习，取长补短，为此，父亲经常主动登门拜访。他和西安武术界各家保持着密切的联系，如郑伯英、郑悟清、焦明德、悟柄杰、李秀桐等名家都是父亲生前好友。

访谈四

生活点滴——艰难年代的坚持与温情

王英杰：当时先生们的生活来源是什么？

李随成：我印象中，教拳是郑悟清先生主要的生活来源。当时先生家里比较困难，师母也没有工作，两个孩子都在外地工作。先生也没有主动向大家收过学费。一个时期，师兄弟根据个人情况，有的会拿1元、2元，个别条件好的拿5元、10元，郭兴亮收集起来给先生。有的学生会拿点东西，也经常来帮忙做些家务。李海龙经常给郑先生提水、种菜、买蜂窝煤。郭兴亮师兄比郑先生小十多岁，是一个品德很高的人，20世纪80年代去世了。郑先生晚年常对我说："没有你兴亮哥，就没有我今天。"为什么这么说呢？当时是国家经济紧张的时候，1960年，人们都还吃不饱，练拳的人就不是很多，郑先生的日子不好过，很艰难。在山西二人分离了，后来在西安猛然遇见了，郭师兄很惊讶，郑先生怎么这么瘦了。郭师兄在印刷厂工作，条件好一点，有补贴，知道老师吃不够，在一段时间里，他每个月给郑先生20斤白面。那时候每个人每月才分27斤半的口粮，但他只留7斤半的黑面。

李　刚（李凤兴）：老师教学生不分贫富，一视同仁。以前养家糊口，家里也没有钱，就是过年过节送包点心。老师过生日的时候，去的人多一些，大家一人吃些长寿面，人多老师有时候就没得吃了。

郑鸿姿：有一阵子，我父亲开始养奶牛。后来养奶牛也不景气，我还送过好长一段时间牛奶，那时候牛奶一瓶一毛二分钱，送了有些人还不给钱，我去要过几次，后来一直没给。我父亲心善，觉得人家也不容易，就没再去要。最后实在不好经营，赔了不少，就把奶牛卖了。为了维持家里生活，父亲磨剪子、配钥匙，但是从来没有和学生、徒弟收过钱。过年的时候，徒弟们会来拜年，他们有的会给我兜里塞一两毛钱。

王英杰：郑悟清先生和郭兴亮师徒的关系，既可以反映出当时民间武术传承的特点，也从另一个侧面体现了民间武师的生存状况。当时郑先生每天的生活规律是什么？

李随成：郑悟清先生的生活，保留农村作息规律。四五点起床，天黑就休息，练拳都很辛苦。具体作息是：早上9点到10点吃早饭，下午4点到5点吃中饭，一日主要吃两餐。其他时间练字、写拳谱、看报纸。

郑华南：祖父早年就拿着拐杖，他把拐杖当作兵器玩耍。我就像祖父的拐杖一样与他形影不离。那时候，我除了做饭、练拳，还要陪祖父走亲访友。我陪祖父去过侯春秀老师家，参加过刘瑞、李随成先生的婚礼，看望过病重的谷泰隆，去过李海龙、吴生安等人家中。祖父喜欢写字，每次买回来麻纸，我给装订成册。祖父每天早上从公园练完拳回来就开始写字。我给研墨，祖父一笔一画写了几十本，夏天他汗流浃背，我给擦汗、扇扇子；冬天打理好暖手壶，他拿着暖手壶写字。写字这个事，祖父老一辈的弟子都知道，他们大多有祖父的真迹。祖父的弟子众多，节假日的时候，祖父小小的屋子里面坐满了人。祖父讲拳理，教动作、推手，那时候床板都断了好多次，后来用东西在下面顶住，前面放一个长凳，大家坐着也方便一些。那时，有一些初学的弟子，祖父也让我教过拳架，我还记得交大的唐裕源、高权林等，他们在家做了好菜，会让我带给祖父。祖父的生活很艰苦，在那计划、定量的年代，40%的粗粮，祖母教我做黑白馒头。祖父母年老时思乡心切，1975年父亲依祖父安排回赵堡镇居住，我也随迁回到老家，从此定居赵堡镇。1982年祖父母回到老家，由于父母也年事已高，我则担负起照顾祖父母的重任，直到他们寿终。

郑喜梅：我爷爷（郑悟清）夏天一般晚上八九点睡觉，凌晨2点多醒来，5点叫我起床做饭。我冲个鸡蛋，烤几片馍片，他吃完之后去公园练拳，9点多回来休息。然后看看报，看看书。20世纪70年代后期，他80多岁了，公园去得少了。那时候没有电视、录音机，冬天在屋里练拳，夏天在院子里练拳。夏天天热，没有电扇只有芭蕉扇。冬天冷的时候，他拿个铁棍烧热，就拿着暖手。他经常告诫徒弟说，不要打人。

王英杰：请讲讲侯春秀先生及弟子的情况。

侯转运：我爷去世后分家，我父亲就于1936年来陕西。我父亲在家排行老四，上面还有两个哥哥和一个姐姐。他先在宝鸡待了一年，1937年到西安。先在解放路卖布匹，当时梅花拳传人焦明德也在那里摆摊，他俩关系很好。中华人民共和国成立后加入三轮车队。在宝鸡时间短，没有传拳。20世纪50年代起就开始传拳。到70年代，还去咸阳教过拳。我父亲的学生还有侯占国、黄江天、裴国强、赵策、王喜元等。当时在西安还有一个张铎也在传拳。

侯转运：徒弟最早是张玉亮，他是我们的邻居，是水泥厂的退休工人，88岁了。现在在四厂、凤城路那里教拳。黄江天，107岁了，还在。他住的地方离李随成不远，从西稍门搬过去的，未央路十字，文景路过去。这两个徒弟是20世纪50年代的。1971年、1972年到咸阳教拳。后来有刘会峙，是一九七几年来的，还有赵策、刘晓凯，是西安市公安局武术教官，最先是二大队的，大几岁。现在碑上刻了几个主要的人，有代表性。黄江天、张玉良、王喜元（是我姐夫），是一块儿练的。我父亲的弟子们练得都不错。

侯　鑫：我爷爷是侯春秀，我的父亲是侯战国。在我的印象里，父亲是一个和蔼可亲的人，他对人很是和善，为人谦虚谨慎。他经常教导我们练武之人要与人为善，不可争强斗狠，不可依武欺人。练拳和做人一样要规矩认真，要多向别人请教，要多看、多练、多想，少说话。他还给我讲了一些他小时候练拳的事情。他说小时候6岁开始练拳，爷爷就对他要求很严格，每一个动作都要反复地练习，一直到爷爷满意为止。"文化大革命"开始后，因为当时的特殊情况，爷爷就让他多练毛笔字，并告诉他练字和练拳是一样的。父亲说当时爷爷给他教倒卷肱时说打倒卷肱要打出两种效果，一种是把人打得腾空飞起，一种是要把人打得倒立，并且在他身上都做了示范。爷爷是打出来了效果，但都没有伤他，在最后的时候又把他掂了回来。我问父亲哪个好，父亲说都好，就是太吓人了，他当时出了一身的冷汗。还有一次父亲一个动作没有做好，爷爷很不高兴，就亲自给他做示范，结果父亲被打得腾空飞出，重重地摔在了一个树坑里，把一条新的劳动布裤子都摔烂了。后来父亲教我时告诉我动作一定要准确，劲力一定要打透，只有这样，以后才能收放自如。

―――― 访谈五 ――――

圈外武术名家记忆中的赵堡太极拳

王英杰：作为武术名家，您关心和关怀着赵堡太极拳的发展。哪些事情使您对赵堡太极拳大师记忆深刻？也请谈谈您对赵堡太极拳的印象。

周润生：陕西的赵堡太极拳是由郑悟清、郑伯英、侯春秀几位大师带到陕西的。在他们的传承下，赵堡太极拳发展得很好，受益者众多，确实推动了陕西武术的发展。许多练红拳和长拳的名家一个时期都在练赵堡太极拳，如董长泰、陈贵财、杨斌、邵忠义、张湘华等，他们都是跟孙兰亭先生和孙茂云先生学的，有的是跟王成玉先生学的。孙兰亭先生是大把式。赵堡太极拳发展应该感谢孙兰亭先生和孙茂云先生。那个时候拉出来个练红拳的都会练赵堡太极拳。我也深受赵堡太极拳影响。我的老师陈贵财先生精练红拳，系统学习了赵堡太极拳后，对拳法有了全新的认识。

邵智勇：著名的武术家孙兰亭大师15岁时拜本村红拳名师张嘉儿习练红拳，后又拜郭中秀习练洪洞通背。20世纪30年代，孙兰亭在西安又遇到郑悟清先生，并跟随郑先生习练赵堡太极拳。后来，孙兰亭先生成为把红拳和赵堡太极拳技法融为一体的典范，他在西安影响了一大批红拳前辈开始习练赵堡太极拳和推手，如西安的红拳前辈王成玉（大老黑）、邵忠义、陈贵财，还有杨斌、张湘华、周润生等后来都成为西安南门口推手高手。大家都知道，西安老一辈红拳前辈与赵堡太极拳的前辈之间建立了深厚的友谊，并一直延续至今。记得2009年陕西红狼武术俱乐部参加央视武林大会WMA职业联赛训练期间，由于首场比赛要以太极拳技法为主，李随成老师被俱乐部聘为太极拳技法主教练。

张　林：郑悟清先生是我们西安东关的名人，在东关一提郑老汉，那是老幼皆知。老先生不但拳艺出众，而且待人谦和有礼，尤其衣着讲究，很有特点。一般春秋季身穿长袍短褂，稍冷时会戴顶瓜皮帽，再冷会穿一条黑色的套裤。夏天光头，身穿白布衣；冬天头戴瓜皮帽、兔毛耳套，或戴一顶火车头毛绒帽，一身黑布棉衣，扎着裹腿。一年四季无论走到哪，手里都拿着一根鸡骨头棍，就连看下象棋都拿着，经常看见他晚上在古新巷口对面高坡上一个有灯泡的电杆下看别人下象棋，有时自己也下；如果手提东西，会把棍夹在胳肢窝下。

郑先生龙形身材，留着山羊胡子，不胖，略瘦，不挺不驼，行走自然稳健，而且总是面带微笑，见人无论年龄大小都会打招呼，所以人缘很好，大家都乐意帮助他。他家大门对面就是自来水管（那时几十个院子用一个水管），他一手提桶，一手持棍，谁见了都会帮他把水提回去，我曾多次帮他提过水。他家大门口右临粮店，尽管很近，只要有人看他买粮都会帮他送回家。老人家以他的仁慈、和蔼而得到邻里的敬重。他家斜对面就是我的学校，古迹岭小学，有时上学或放学的路上会碰上老人家，他总是笑眯眯地与我们打招呼。因为传说中他是个神奇的武功高人，所以见到他我们感到很荣幸，因为老人家和蔼，有时也会与我们说笑。要说他练拳的方式，很多人表示不理解。他每天早上都在兴庆宫公园沉香亭练拳，我们学校是他从家到公园往返的必经之路，早上进入校门前偶尔会碰上他从公园回家，他会说在回来的路上已练了两遍拳，当时我们都感到疑惑不解，现在明白他是用心练，或是在回顾，用拳的理法印证推手，因为在公园沉香亭见到他都是与人推手。记得有一次问他武功有多高时，他说，他一个掤会把我们送到麦秸垛上，一捋地上能起两道沟；当我们提出要试时，他又说摔下来咋办，更不能把好好的地弄两道沟。他的话引起了我的好奇心，一到晚上总想去他家院里看推手。他与人推手就感觉不到用力，只看到对方站立不稳，东倒西歪，甚至跌倒。那时有一个山西拳家与他推手，尽管那人被他推倒，可他却一夜未眠。第二天又与那人推，当然我们只看到是那人站立不稳，跌跌撞撞，可他却说昨天他是以自己的身高逼人，用力推出，思索一夜，今天是用太极的理法让对方失重。所以他的推手根本不用力，而是让对方不敢丢开，感觉一离开他的手就会失重或跌倒。他说太极拳不能急于出手，要"刃加皮肤而走之"，即刀刃挨上皮肤再动手才会让对手落空，再出手就有把握取胜。老人家非常注重小手法，两个手指头夹住对方的手，拿得人疼痛难忍，他说这叫分筋错骨，随着被拿者不停反复踮起脚尖又蹲下的跳动节奏，他还念念有词"上来、下去"，而被拿者龇牙咧嘴，哎呦！哎呦！忽上忽下、忽左忽右地跳个不停。他家房子很小，经常会把人推倒在他的床上，床板被砸断了，所以后来基本都是让倒在桌下或地上。他的拳艺趣闻很多，虽然离开我们三十多年，但一提起太极拳，上点年纪的东关人仍会提起老人家，还会说起他的生活趣闻和拳艺故事。

访谈六

赵堡太极拳大师交手实录

王英杰：先生们有没有什么轶事，让您记忆深刻？

吴生安：过去在东关也有一些"土老虎"，想要讨教郑悟清先生的本事。其中有一个厉害角色（扛包子的，姓陈），他想认识郑先生，无人介绍，就想了一个怪招。他骑车从后撞向郑悟清先生，想将郑先生撞倒，然后再扶郑先生起来，这样就能够认识郑先生。但是车子刚碰到郑先生，郑先生身子一扭，车子腾空翻过。还有一个和我练过长拳的，是个大力士，练过拳击，与郑先生正面接触，一推手，手和胳膊都疼得不能动了，郑先生的功夫让人服了。那时没有录像，又处在"文革"时期，老人家也很低调。

我和郑悟清先生学拳的时候，红光电影院的东家给儿子请了河南镖局的尚成侠为功夫老师，我和海龙去找尚成侠切磋。我俩挽住尚成侠将其摔了一下，结果三个人都倒了。郑先生后来训我们了，说我们不礼貌。后来尚成侠到郑先生家里聊天，其实也是来探郑先生的功夫。尚成侠进屋后坐在偏席，海龙想给他下马威，就从身后连人带椅端起，移至上席位。尚成侠也很厉害，海龙给他添水时，他就把杯子捏碎了。后来他在偏院与郑先生切磋长拳，也没有看清郑先生的发力，便见尚成侠蹲在地上，半天喘不上气，过三招，到第四招，看着看着胳膊拿不起来了。我当时是14岁。

困难时期，我认识的一个朋友是生产队队长，我想给师母要一点

郑悟清先生和弟子们

牛奶,就和郑先生一起去了生产队。当时牛也饿,不让挤奶。我正发愁,不知怎么办才好,忽然间只见牛往前一冲,不知怎么,郑先生一按就把牛按在地上了。

郑先生曾经在黄埔军校第七分校担任武术教官,很多人都想和他学拳。郑先生不主动接触权贵,淡泊名利,喜爱习武,很多时候都在研习其中的一些道理。郑先生最早有个学生,在国民党警备司令部做事,是名中共地下组织工作者。师兄弟们告诉先生,这名师兄被警备司令部抓了。先生便独自去警备司令部找杨德亮司令。杨德亮让郑先生进去,双方在一起聊天,说了练武方面的事。杨德亮说,听说你的武术练得很好,我今天想领教一下。当下两个人便推手,杨德亮出很多招,郑先生只是化解,杨德亮一会儿就满头大汗。郑先生在化解的同时,带着杨慢慢休息,杨德亮逐渐明白这是位高人,当下兄弟相称,便问郑先生为何事而来。郑先生便如实道来,杨德亮当下派人将这名师兄释放了。

侯尔良：郑伯英先生家里穷，抗战之后才来陕西，开始在渭南，在火车上做搬运工，后来到西安。西安也不好站脚，很多人都找他练，大多都会被他打，证明郑伯英很有本事。据说他每天练拳在百遍以上。和人切磋时，背靠着墙，几个小伙子都按不住他。在做搬运工时，有个工头叫张宝，是练少林拳的，后来被郑伯英击败。郑伯英来西安后主要是在革命公园教拳。

郑建君：抗日战争时期，我爷郑伯英迁居西安，在西安教了很多徒弟。解放后我爷的徒弟越来越多，徒弟的功夫也越来越好。这些徒弟都知道我爷有一招一打六开，可是大多数人是没有见过的，于是有些徒弟就给我爷说："师父，能不能表演一下一打六开，让我们见识一下。"我爷说这容易伤人，拒绝了他们的要求。可是徒弟们好奇心很强。于是众弟子酝酿了一个计划。有一天我爷带着二十多个弟子从革命公园练完拳准备回家，正当走到革命公园转门时，事情发生了。当时城隍庙前正在修牌楼，在那里纳凉的市民很多，刚出转门就听到一个弟子喊道："你们还等什么呢？"二十多个师兄弟冲过去围攻我爷，一个弟子身手快，率先进身到我爷面前，他进攻动作还没展开就被我爷一个缠腿接着一脚踹飞，这时候二十多个弟子已经将我爷围住，抱腿的抱腿，抱腰的抱腰，拿手的拿手，有些身手慢的弟子刚要准备攻击。只见我爷一个合劲，同时将抱腿、拿手的人从两侧抖飞，将抱腰的人从头顶抖飞砸倒前面的准备攻击的弟子，那些身手慢的，还没有接近我爷身体就被飞出的人砸到，顿时我爷的弟子倒了一地。当时在那里纳凉的人看到这一幕都傻了，就没见过这么神的人。大家终于见识到了什么是"一打六开"。

侯转运：民国时期，我父亲侯春秀辗转来到宝鸡，一次在街上，他看到几个警察欺负老百姓，便仗义出手，将几个为非作歹的警察打倒在地。另一次是他到西安后靠同乡帮忙，蹬三轮车拉人，但当时三轮车在车站拉人都要给一个所谓的工头进贡，我父亲初来乍到，给的钱少了点，此人不满意，三四天不让客人坐我父亲拉的车。第五天，有客人走到我父亲车上，被那工头看见，要强行带走客人，客人不买账，此人恼怒，要打顾客，我父亲忍无可忍一个按掌，把工头推出两米之远，工头反扑上来抓住我父亲的领口，我父亲顺势一个采拿，制服了此人。我父亲警告他如再霸道，下次定不轻饶，其他工友拍手称快。此后，这工头再也没有寻我父亲和其他工友的麻烦。

―――― 访谈七 ――――

赵堡太极拳大师去世情况

李随成：1984年初，大概元月，郑悟清老师给西安写了一封信，是寄给宋蕴华的。宋蕴华拿着信给我看了。内容是温县要搞一次比赛，实际主要就是陈家沟与赵堡镇的比赛，意思是看我们能否参加。信中也说明，他身体有些不好，想念西安的学生了。我和高峰、宋蕴华商量后，由我、蕴华和郑国庆三人到赵堡镇看望郑老师，我还准备参加比赛。到老师家中，看到老师身体很虚弱，走路需要人搀扶，心里很难受。那次比赛因为是县上的比赛，外地人员不能参加，我们就没有参加。我在开幕式上表演了拳架。老师身体不好，也已经年迈，离开西安前高峰也给我们交代，把家中及院子的位置都看一下，提前找书法名人在西安把幛子、对联都写好，有个准备。所以我们把院子认真看了看记下来。回西安后，高峰都让人写好了。过了大概两个月，3月30日，老师老家来电报了，是发给高峰的，说"老师不在了"。西安的师兄弟们定下我、宋蕴华、吴本忠、张占营四人去赵堡镇老家办丧事。我们去了后，拿着准备好的挽幛等物，和老师的家人又一起买了一些物品，把灵堂布置好后，给老师守灵。老师去世一周年的时候，我们师兄弟在西安社会路市政公司礼堂给老师举办了隆重的悼念活动。

老师的寿材是在户县买的，花了两百四五，是20多个师兄弟出钱买来的。当时从户县到西安运费花了五元，拉来后放在东关李秀桐家。放了几年后，决定送回河南温县老家。我找了个顺车。记得我们几人在李秀桐家装车，把棺材板放在下面，上面放货物，那样子拉到河南的。

李随成、宋蕴华、吴本忠、张占营四人前往河南吊唁恩师郑悟清仙逝

吴本忠：郑悟清老师是1984年3月30日凌晨6时去世的。当天，郑瑞先生给我岳父高峰发来电报。我岳父便通知随成、蕴华、卢华亮，还有雷伯荣，在一起碰了个头，后由我们几人给师兄弟通知，有电话的打电话，没有电话的，由我和随成等人骑自行车给相关师兄弟通知。第二天刘瑞他们都来开了个会。大家凑了份子钱，700元左右。由于大家工作等原因，决定由我、随成、蕴华、占营四人回河南老家吊唁。同行的还有喜梅和喜桃的女婿。我们31日晚乘火车，4月1日早上到达洛阳，又乘汽车到达温县老师家中。据郑瑞先生讲，29日前几天老人有点感冒症状，29日加重，叫来村医看后还给输了液，没想到30日

凌晨6时就走了。我们含着泪先给老师跪拜后,赶快帮忙办后事,置办物品。我记得买了6个花圈,把从西安带来的幛子、写好的挽联等物,布置在灵堂上。一直忙到中午才吃饭。晚上,我们四个人给老人家守灵。由于河南乡俗,丧事要办七天,我们四人都上班,请不下假,待了两天就回来了。后来刘瑞带人又去奔丧。老师一周年时,西安开会悼念老师。

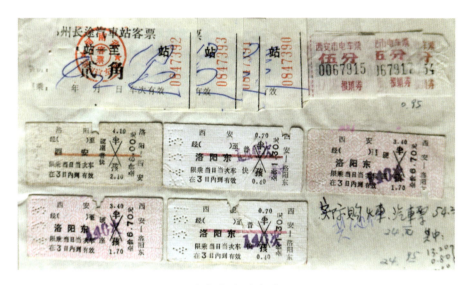

当年留存的车票

郑鸿姿:1961年,生活困难,父亲帮人配钥匙换取收入,照顾家中生活。那天上午,他喝了一小碗拌汤就出门了,谁知在八仙庵配钥匙的时候,父亲因饥饿、劳累成疾,忽然倒地不起。家中得到消息,我和我大哥赶到,用"架子车"将父亲送到医院。后父亲不治而逝,前来吊唁的人站满了院子。那时候国家困难,定量凭票,买棺材也需凭票,全部一体化的棺材。棺材一样大小,一般人可以,但是父亲体量大,棺材装不下。委屈地把老人家送走了,我们心里一直不好受。父亲去世后葬在西安三兆公墓春林公社。20世纪80年代,我父亲和母亲合葬到了灞柳墓园。

———— 资料收录一 ————

郑瑞对其父郑悟清先生的记录

父亲郑悟卿，字凤臣（晚年用悟清），河南省温县赵堡镇人，出生于光绪二十一年（1895）九月初六，普通农民家庭。爷爷郑湘任开封合盛布庄经理，48岁生的父亲。爷爷兄弟四人，仅父亲一个男丁，因此对父亲多有溺爱，造成生活不规律，先天性体弱。父亲7岁患童子痨病，因病10岁开始入学读四书，学孔孟之道。俗话说十年能读出一个秀才，十年学不成一名商店经理。他于16岁时被爷爷送往清化镇（后改为博爱县）当典学徒，因地方习俗，工商学校一般认为十五六岁的娃功底扎实。当时盐、当行为官商（官营），一般人进不去。做学徒3年后，爷爷不幸去世，是年父亲19岁。第二年他被任命为前柜会计，白天经办业务单据，晚上记账总结，事烦而任重。任职8年患肺痨，大口吐血，经多医治疗，效果不太好，于是回家休养治疗。恰有父亲同学好友李俊秀者，是中医世家，为父医治。李俊秀长父亲五岁，爱好太极拳，一方面用药，一方面给父亲传授太极拳，三个月，效果很好。自此父亲开始学习太极拳——为陈清平创的（太极）腾挪架势，是年父亲29岁。父亲每日空闲时就练功夫，至民国十三年（1924）身体完全康复。

民国十五年（1926），典当行宣告歇业，人员减少，会计手续全交他办理（当契以两年为限），事务减少，平时更加强用功。民国十六年（1927），王秉瑞来访父亲（王秉瑞系清化城外人，当时太行山下各村形成学武风气，都有教师在传授拳艺，王秉瑞在沁阳、博爱、修武一带素有名望，是少林派优秀拳师，被当地铁路局请去任警务处总教练，声望威震三县武林。王教师以武会友，以德服人，武功很深，声音洪亮，旧式客厅条几上多放座钟，他在椅子上坐着说话，能震钟簧嗡声响）。此次，王秉瑞闻父亲名而来，有友人陪同，经介绍彼此皆知。他说他知道赵堡拳艺，但是未曾直接交过手，为此特托友前来拜访，开始谈及理论，继而要交流拳艺，但是少林派不推手，王秉瑞性格直，直接发劲动手，三次均被父亲走化，而未能还击。王秉瑞深为叹服，由此也认为父亲拳艺高明。此次离去后，第二次来访时，王秉瑞直接提出要拜师学艺。父亲胸怀宽广，以友相交，传授太极拳。之前王秉瑞两次来访均未遇上典当行廉经理，第三次来访时，廉经理见是王秉瑞，深感意外。王秉瑞谈及来找父亲学艺，廉经理更为吃惊，还以为有什么事情和问题发生，赶忙说我父亲以学拳养病，哪能与他相比。王秉瑞哈哈大笑，谈及交手、学拳过程，廉经理依然半信半疑。因为廉家是武术世家，不知道跟前还有高手。王秉瑞很豪爽，虽当面说以武交流，但到处宣传他投师父亲学太极拳。在王秉瑞的影响下，父亲太极拳高超、武德高尚流传开来，来访者与交流从学者众多。

民国十七年（1928），南京政府在河南成立国术馆，馆长陈泮岭号召河南各地武术爱好者组织起来，并告知将要举办省擂台赛，对民国武术进行比赛。这时邻人和庆喜（太极拳世家，他是和兆元长孙，时年72岁，其祖父在其8岁时开始传拳，其练至32岁。后因家庭生活困难经商停拳）借此次国术比赛，回忆拳架8个月，完整地将功夫重新拾了起来。父亲感觉和庆喜老师原则性高，路子近（更得法），加之李俊秀行医居所不定，不便学习，即跟随和老师改架子学拳。

典当业务处理完毕，东家视察绛州炼油公司时，父亲同路前去绛州炼油公司任职。在绛州两年，接触地方武术名家孙兰亭，相谈之下，在艺术上进行交流后，孙兰亭认为自己所学与赵堡太极拳有原则性区别。抗日战争期间，孙兰亭亦到西安，和父亲相遇，并向父亲学拳，解放后回山西，为晋南名家。从山西老家到西安均知父亲的名字，到家里探望者皆是受孙兰亭的影响。

绛州大益成纱厂有几千名工人，以河南武陟县人王正林教练为首，在传授拳术。王正林以八卦掌、万胜刀为之，声震绛州纱厂和地区武林。那时，炼油公司和地方政商各界交流甚广，他又是父亲同乡，第一次在纱厂见面，彼此介绍交流。第二次在炼油公司见面时，父亲以一个按劲让其坐下，王正林惊讶于父亲手法之奥妙。后来他们来往频繁，父亲与以王正林为首的纱厂四位教练结为盟兄弟，在绛州武林被誉为高尚的武术家。

民国二十一年（1932），炼油公司分配父亲去茅津渡口，会兴镇（今三门峡）车站转运炼油。因山西铁路和外地不接轨道，货车不能直接到达晋南，从会兴镇将炼油运入晋南比较方便。旧社会，火车站装卸工、河上的船夫、地方上的流氓，是商人最头痛的事。有一次，父亲送东家家属渡河，船工赤身，劝说穿衣不听，并且无理取闹，父亲无奈之下将其中两人打入河中。由此，船工心服，也改变了他们粗野、赤身的行为。第二次，因搬运工损坏煤油包装，不听劝阻，并发生冲突、打斗事件，于是父亲制服多人，并惩以小戒。经过此番教育后，货物损耗大大减少。这两件事使得渡口工人心服口服。在那里七年，父亲恩威并用，火车站至茅津渡，各行之间畅通无阻。尤其是在黄河渡口过河，说一声是父亲的朋友，都会给予照顾。这七年，因诸事顺畅、平稳，父亲也比较空闲，更勤于用功，奠定了其功夫的纯真。

民国二十七年（1938），因抗日战争发生，山西向外汇款已汇不出去，货币不流通，为给美孚公司汇款，父亲带几千元银圆到西安汇款。到西安后，日军已达运城，为此他没有回山西，流落西安，住在绛州人在西安开设的德记机械制造厂。在此先结识了一位李教练（山西人，以长拳、剑术任省政府教练），经过交流艺术后，父亲由李教练介绍去省政府传授太极拳。视察室的人又介绍父亲认识西安警备司令部副司令余辉庭，父亲便也在该部传授太极拳。同年，结识高级律师王玉峰，他是河南人，太极拳爱好者。在他的介绍下，父亲结识军政部西安办事处主任犹国才，被请入办事处任教官，给少校教官衔俸禄。后由犹国才介绍到黄埔军校西安分校教育主任何琪处，在校部担任教官。在此，父亲结识了陕西国术馆长郑子毅、西安国术馆长杨文轩，彼此交流拳艺，认识了西医界名流高智怡院长，中医界郭明三、李道扬，他们均学此艺，还结交了新兴工业家襄明玻璃厂经理方瑞亭。在传授的方法上，父亲除在军校和对个别青年以大身法传授外，向各领导人和文人则采取因人传授的方法，以小形身法传授为主，因此外人传说为小架。这是不知内情人的说法。解放后，父亲专注于研拳、教拳。后任西安市武术协会委员，在兴庆宫公园辅导站教授太极拳，任负责人。

昔日合影（前排左起：郑钧、郑老夫人、郑瑞；后排左起：吴本忠、李随成、宋蕴华、张占营）

———— 资料收录二 ————

郑悟清逝世一周年纪念会讲话[①]

今天是郑老师逝世一周年的纪念日，我们怀着无比沉痛、敬仰和思念的心情，在这里纪念恩师郑悟清。

郑老师的一生是有益于人民、有利于社会的一生，是光明磊落的一生。他与人为善，助人为乐，心肠慈悲，胸怀坦荡。我们深为他的逝世而悲伤，同时，我们也为今生能遇良师而感到幸福。

先师郑悟清先生，生于清朝光绪二十一年（1895年）九月六日，河南温县赵堡镇人。那里是太极拳的发源地，先生随太极拳名师和庆喜学拳。抗日战争爆发后，他历经艰苦来到西安。因为他拳艺高超，慕名求艺、治病健身者络绎不绝，很快就在西安和西北地区武术界享誉盛名。他对前来求教者，总是热情接待，耐心教习。对体弱多病的，他更是本着治病救人、助人为乐的精神，为广大患者消除病痛，更好地回报和服务社会。

他的拳理、造诣高深，练起拳来，规矩端正，动静有序，轻松自然，优美连绵，一片高雅悠闲的情趣。他推手功夫卓绝，轻灵圆活，汹涌澎湃，真正达到不丢不顶、引进落空、四两拨千斤的境界。他发劲沉着冷静、干脆利落；任你身强力壮，一经接触，就使你前扑后仰，进退不得，随意抛动。

郑老师虽然拳艺达到如此境界，但他并不满足于已有的成绩。直到晚年，他还经常告诫我们要谦虚谨慎，戒骄戒躁，要明规矩，懂道理；要炼意、炼气、炼身；要越学越虚心，心地善良，不欺人，不惹事。他言传身教，处处为人表率。他生活简朴，粗茶淡饭，不吸烟，不喝酒，

[①] 此次纪念会难能可贵的是录制并保存了珍贵的录音，但是由于录音杂音较大，音译文字不甚准确。

无论品德拳艺还是生活细节，样样都是我们的好师表、好榜样！

我们今天纪念郑老师，就要学习老一辈拳师的优良传统和高超技艺，加强我们师兄弟之间的内部团结，搞好和社会上的各武术流派的团结，每一个人都出色地做好本职工作，用实际行动祭奠老师的在天之灵，报答老师培养教育的恩情。

（弟子、西安武当赵堡太极拳研究会会长高峰）

我今天也是和大家一样的心情，以沉痛的心情和敬畏的心情，在这里怀念我们最尊敬的老师。为什么这样说呢？因为我不是来宾，我是学生。八年前我随刘瑞同志、徐景洲同志、陈青松同志去看望郑老师。仅仅只有两个钟头的时间，但在这两个钟头的时间，郑老师给我留下了难忘的印象。

郑老师的一生，正如高峰会长所说，是光辉的一生！老师对人民做了许多有益的工作，特别是在继承和发扬我们中华武术这一项工作、这一项事业上，做出了毕生的贡献。

郑老师的学生可以说是满天下，誉满中外。为什么这样说呢？我们知道，在近几年，特别是三中全会以后，在党的政策路线指引下，我们武术事业有了一个新的开端。从我们郑老师所培育的学生当中，有新秀，像随成、刘瑞，还有蕴华的学生，金斗、赵军等，他们都代表我省出席过全国的武术表演，而且在全国拿了名次，为我省、为我们武当赵堡太极争了光。他们也是郑老师的优秀学生。在座的有很多弟子，直接受到了郑老师很长时间的教育。

八年前，我去看望郑老师的时候，给我留下的最深的印象——那就是他老人家平易近人。我第一次见他时，郑老师没有让他的孙女或者学生给我倒茶，我记忆难忘的是——他老人家亲自给我倒的水。郑老师的平易近人、以身为范，确实是我们的师表。在传授技艺上，郑老师虽然只教导了我两个动作，但这两个动作给我留下了永生难忘的记忆。在指点的过程当中，我最深的体会是，郑老师深刻地阐释着太极的精髓——"松沉正稳"。

先师郑悟清技艺高超的太极确实达到了高深境界！周身无处不太极，"一挨则发""无形之中揭示了意与劲的优先"（音译不甚准确），使我开了广阔的眼界，受到很大的启发。像刘瑞与他老人家推手的时候，开始时是搭手，后面就不搭手了，而是郑老师两臂一抱，刘瑞随便用；刘瑞只要任何地方挨到郑老师的身体，都会被化于无形之中。亲眼所见，郑老师确确实实达到了太极的最高境界。

这些鲜活的事情与教授，使我永生难忘，也反映了他老人家的重情爱幼。我去见郑老师的时候，已年至中年。他老人家是那样尊重别人，亲自倒水，这虽然是一件非常小的事情，但说明他老人家的为人谦虚！在两个钟头的教授中，我开了眼界，直接受到了指点。那时候，我确实是抱着学习的态度去向他老人学习、请教的。郑老师很热情地要领我推推手。当时我确实身体不好，所以我说"我是学生，是来求养生之道的"。

郑老师拳艺高超，品德高尚，他的一生确实是光辉的一生！

（弟子、西安武当赵堡太极拳研究会副会长刘会峙）

我是老师的小徒弟之一，对老师的记忆深刻，也很怀念。

作为徒弟，我们应该一心一意把我们的拳术提高，但是我们确实不争气，最不争气的是我吧，水平也不高，练功也不积极，也没给师父长脸。师父去世后，我们的小师弟们确实给师父露脸了！我今天以我个人的名义，给小师弟们致以崇高谢意！

另外，我还看到什么问题呢？我觉得我们弟兄们都是同时学艺，我们是一家，我们太极门都是一家。我们应该秉承老师高超的技艺、平易近人的品德、与人为善的慈悲心肠。要达到这一点，我们一定要团结。因为今天是一家，在这儿是一家，出去也是一家，所以无论如何我们要互相包容，互相学习。力量有大小，功夫有长短，只要包容、团结、互相学习，我们太极门就能光大。

在老师的教学中，一些同门有些偏颇的误解，我要说明一下。比如有一些兄弟同门认为，老师生前好像没有一招一式地认真教，所以学习得不够。对于这样的说法，我是反对的。徒弟们，只要到老师跟前，老师都会教。从跟老师学拳那天起，一直到把老师送回老家，徒弟们每去一次，你待一个小时，老师教一个小时；去两个小时，老师教两个小时。所以，每次老师都是用心地教，水平没有达到，是自己用心不够，下功夫不够，不是老师没教。

在对太极的认识上，刚才高峰讲得很有道理——浑身、周身是太极。哪里来哪里接，哪里搭哪里用，这才叫太极。大家在太极拳中都有一定的位置，在为人上要互相理解，在技艺上要互相学习、切磋，团结最重要。我一直记着老师讲的十六个字：掤捋挤按（练到每一式上）、采挒肘靠、腾挪飞打、闪展抛跌（音译不甚准确）。"十六字"练到身上，可以说"所向无敌"。老师都练到身上了，不管哪里来都可以打。老师对我们每一个人，都有教，也希望大家有一天学到身上。我们要好好体会、领会。我们老一代的弟兄们，不管学得早，还是学得老、学得好，我们都是师兄弟，一定要戒骄戒躁，一定要团结一致！

（弟子、西安武当赵堡太极拳研究会副会长李文斌）

今天大家都来了，参加我爷爷这个纪念会，我代表我父亲、叔叔，我们全家，对大家表示感谢！我爷爷在世的时候，各位叔叔伯伯经常去我们家学拳，非常亲热，对我爷爷照顾得也好。我爷爷把他的拳术教给了大家，也讲了一些理论，在此我希望大家多多汇集，互相交流和式太极拳的理论，互相促进，把和氏太极拳发扬下去。

（郑悟清家人郑喜梅）

资料收录三

纪念郑悟清诞辰 120 周年讲话

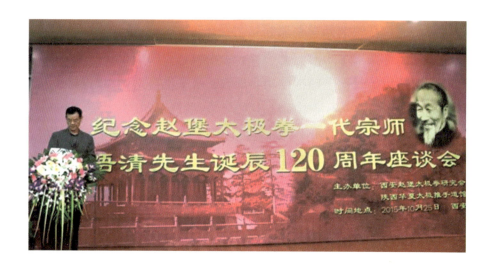

　　今天，我们隆重聚会，纪念赵堡太极拳第十代宗师、被誉为"西北太极拳圣"的郑悟清先生诞辰 120 周年。此时此刻，我以师从先生多年的学生身份，缅怀先生，借以弘扬先生在武学上的思想，借以述说先生在太极拳事业上所取得的辉煌业绩。

　　1963 年 11 月，15 岁的我，幸运地遇到了影响我、改变我、塑造我一生的郑先生。50 多年过去了，可以这样说，遇见恩师郑先生是我一生最大的幸事，是上天赐给我一生的福分。

　　我拜郑先生为师，是出于学习武术的目的。但在与郑先生朝夕相处的 20 年当中，我所收获的不仅仅是武术，更收获了人生的智慧。

　　在我的印象中，恩师是一位博学的老人、智慧的老人，一位拥有博爱之心的老人，更是一位慈祥如父的老人。

　　回想 15 岁的我，既是一个热爱武术的热血少年，同时又是一个开始学习做人的青年，恩师不仅给我传授拳艺，讲拳理，而且讲拳德，化拳理为人生哲理。

初入恩师之门，我几乎每天都黏在先生身边。那时，我在陕西工业大学做临时工，先生在兴庆宫公园设点授拳，我每天的行走路线是早上由家出发进兴庆宫公园西门，与先生见面练拳，出兴庆宫公园南门到单位上班，下午下班路过先生家，帮先生担水买煤，做些家务，然后回家。这一行走路线，踏出的是我与先生一段超乎寻常的师徒之情。最让我难以忘怀的是"文革"期间，决定我人生的一件大事。当时，19岁的我难以摆脱狂热的社会氛围，这个时候，先生一个决定使我脱离了这种狂热。先生对我说："在这个局势下，你必须离开西安，不管好事、坏事，都没有你的事。"先生通过他的学生，把我安排到一部队当部队职工。1966年到1969年，相对安静的三年部队生活，使我避开了多少是非和祸事。这当中既体现出先生对我这个弟子超乎寻常的关爱之情，也体现出先生作为一个智者的敏锐。

　　从拜先生为师到先生辞世，我与先生朝夕相处了20年，转眼间，恩师离开我们已经30多年了。每当忆起恩师，在我的脑海里，他老人家的音容笑貌都清晰如昨，每当我回首往事，在我的内心，都会对恩师由衷产生一种"人生楷模"的赞叹。

　　同仁们，朋友们，我们今天在这里聚会，一是为了深切缅怀先生，借以总结，继承先生在弘扬、传播赵堡太极拳上所创造的成就，更是为了发掘先生在发展赵堡太极拳上所体现出的武学精神，并将之贯彻在我们的实践当中，使赵堡太极拳这一民族瑰宝代代传承，使赵堡太极拳这一民族文化不断取得进步，只有这样，才不负我们的职责与使命！在这里，结合我师从先生学习赵堡太极拳的经历与体会，谈谈我对赵堡太极拳发展的看法。

　　从本质上来讲，太极拳主要以"养生为根本"，但同时必须建立"以技击为灵魂"的观念。这是太极拳作为中国传统文化瑰宝的"真谛"所在。技击内涵，是赵堡太极拳最宝贵的文化遗存，也是最值得我们去努力保护的"根本"所在。通过我们的努力，赵堡太极拳被列入陕西省非物质文化遗产名录，其中最主要的原因也正在于此。如何使赵堡太极拳最宝贵的文化遗存延续下去而不失传，如何才能使赵堡太极拳的搏击技术发扬光大，如何才能真正继承先生在赵堡太极拳修炼上的精髓？这是摆在我们面前的一个大课题。

刻苦锻炼，精心揣悟，多进行交流学习，多参加比赛，在交流比赛中学习、进步，以比赛成绩检验我们的训练方法，这是我师从先生20年、研练赵堡太极50多年的切身体会。实践证明，这是继承、发扬赵堡太极拳搏击技术的唯一法门。

同仁们，朋友们，作为郑先生的后来人，作为赵堡太极拳的从业者，我们有责任沿着先生所开创的道路，苦心跋涉，潜心钻研，提高赵堡太极拳的技击水平，弘扬赵堡太极拳文化，扩大赵堡太极拳的影响。这应该是我们共同的努力方向，只有这样才不愧于郑先生门人的称号，才不会辜负郑先生的期望，才能告慰郑先生的在天之灵。让我们携起手来，共同完成赵堡太极拳的发展大业。

（陕西省非物质文化遗产赵堡太极拳代表性传承人、郑悟清弟子 李随成）

第六章 赵堡太极拳传人录

郑悟清、郑伯英、侯春秀等人在陕西传有大批弟子,这些弟子又有再传弟子。他们中有出类拔萃者,也有凭着一腔热爱默默坚持习练者,使赵堡太极拳走出了陕西,向全国乃至国外辐射,对赵堡太极拳的传承和发展做出了贡献。

一、赵堡太极拳第十一、十二、十三代部分主要传承人简介(排名不分先后)

高峰(1927—1987),字山石,号风沙村人、风沙道人。祖籍河南开封。1964年开始跟随郑悟清习拳。赵堡太极拳第十一代传人,曾任陕西省文史馆馆员、陕西省图书馆历史文献研究员,为西安市武术协会委员、西安武当赵堡太极拳研究会会长。

高峰文化程度高，爱钻研，他在郑先生传拳的过程中，把所学的一些东西记载下来，于1974年写成《郑悟清和式太极拳》一书。书中不仅记录了赵堡太极拳每一招式的具体动作，还注明了动作要领，同时附有练功歌诀。该书作为给郑先生80大寿的大礼写出后，也经郑先生阅过。此书按高峰所讲，不打算向社会流传，只是作为自己的学习笔记，故此书未公开出版。该书比较真实地反映了郑悟清所授的拳法，是赵堡太极拳的珍贵资料，在门内流传甚广。

西安武当赵堡太极拳研究会会长高峰与师父郑悟清合影

孙兰亭（1902—1973），字福全，山西省新绛县阳王镇刘裕村人。赵堡太极拳第十一代传人。酷爱拳术，天资聪颖，功夫卓绝，通背名家。他文武兼备，重义豁达，胆识过人，武德高尚。往来于晋冀鲁豫川陕甘，传拳于山西、西安，名扬晋陕，响誉武林。他曾与郑悟清在山西相遇，于交流拳艺中受益。1931年春，孙兰亭来到西安，在一家叫"德记铁工厂"的营业室做会计，工作之余，接触了西安的许多武林豪杰。抗日战争时期，孙兰亭又遇到来陕的郑悟清。再次交往中，孙兰亭发现，郑悟清拳法已自成一家，理论体系完备，于是他萌生了向郑悟清学拳的想法。当时，孙兰亭本身已是知名武术家，在西安小南门一带教有几十名弟子。对孙兰亭提出的拜师要求，郑悟清始终认为不妥，但也为孙兰亭谦逊好学的精神所感动，于是答应传拳于孙兰亭。就这样，孙尊郑为师，郑敬孙为友，二人感情深厚，往来密切，相互扶携，诚挚感人，为近代武林界树立了崇高的表率。孙兰亭尊师重道，他的弟子常振东、原云龙、尚志英等，他的侄子孙洋海、孙茂云也都随郑悟清学习赵堡太极拳。在孙兰亭与其侄子孙茂云的推动下，赵堡太极拳也广泛传播到西安武术界，尤其在红拳中得到了很好的传承与发展。

前排右起：张金仲、王成玉（大老黑）、董长泰（董千斤）、孙茂云；中排右起：张世德、张六合、张聚财；后排右起：孙老二、陈贵财、任茂春、邵忠义（邵毅南）

郭命三（1907—1984），著名针灸专家，陕西省首批名老中医，赵堡太极拳第十一代传人。先学于李官亭（山西军阀阎锡山的国术教官），有其亲传"八法手"（或八法拳）。后拜郑悟清为师，学得赵堡太极拳。他将医学与太极拳法结合，常与郑悟清探讨拳医之理，在拳法上有较高造诣。

谷泰隆（1912—1977），河南济源人，赵堡太极拳第十一代传人，为郑悟清西安民间传授的早期弟子。身高约一米八，从小练武，武术基本功扎实，身体协调，腰功、腿功训练有素。于20世纪30年代末期开始跟随郑悟清学练赵堡太极拳，在赵堡太极拳及推手上造诣颇高。其与李海龙当时被称为郑悟清身边的"两条龙"。

郑钧（1932—2016），河南温县赵堡镇人，郑悟清次子。自幼随父习拳，得父言传身教，能心领神会，悟其中三昧。赵堡太极拳第十一代传人，曾任温县赵堡太极拳郑悟清拳法研究会，华夏精武武术研究会，武当山武当拳法研究会，河南商丘、偃师、山西晋城等地郑悟清太极拳法研究会，西安武

郑钧赵堡太极拳拳照

当赵堡太极拳研究会，焦作市保健科学研究所，意大利多米尼亚国际郑悟清拳法推广中心等国内外武术团体、馆校名誉校长、名誉会长、总顾问、客座教授等职。其《赵堡太极拳郑悟清拳法概要》《习赵堡郑悟清拳法的体会》等文章在《武魂》《武当》等杂志上刊登。曾率弟子参加中国太极拳健康大会、武当山演武大会、香港国际武术节、永年太极年会等比赛，都获得了较高的荣誉和成绩。成立有温县郑悟清拳法研究会。他为推动和发展赵堡太极拳走南闯北，在全国各地传功授艺，桃李遍地，被称为"太极拳名师"。

李随成（1948— ），生于西安，祖籍河南孟州市，赵堡太极拳第十一代传人，陕西省非物质文化遗产——赵堡太极拳代表性传承人。现任陕西华夏太极推手道馆馆长兼总教练、西安武当赵堡太极拳研究会会长、武当赵堡太极拳联合会常务副主席、陕西红狼俱乐部太极拳主教练、陕西警官学院兼职教练。李随成自幼习练武术，曾师从陕西名师程振荣习练陕西红拳，后师从河北名师苏德涵习练少林拳、张治坤习练形意拳。1963年开始跟随郑悟清学习赵堡太极拳。1984年曾获陕西省太极推手第一名。多年来，每日练功不辍，义务授拳，弟子遍及海内外。他跟随郑悟清20余年，研练赵堡太极拳近60年，精于推手、实战，创有十八招太极实战用法。他认为太极拳是"一层功夫一层理"，抽丝剥茧，才能探求太极真谛。李随成提倡养生是根本、技击是灵魂。他带领弟子"南征北战"，多次参加国内外举办的太极推手比赛。2005年，在第三届焦作国际太极拳大赛推手擂台赛陕西省参赛资格选拔中，6名弟子全部获得各自级别的第一名；通过选拔的弟子有5名在第三届焦作国际太极拳大赛推手擂台赛上分别获得65公斤级银牌、70公斤级铜牌、80公斤级第四名、75公斤级第五名、60公斤级第六名的成绩。这是赵堡太极拳第一次在国际大赛中亮相，也是陕西省参加全国推手比赛以来获

李随成《太极推手道》教学影像由陕西音像出版社出版

得的最好成绩。李随成曾被武当杂志社评为赵堡太极拳的"领军人物"，被授予"终身荣誉"。2005年在海内外66支代表队近千名队员参赛的"首届武当赵堡太极拳联谊大会"上，李随成荣获优秀论文一等奖、名家表演一等奖，他带领的参赛队员分别获得太极推手六个级别的第一名，并荣获套路竞赛"团体第一名"。近年来，在武当山国际演武大会上，李随成的弟子多次获得多个级别的推手冠军，还曾获得无级别"推手王"桂冠。李随成的突出贡献还在于，2012年他以陕西华夏太极推手道馆为法人单位，为赵堡太极拳申报了"陕西省非物质文化遗产"。2013年，陕西省政府正式将赵堡太极拳列入《陕西省非物质文化遗产名录》，为赵堡太极拳的发展奠定了坚实基础。2017年，李随成被陕西省文化厅确定为"赵堡太极拳代表性传承人"。他在西安教育、公安、金融、税务等系统传授赵堡太极拳，培养了大量弟子。一些弟子在陕西各地设传承站，受益者众多。

李随成被授予"赵堡太极拳代表性传承人"称号

李随成数十年如一日，不论寒暑，每天带领弟子练习赵堡太极拳

李随成和夫人郝彩田与学生合影留念

原云龙（1916—1989），山西临猗人，赵堡太极拳第十一代传人。师从郑悟清。曾出任山西省首届武术协会委员、山西省运城地区（今运城市）武术协会首任主席，是著名的蒲剧小生演员。他自幼喜爱武术，习练八卦、形意、八极等拳术，后拜"西北棍王"王天鹏为师，并在其师爷杨长志的启发和指导下，成就武术绝学之一的"杨氏鞭杆"。他与赵堡太极的结缘，源于孙兰亭的引荐和推举。作为山西在西安最具影响力的武术人物，孙兰亭在和郑悟清的拳学交流过程中，发现并体会到了郑悟清技艺的超群，自此也开启了他拜师学习赵堡太极拳之路。跟随他一块儿向郑悟清学拳的，就有原云龙、常振东、尚志英等人。自此之后的几十年，直到生命的终结，原云龙更是以赵堡太极为主要的修炼拳种，天天练习，广交朋友，传播授徒。他常说："我练了这么多拳，形意、八卦、洪洞通背拳、八极拳等，但到

最后就只剩下赵堡太极拳和鞭杆了。"在赵堡太极拳的拳理、拳法和机理方面，原云龙深得郑悟清的真传。他出任山西运城地区武术协会主席之后，把传播武术、弘扬赵堡太极拳作为首要的工作和任务来完成。其间，他多次参加山西省武术协会的会议，参与传统武术的挖掘整理工作，使运城地区的武术挖掘工作得到了国家和山西省的表扬。

杨荣籍（1918—2001），山东荣城俚岛人，赵堡太极拳第十一代传人。黄浦军校十七期毕业生，爱国将领，中医学家、武术家、书法家。师从郑悟清。从师学艺六载，记师语录数本，视为珍秘。中年潜心研究中医学与太极拳，晚年醉心于道文化，研究道家内丹修炼，讲求道武合一，将拳法与《灵宝毕法》紧密结合，是道武并重的修习者。为道教文化的保存和发扬做出了很大努力。道教名山华山的玉泉院内立有纪念他的石碑，以记述其对道教的贡献。

华山玉泉院内杨荣籍纪念碑

吴生安（1939— ），出身中医世家，医术高超，得到了社会各方面的广泛认可。赵堡太极拳第十一代传人。自幼喜爱武术，先是习练长拳，14岁起跟随郑悟清学习赵堡太极拳。研究太极拳几十年，对赵堡太极拳有很深的造诣，将中医理论和太极拳结合，对太极拳养生有独到的见解。吴生安继高峰之后担任过西安武当赵堡太极拳研究会的代理会长。传人有吴兆知、郭志伟、席庸、曹渊等人。

吴生安青年时期与郑悟清先生合影

孙茂云（1920—1965），山西省新绛县人，孙兰亭的侄子。先随孙兰亭习练武术，后经孙兰亭引荐，随郑悟清学习赵堡太极拳，为赵堡太极拳第十一代传人。拳艺高超，曾多次获得西安市武术比赛冠军。孙茂云以太极拳、太极

推手、十三枪等广受西安武术界认可，从学者众多。陕西红拳中习练赵堡太极拳者多为其所授，影响深远。

宋蕴华（1949—2006），山东潍坊人，赵堡太极拳第十一代传人。幼时拜入郑悟清门下学习赵堡太极拳"代理架"及太极拳艺。50余年艺耕不辍，通达太极推手、擒拿格斗等技击术，尤其在赵堡太极拳理论和分筋错骨采手技击方面承郑公言传身教，深悟其中三昧。在继承郑悟清所传赵堡太极拳的基础上，提出了"快慢随势取""有法而无法""变法求新"等理论。宋蕴华曾任英国剑桥华人世界出版有限公司《中国海外华人名人词典》主编、中国长安国际太极拳研究会会长、国际太极易拳道总会会长、深圳市太极易拳道俱乐部会长、西北大学兼职教授。在太极拳技击术方面，功底醇厚细腻、出神入化、独具建树，素以卓越的拳艺和武术家的风范享誉国际武坛。其弟子遍及港、澳地区及东南亚、欧美等地。1984年和1985年，宋蕴华率徒参加了省、市级和国家级推手比赛，其弟子孙金斗和赵军连续两届荣获所在量级冠军。1994年，宋蕴华在香港创立国际太极易拳道。著有《赵堡太极拳图谱》一书，影响很大。

宋蕴华专著《赵堡太极拳图谱》

刘瑞（1939—2017），河南安阳人，赵堡太极拳第十一代传人。1964年，拜郑悟清为师，系统习练武当赵堡太极拳。40多年潜心拳艺，得太极拳真谛。发表有《武当赵堡太极八字要领》《太极拳推手是圆的较量而非力的抗衡》等论文10余篇。著书立说，出版有《武当赵堡承架太极拳》。曾任中国西安武当拳法研究会会长，武当山武当拳法研究会顾问，武当山道教协会武馆武术顾问，武当赵堡太极拳研究会顾问，中国人民解放军空降兵侦察兵特邀武术顾问，武当赵堡承架太极拳协会（澳门）会长、（香港）名誉会长，及新加坡新忠太极拳协会技术顾问。20世纪80年代初，他传拳于广州、香港、澳门等地，后在全国其他多地传拳授艺，学生众多，影响很大，可谓桃李满天下。他为赵堡太极拳的发展、传播做出了重要的贡献。

刘瑞青年时期与郑悟清先生合影

原宝山(1929—2003),河南温县赵堡镇人,赵堡太极拳第十一代传人,其祖上原复孔是赵堡太极拳第六代宗师。幼时习祖传太极拳,后在西安拜郑悟清为师,精研易理、拳论,悉得太极真谛。在他近60年的拳艺实践中,曾发表《蒋发生卒考》《陈鑫考》《舍己从人在技击中运用》等论文30余篇。著有《武当赵堡太极拳大全》等书。他亦被载入《中国专家人名辞典》《二十一世纪人才库》等多家典库。2000年5月《精武》杂志刊出"武当赵堡太极拳"专辑,中央电视台"闻鸡起舞"栏目精选制作播放了其主讲演示的《武当赵堡太极拳》《武当赵堡太极拳推手》。

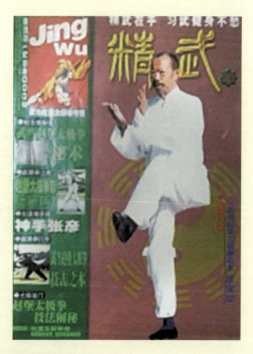

原宝山登上《精武》杂志封面

吴忍堂（1949— ），陕西西安人。赵堡太极拳第十一代传人。师承郑悟清，系统研习了赵堡太极拳。习练赵堡太极拳达50余年之久，深得赵堡太极真传，并对拳法、理法、功法、搏击技艺有独到的见解。被美国太极功夫学院授予"国际太极大师"称号，被美国武术联合会聘为名誉顾问，被世界太极文化组委授予"太极名家"和"世界优秀文化传播者"称号，并列入《中华传统武术名人名家字典》。武当国际武术大赛组委授予其"武术名家"和"武林名家"称号。陕西省武术协会、西安市武术协会授予其"老武术家"等称号，现任西安市武术协会副秘书长、中国武当山武当拳法顾问高级研究员、武当赵堡太极拳联合会常务副主席、武当太极学院副院长等职，成立武当赵堡悟清拳法总会并任会长兼总教练。近年来，为弘扬光大赵堡太极拳，不顾年迈之躯，奔走于大江南北，2010年还到美国传拳授艺，桃李天下，传人众多。

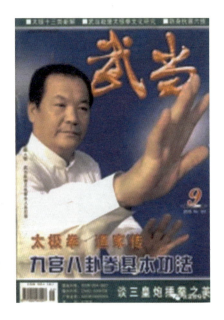

吴忍堂荣登《武当》封面

纪昌秀（1937— ），师从郑悟清，赵堡太极拳第十一代传人。在香港创"和式太极武术（国际）总会"，为武当赵堡太极拳联合会名誉会长、香港国际武术节名誉主席。为弘扬赵堡太极拳，她常年奔波于国际社会，传授甚广；其诸多弟子在国际武术赛事中均获有奖牌。她将赵堡太极拳传到美国等地，为赵堡太极拳在国外的传播做出了重要的贡献。

郑鸿烈（1932—2015），生于河南省温县赵堡镇，郑伯英次子，赵堡太极拳第十一代传人。小名叫"战胜"，是郑伯英为了纪念自己打擂夺魁而取，也是寄望于儿子以后无论在拳术上还是生活中都可以战胜一切。随父避乱迁居西安，是武当赵堡太极拳郑伯英拳法的优秀传承者。他从小随父练拳，对拳艺理论颇有研究，并一直致力于赵堡太极拳的传播与发展。他整理了赵堡太极拳的历史渊源，收集了赵堡太极拳先辈的故事，并对赵堡太极拳的技法理论进行了深入的研究。其成果现已由其孙郑佳乐整理，汇聚成了《中国赵堡太极拳》一书，此书意义甚大。他积极传拳授艺，从学者众多。

郑鸿烈耍拳照

任子义（1920—2009），河南温县南张羌人，赵堡太极拳第十一代传人。幼时常常观看赵堡拳师习练太极拳，经常看到老拳师与人交手发人丈余的本事，遂立志一定要习练赵堡太极拳。1948年在西安经人引见，拜于郑伯英门下，习练赵堡太极拳。几十年尚武勤学苦练，使其对拳法及理论有了深厚的积累，并着力研究。1962年后，他开始免费收徒教授赵堡太极拳。多年来致力于赵堡太极拳的传承与传播，受众者多。现其弟子及再传弟子活跃武坛，积极传播、推广着赵堡太极拳。

任子义赵堡太极拳拳照

李应聘（1906—2007），河南温县东南冷村人，赵堡太极拳第十一代传人，百岁太极老人。少年时代随邻村南张羌的李镐、周瑞祥练赵堡太极拳，苦练数十年，根基深厚。抗日战争时期移居西安，闻郑伯英拳法精妙，因仰慕宗师英名，遂虔拜于郑伯英门下，跟师修行十余年，深受教诲，拳法、拳理大进。李应聘一生致力于太极拳，不求闻达，所练拳法为赵堡老架，法承郑伯英，拳架宽大，依地而行，传人颇多。

百岁翁舞——李应聘演练赵堡太极拳

柴学文（1929— ），字文修，原籍河南省温县北冷村，赵堡太极拳第十一代传人。自幼随其父柴臻学习武术，后在西安拜入郑伯英门下，开始习练赵堡太极拳，常年苦练不辍，勤于用功，对赵堡太极拳有独到的见解和实践经验。在陕西、河南授徒甚众。

张鸿道（1933—？），河南赵堡人，后迁居西安市，赵堡太极拳第十一代传人，为郑伯英的早期弟子之一。20世纪50年代曾获西北五省推手冠军。所传弟子积极传播赵堡太极拳。

周静波（1922—2006），为中国共产党早期西安地下工作者，中华人民共和国成立后在陕西省广播电台任职，赵堡太极拳第十一代传人。1952年拜于郑伯英门下修习赵堡太极拳。

直存喜（1931— ），河南温县南保封人，为郑伯英外甥，赵堡太极拳第十一代传人。1948年拜于其姨父郑伯英门下，习练赵堡太极拳，深受其师教诲，承其拳理拳法。苦练数十载，根基深厚，传人颇多。

侯战国（1949—2006），祖籍河南温县赵堡镇，出生于陕西西安。赵堡太极拳第十一代传人。自幼随其父侯春秀习练赵堡太极拳，刻苦用功，坚持不懈，很好地继承了其父侯春秀所传的拳法。为发掘、推广和弘扬赵堡太极拳法，他组织成立了武当赵堡太极拳侯春秀拳法研究会，后完成了太极拳专著《武当赵堡承架三合一太极拳》的撰写；为推进传承，广收弟子，传播太极拳文化。2005年在"首届武当赵堡太极拳联谊大会"上，其论文获一等奖，比赛

中拳术获一等奖,并荣获"太极拳名家"称号。2006年被西安市武术运动协会授予"武术传承贡献奖";同年,他先后应邀赴南京、上海讲学、授拳。

侯转运(1957—),赵堡太极拳第十一代传人、武当赵堡太极拳联合会常务副主席、武当和太极学院副院长、西安武当赵堡承架三合一太极拳会名誉主席、侯氏太极拳会荣誉会长、赵堡太极拳传承人俱乐部首席顾问等。自幼跟随其父侯春秀学练赵堡承架三合一太极拳,在其父的严格教授下,勤学苦练,系统继承了赵堡太极拳拳架、打手、技击、内功、养生。多年来与各拳术门派竞技交流,实战磨练,拳技渐至炉火纯青。他将太极拳内劲与上中下三盘秘法、三节运用秘法、往返折叠秘法、擒拿及反擒拿等方法相结合,具有阴阳虚实灵活的变化性,劲力冷、脆、快、狠,并具有连环进招、劲跟劲、招接招的特点,劲道千变万化,刚柔相济,含而不露,连珠炮动,顺势借力,巧擒妙拿,崩挒弹发;手法上擒拿抓闭、分筋挫骨、采挒折别,身法上偷步进身、扣摆封势、活步转换、随势击人,尤其是其上乘功法具有哼哈二气凌空劲。他精湛的太极拳功夫和事迹为社会各界人士所传扬,《中国邮政纪念邮册》《中国太极拳大百科》《中国太极拳大辞典》《华夏名人录》《三秦名人录》《武当》《气功与健康》《中华武术产业》等书刊均有收录。陕西电视台、西安电视台等多家媒体多次采访并予以宣传和报道,慕名前来访问者络绎不绝,深受广大太极拳爱好者的推崇与尊敬。2017年在武当国际演武大会与武当赵堡太极拳峰会上获"武当赵堡太极拳

终身成就奖",被中国太极文化国际交流中心授予"太极传承特殊贡献奖",在2018陕西太极文化节上获"突出贡献奖"。他常年传拳授艺,弟子众多。

侯转运赵堡太极拳拳照

黄江天(1913—2020),赵堡太极拳第十一代传人。原陕西省农牧厅干部,享年107岁。他为人低调,和蔼可亲。曾习形意拳,自1960年开始跟随侯春秀学习赵堡太极拳达40余年。在拳理、技法上研究颇深。多年演拳、修习,实证了太极拳的祛病强身之效,其徒弟遍布全国各地。

　　刘会峙（1930—），湖北省均县人，赵堡太极拳第十一代传人，西安武当赵堡太极拳研究会副会长、武当山武当拳法研究会顾问。出身于文武世家，其父刘仲芳是一位身怀绝技的内家高手。在父辈崇文尚武精神的熏陶下，他5岁即随其父学文习武，练习武当内家拳，转八卦，习太极十三式，练武当内养采光功，勤学苦练40余年，练就了一身扎实的武功。后拜侯春秀为师，学习赵堡太极拳，尊师重道，勤练不辍。他整理出版了《武当赵堡传统三合一太极拳》《武当养生长寿功（亦称武当内养采光功）》等。被中华名人系列丛书编辑部授予"中国百佳名人"称号，获"民族之光"奖。

刘会峙主编的《武当赵堡传统三合一太极拳》

张聚财（左一）与孙兰亭合影

张聚财（1928—2021），原名张聚丰，河南孟州市人，赵堡太极拳第十二代传人。13岁到西安，在西安东二路织布厂当学徒，后留厂工作。1947年左右搬至南院门第一市场居住，空闲时间就去革命公园看老拳师练拳、教拳。20世纪50年代，结识在西大街铁工厂当会计的孙兰亭，后开始随其学拳。当时随孙兰亭练拳的有董长泰、王成玉（大老黑）、陈贵财、张世德等，练拳地点多在王成玉开在西大街五味什字的膏药店。1965年至1983年左右，每逢周日，习武者不分拳种、门派，都会会聚西安南门内盘道花园推手。师兄高国卿在弥留之际，将谭氏一门托付给张聚财教授赵堡太极拳。谭氏一门尊师重道，每逢清明都要到高国卿坟前祭拜。张聚财受师兄所托，也经常回河南教授、指点谭氏一门。他身材瘦小，但采人、拿人随手而来，出神入化，显现了太极拳的奥妙。他为人谦和低调，精研太极拳数十年不辍，并积极传播赵堡太极拳，弟子众多，向其请教的同仁亦有很多。

孙兰亭通过信件指导张聚财赵堡太极拳

卢华亮（1940— ），大学文化程度，师从郑悟清，赵堡太极拳第十一代传人。西安武当赵堡太极拳研究会副会长。对赵堡太极拳理论和推手有较深的研究。在西安和澳大利亚皆有传承，对赵堡太极拳的对外传播有重要贡献。

侯尔良（1937— ），河南温县赵堡镇人，赵堡太极拳第十一代传人。1955年秋，从师柴玉柱。1956年由柴玉柱推荐，拜和庆泰为师。1963年拜郑悟清为师，系统研习赵堡太极拳。1986年开始专门从事赵堡太极拳教学，在铜川市传习学员和弟子达千余人，推动了赵堡太极拳的传承。1993年5月，参加永年国际太极拳第二届联谊会，在第二场推手表演赛中以最佳的成绩获得荣誉。同年10月1日，到武汉海军工程大学执教，并应武汉单刀会的邀请进行了专场表演。1995年带徒参加永年国际太极拳第三届联谊会。接着在武汉各地传艺。2000年到北京海军司令部大院执教半年。之后又在上海浦东、乌鲁木齐、伊犁等地发展学员两千余人。《武当》杂志1995年1—9期刊登了其编写的和式太极拳郑悟清套路及太极推手，1998年第8期又刊登了其创编的《赵堡和式太极拳二十四式》。他先后担任赵

侯尔良赵堡太极拳拳照

堡和氏太极拳研究会副会长兼教练部主任、西安国术研培学校首席顾问、铜川市太极拳协会第一名誉主席、铜川市武术协会顾问、耀州太极拳协会顾问等。从1993年至今，以武汉大学为基地，广传赵堡太极拳。现今其所传赵堡太极拳已成为武汉大学的选修课。

郑娥英（1947— ），祖籍河南温县赵堡镇。郑悟清堂侄女，20世纪60年代随郑先生习练赵堡太极拳，对赵堡太极拳颇有研究。赵堡太极拳第十一代传人，武当赵堡太极拳联合会副主席、广东省武当赵堡承架太极拳研究会第二届顾问、武当和太极学院副院长。热心于赵堡太极拳的发展与传扬。

吴本忠（1944—2022），陕西西安人，原籍河南省获嘉县。赵堡太极拳第十一代传人，西安微电机厂工程师。西安武当赵堡太极拳研究会常委、西安武当赵堡太极拳郑悟清拳法研究会副会长、温县赵堡太极拳郑悟清拳法研究会名誉会长、武当赵堡太极拳联合会常务副主席、武当和太极学院副院长。1956年开始在西安师从刘昆山、金立贵学习陕西红拳、查拳和中国式摔跤。1971年经岳父高峰引荐，拜太极拳名师郑悟清为师，习武当赵堡太极拳。追随恩师13年，得郑先生悉心传授，精于武当赵堡太极拳，为恩师郑悟清晚年爱徒之一。1982年参加由陕西省武术协会举办的太极拳推手裁判训练班，1982年参加全国武术观摩交流大会推手表演赛，1983年起

多次参加省、市太极拳推手和表演赛，均获得优异成绩。多次在太极拳比赛中担任裁判工作。2003年入编《中华太极人物志》。常年业余传授、推广武当赵堡太极拳，授徒甚众。

吴本忠赵堡太极拳拳照

赵增福（1939—2013），字克安，陕西西安人，赵堡太极拳第十一代传人。16岁拜著名拳师郑伯英为师，学习赵堡太极拳，后又研习了杨式、吴式、八卦太极拳和刀、枪、棍、剑等各种器械。50多年，别无所好，唯酷爱太极，可谓如痴如迷。他生前以推广、弘扬赵堡太极拳为己任，不畏艰险，义务授拳，足迹遍布美国、西班牙，以及国内多个城市，推广太极拳及太极器械等健身运动。从学者数以万计，有许多弟子在国内外太极拳重大比赛中多次获奖，可谓桃李满天下。著有《中国赵堡太极》《中国八卦太极拳》等。

郑华南（1953— ），生于陕西省西安市，河南温县人。郑悟清嫡孙，赵堡太极拳第十一代传人。现任武当赵堡太极拳联合会副主席、武当山武术开发中心常务委员、武当赵堡太极拳郑悟清拳法联盟会长。自幼随祖父郑悟清在西安长大，少年时期跟随祖父郑悟清习练太极拳，每日陪伴祖父在兴庆宫公园沉香亭教拳授艺，耳濡目染，深受祖父言传身教，很好地传承了郑悟清拳架的原姿原貌。经过多年的潜心研究，郑华南对赵堡太极拳理论、套路、搏击、器械（刀、枪、棍、剑）等研究颇深，很好地继承和发展了家传拳法。在太极推手、太极养生、散手方面有着独到的见解，能把拳式当中的动作巧妙地运用到散手、推手当中。多次参加国内、国际太极拳比赛及邀请赛，均取得优异成绩。2013年，创立了郑悟清太极拳郑州二七区辅导站，同年又成立"武当赵堡太极拳郑悟清拳法联盟"，专心致力于太极拳的继承、整理、研究和推广工作。多年来，他不遗余力地将赵堡太极拳传至祖国大江南北，学生众多。

郑华南带孙子演练赵堡太极拳拳照

郑喜梅（1955— ），中医，针灸专业，郑悟清孙女，赵堡太极拳第十一代传人。1971年初中毕业后，到西安照顾爷爷奶奶，遂跟随爷爷郑悟清学练赵堡太极拳。多年习练拳架不辍，对赵堡太极拳有很好的继承和研究。在第六、七届武当国际演武大会上被授予"武当赵堡太极拳第十一代代表性传承人"称号；在第八届武当国际演武大会上获得"名家表演"金奖，被授予"武当楷模"称号。

孟凡夫（1952— ），又名孟喜成，陕西铜川人，祖籍河南省武陵县。赵堡太极拳第十一代传人。1968年7月拜郑悟清为师。聪明勤快，练拳刻苦，颇得郑悟清喜爱。1972年，孟凡夫开始在铜川家中开班授拳，一直延续至1984年，学者甚众。后又在铜川市体育场广授赵堡太极拳。弟子中有程富军、王震川、陈立功、李鸿国、杨权、杨广德、牟勇、王学玲等人，经过他们的不断传播，赵堡太极拳在铜川有了很好的传承。

前排：孟凡夫；后排左起：杨权、牟勇、程富军

吴水利（1963—），赵堡太极拳第十二代传人，河南温县赵堡村支部书记，赵堡太极拳总会会长，武当赵堡太极拳联合会会长。师从郑钧习练赵堡太极拳。多年来积极推动赵堡太极拳的发展，为赵堡太极拳的发展做出了突出贡献。

王海洲（1945— ），河南省温县赵堡镇人，赵堡太极拳第十二代传人。武当山拳法研究会顾问、武式太极拳社顾问、河北省邯郸市太极拳研究会顾问、永年国际太极拳学院总教练、河南温县太极拳年会副秘书长、中国台湾赵堡太极拳研究协会技术顾问、河南温县赵堡太极拳总会副会长兼总教练。从小喜爱武术，22岁拜其姑父赵堡太极传人张鸿道为师，习练赵堡太极拳和各种器械。1984年被推荐担任温县武术协会常务理事、赵堡太极拳总会副会长兼总教练。1990—1998年，三次赴广西南宁传拳。与严翰秀合作整理了《秘传赵堡太极拳》《赵堡太极拳械合编》《杜元化太极正宗考析》等专著。中国人民体育出版社中国音像部邀其主讲

赵堡太极拳、剑、棍、刀、技击、散手等，并制作了6部VCD光盘教学片。现在是赵堡太极拳郑伯英拳法的主要传播人之一。

郑琛（1952— ），祖籍河南温县，赵堡太极拳第十二代传人。曾任西安电子科技大学武术中心主任兼总教练、赵堡和式太极拳协会副会长，现为武当山武当拳法研究会研究员、西安市太极拳道协会会长。1970年入伍，历任技师、副连长、指导员，并担任营、连武术教练。1979年底转业到西安电子科技大学，历任干事、副主任科员、科长、中心主任、总经理助理兼中心主任。20世纪80年代，师从刘瑞，系统学习赵堡太极拳。后从事太极拳研究和教学，在武术刊物上发表多篇论文。1996年入选《中国民间武术家名典》，1999年入选《中国专家大辞典》第三卷，同年与山新楼合著出版《太极拳道》，提出太极拳修炼的"三层九级制"的标准和训练方法，2003年出版《太极拳道诠真》。多年来累计培训学员数千人。

郑琛带领学员练习赵堡太极拳

郑新会（1953— ），河南省温县赵堡镇人。郑悟清之孙，郑钧长子，赵堡太极拳第十二代传人。现任赵堡太极拳郑悟清拳法研究会会长、武当赵堡太极拳联合会副主席、华夏精悟武术研究会副秘书长，是武当山武当拳法研究会特邀研究员、国际清净文化气功与医学联谊总会高级研究员、河南偃师市郑悟清太极拳法研究会顾问、西安武当赵堡太极拳研究会会员、焦作市保健科学研究所太极拳与健康中心名誉主任、秘宗太极功夫院校教练、河南省一级拳师。自幼随父习练赵堡太极拳，并得到其祖父亲授指点。20世纪70年代，协助其父教拳，被中国武当武术学校、武当武馆、沁北武术学校、华夏精悟武术研究会等武术馆校、团体聘为教练授拳，并受聘在山西、湖北等地传授太极拳。练功的同时认真探索研究传统文化、郑悟清太极拳法理论及其科学练功方法，在《武术健身》《武当》等期刊发表文章数篇。

郑转会（1955— ），河南省温县赵堡镇人，郑悟清之孙，郑钧次子，赵堡太极拳第十二代传人。郑转会自幼随父郑钧、祖父郑悟清习练太极拳。现任赵堡太极拳郑悟清拳法研究会副会长，武当赵堡太极拳联合会副主席，华夏精悟武术教研室主任，武当山武当拳法研究会顾问。

郑转会（前排中）

郑传会（1959— ），赵堡太极拳第十二代传人。8岁随父亲郑钧学习太极拳，并得到祖父郑悟清的言传身教，对赵堡郑悟清太极拳的理论及练法有较深的感悟。多次参加国内的太极拳比赛，并取得优异成绩。现任赵堡郑悟清拳法研究会副会长、武当赵堡太极拳联合会副主席、赵堡太极拳总会副会长、中国国际太极文化交流中心理事。

郑宝贵（1963— ），生于陕西省西安市，祖籍河南省温县赵堡镇。郑伯英之嫡孙，赵堡太极拳第十二代传人。现为陕西省武术协会会员，武当山武当拳法研究会会员。郑宝贵自幼跟随父亲郑鸿升（郑伯英长子）习练武当原架赵堡太极拳，勤奋刻苦，深得其父真传；其所练拳架工整、轻灵圆活，舒展大方、顺遂自然。近年来，他深感赵堡太极拳的博大精深及祛病强身之妙，遂参与交流活动，整理有《原架武当赵堡太极拳》一系列功法、套路。2016年被武当山国际武术大会评为"武当赵堡太极拳优秀传承人"。

郑建君（1967— ），河南温县人，赵堡太极拳第十二代传人，郑伯英嫡孙，武当赵堡太极拳联合会常务副主席。自幼随其父郑鸿烈习练赵堡太极拳。在祖父的影响和父亲的熏陶、指导下，痴迷太极拳。

常年跟随父亲习练太极拳，晨昏无间、寒暑不易，几十年如一日，功夫底蕴深厚。在其父郑鸿烈教导的基础之上，系统地对赵堡太极拳拳法和拳理进行了研习，深刻领悟了"腾挪架""代理架"等赵堡太极拳拳架的衍生历程。结合自身习拳经验，总结提炼出了一套科学和简便的训练方法。他长期致力于赵堡太极拳的发展和推广，荣获"武当百杰"称号。门下弟子有唐文弓、袁宇森、潘畅文等人。

郑建君赵堡太极拳拳照

马耀先（1959— ），赵堡太极拳第十二代传人。自幼喜欢传统武术，少年时学习过长拳和摔跤，成年后参军。23岁开始跟随郭大均修习赵堡太极拳。多年研习揣摩，功夫醇厚，授徒多人。他还在德国开门收徒,颇有影响。

马耀先在德国教授赵堡太极拳

王岗(1965—),山西临猗人,赵堡太极拳第十二代传人。现为武汉体育学院武术学院教授,博士生导师,体育学博士后流动站合作导师,湖北省"楚天学者"特聘教授。他是赵堡太极拳第十一代传人原云龙的侄女之子。自幼受其外公原云龙的影响,喜好武术,后入山西师范大学体育系专攻武术专业。毕业后回运城师范专科学校体育系任武术专业教师期间,跟随其外公原云龙系统地学习赵堡太极拳和鞭杆等技艺。参加上海体育学院博士生入学技术考试时,其赵堡太极拳的演练得到了武学巨匠蔡龙云的高度赞誉,"王岗的太极拳练得好,传统的味道很足"。为深研郑悟清赵堡太极拳技法和理论,他走西安、上赵堡,多次拜访赵堡太极拳的前辈高手。所发表的文章《论太极拳技术的三

大要素：螺旋 阴阳 归圆》就是建立在对原云龙所传的赵堡太极拳理法、技法进行提炼和总结的基础上的。他所总结提炼的"螺旋是技法，阴阳是理法，归圆是核心"的三层次习练和应用理论，更是对原云龙一生太极拳习练、研究、体认所做出的最好的理论文字凝练。时至今日，王岗坚持按照原云龙的遗嘱，一日练一日功，并在其博士、硕士的培养中传授原云龙的太极功法和单式演练技法要诀，组织大家一起学习赵堡太极拳郑悟清拳法。

侯鑫（1978— ），出生于太极拳世家，赵堡太极拳第十二代传人，侯氏太极拳第三代传人，其祖父是侯春秀。自幼受其祖父与父亲侯战国影响，习练家传拳法。2003年开始随其父亲前往上海、南京、杭州等地传授拳法；2005年受邀参加"首届武当赵堡太极拳全国联谊大会"，获得青年组一等奖；2007年受邀参加第五届香港国际武术节，获得青年组拳架、对练一等奖。自习拳以来，他每日苦练不辍，现在陕西省体育场教学点面向社会公开授拳，从学者百余人，有志于将其本门拳法传承发扬光大。

张昱东（1962— ），陕西西安人，赵堡太极拳第十二代传人。对儒、释、道三家精髓和现代科学技术有深刻的理解，尤其对《道德经》、中国传统医学和太极拳有着深入的研究。1985年开始学习侯氏太极拳，2007年成为侯转运的入室弟子。著有《侯氏太极拳》《侯氏太极拳用法解析》等。

艾光明（1949— ），陕西西安人，赵堡太极拳第十二代传人，西安外国语大学教授。主要研究哲学与中国古代文化，尤其对易经、佛教、道教以及太极拳有深入的研究。1985年与侯转运相识，即跟随其学习侯氏太极拳，之后成为侯转运的入室弟子。著有《侯氏太极拳》《走进周易》《侯氏太极拳用法解析》等著作。

艾光明（左）、张昱东（右）与师父侯转运（中）合影

金根声（1948— ），赵堡太极拳第十二代传人。陕西华夏太极推手道馆副馆长，武当赵堡太极拳联合会副主席，华夏太极拳师协会特级教练，上海赵堡太极拳研究会会长，国际太极易拳道总会上海办事处主任，华夏太极推手道馆上海分馆馆长，上海起蕴文化传播有限公司总教练。1992年开始跟李随成习练赵堡太极拳，1998年开始代师在西北工业大学教拳。2002年退休后到上海，先后在上海交通大学、华东师范大学、华东政法大学等名校授拳，参加习练者有院士、研究生和本科生，并被多家单位邀请做赵堡太极拳培训与教学，学员、弟子众多。2005年10月，率学生、弟子参加湖北武当山"首届武当赵堡太极拳联谊大会"，被评为武当赵堡太极拳第十二代"优秀传人"。2013

年4月，率学生、弟子参加第十一届香港国际武术节，被组委会授予"育才百杰奖"。赵堡太极拳在上海的传承与发展方面，金根声功不可没。

金根声赵堡太极拳拳照

彭文（1969— ），赵堡太极拳第十二代传人，师承赵堡太极拳名师宋蕴华。现任美国太极文化协会会长、国际武术散手道联盟主席，是美国加利福尼亚州中医药大学教授、太极气功研究中心主任、硕士生导师。彭文在其20余年的教学过程中，不断总结探索，精研太极气功养生学，精通五行、八卦之奥妙所在，被誉为美国首席太极防身格斗技击专家、当代武当内家功夫文化杰出代表。《武当》《太极》杂志多次刊登其文章，报道其在世界范围内推广传播太极的事迹，并先后两次荣登《太极》杂志封面人物，以及美国《功夫》杂志封面大师；《功夫》杂志数期专稿介绍其赵堡太极传统功夫推手擒拿技击用法。2006年他入编《当代中华武坛精英名录》，2007年入编《中国体育年鉴》，

2008年被评为"世界著名武术家",并获"中华武坛精英"及"世界武林百杰"称号,2010年被评为"世界太极拳推广大使"。他积极传拳,亲授弟子遍及世界各地。

《功夫》杂志刊登彭文赵堡太极拳实战技法

张广汉(1956—),祖籍河南荥阳高村,赵堡太极拳第十二代传人,武当赵堡太极拳联合会副主席。16岁拜任子义为师,习练赵堡太极拳。经过多年勤学苦练,对太极拳架、拳理、拳法颇有心得,并将太极拳理论、中医学理论、易经理论进行了有机结合。积极传徒授艺,著书立说,推广赵堡太极拳,先后著有《太极慈光》《人生心理导航》等论著,点校有《太极拳正宗》。

何俊龙（1967— ），武当赵堡太极拳第十三代传人。自幼喜好武术，8岁正式拜武当赵堡太极拳第十二代传人孔令剑为师，习练太极拳。现任世界武林联盟副主席、武当赵堡太极拳联合会秘书长、青城派武术顾问，"和太极家族"创立者。"和太极家族"建立太极传承联盟，已核准联盟成员100余家。目前弟子已遍及俄罗斯、德国、荷兰、英国等地。海内外徒弟甚多，其中高徒雷智勇在海南首届世界太极拳健康大会上获得"传统太极拳"比赛冠军。著有《图解武当赵堡太极拳秘笈》《太极减肥十三式》《太极养生八绝》。2015何俊龙获得"2015年中国品牌文化十大人物"荣誉称号。医学成就：北京中医药大学博士研究生，专题研究"天人相应与太极养生"课题。立志要把中国传统文化的精髓"太极文化"发扬光大。在世界各地成立有"赵堡太极拳推广中心"，如迪拜、马来西亚、印尼雅加达、法国巴黎、德国慕尼黑、瑞士等，为赵堡太极拳的国际化传播做出了重要贡献。

2015年8月何俊龙获得"2015中国品牌文化十大人物"荣誉称号

山新楼（1961— ），陕西西安市鄠邑区人，赵堡太极拳第十三代传人。1988年毕业于西安体育学院，现为中国武术协会会员、国家武术六段、西安电子科技大学武术培训中心副主任、西安太极拳道协会会长兼总教练，西安电子科技大学附属小学党支部书记。1988年4月，赵堡太极拳十一代传人刘瑞在西安电子科技大学传授太极拳时，山新楼参加了当时的培训班，学会了赵堡和式太极拳七十五式的套路。1991年6月，拜赵堡太极拳第十二代传人郑琛为师，系统学习拳架、推手和散手以及理论与功法。2000年与其师郑琛合力完成《太极拳道》一书。2010年4月应陕西省电视台邀请在西安浐灞为百名参会知名企业家讲授太极拳道，受到热烈欢迎。同年10月，带领太极拳道学员参加陕西电视台《周末大家乐》栏目。2011年9月参加陕西省太极拳交流大赛，获得太极拳个人和集体一等奖。

山新楼

王工宣（1970— ），陕西西安人。幼年开始学习宋清河所传的宋门太极（再传弟子），青年时兼习和式太极，中年又得忽灵架太极传承。经过长期磨练，尤擅宋门散手、和式推手和浑圆功，曾参加第六届国际太极拳年会并取得优异成绩。他致力于三家太极拳的拳法拳理研究，取得了可喜成果，并对"天下太极是一家"感悟颇深。王工宣重视理论与实践相结合，在练法、教法上精益求精，屡有创新，并在小范围内首先进行宋门太极教学验证，取得良好效果；后陆续把其成果应用到和式太极与忽灵架太极的教学中，使学者从中受益。

王工宣

吴联配（1963— ），赵堡太极拳第十二代传人，陕西省武术协会副秘书长，西安市武术协会常务副主席，陕西省温州商会、西安温州商会会长，陕西沪港实业发展集团董事长。自幼习练武术，1985年拜赵堡太极拳名师李随成为师习练赵堡太极拳。30多年尊师重道，弘扬赵堡太极拳，并在财力、物力方面对赵堡太极拳的发展做出了很大的贡献。

王英民（1959— ），赵堡太极拳第十二代传人，陕西省武术协会第五届委员会副秘书长，武当赵堡太极拳联合会理事会副主席。1987年开始跟随其兄王英杰学习赵堡太极拳，2000年经其兄引荐，拜李随成为师，学习赵堡太极拳。30余年来，不间断地学习和坚持练拳，对太极拳有了较为深刻的理解和体悟，并积极授徒传艺，将赵堡太极拳发扬光大。

王英民赵堡太极拳拳照

张文礼（1967— ），陕西省渭南市澄城县人，赵堡太极拳第十二代传人，渭南市澄城县武当赵堡太极拳馆馆长，兼任西安、深圳吴忍堂赵堡太极馆特邀教练。自小习武，2005年拜武当赵堡太极拳第十一代传人吴忍堂为师，15年来，紧随吴忍堂，认真研练，颇有心得。一直以弘扬赵堡太极拳为己任，积极推广武当赵堡太极拳，并利用业余时间进工厂、入学校，义务弘扬赵堡太极拳。学生众多，得到当地群众的一致赞扬。他多次参加武术比赛，并荣获国家、国际太极拳比赛一等奖，剑、棍等器械一等奖，被《中华武术名人辞典》评为"太极名人"，被第六届武当演武大会组委会评为"武林百杰"，被中国太极文化国际交流中心授予"太极文化发展杰出贡献者(2017年)"称号,被西安市武术协会评为"先进工作者(2018年)",被《武当》杂志社举办的全国网络评选会评为"十大武术名师(2019年)"。

张文礼赵堡太极拳拳照

赵晓玲(1965—),中国武术七段,武术一级裁判,中国武术国家级高段位考评员,赵堡太极拳第十二代、杨氏太极拳第六代传人,陕西东方武术健身养生道研究会会长。从小习武,并先后习练多种拳种,2011年拜纪昌秀为师,习练赵堡太极拳;2014年拜张世昌为师,习练传统杨氏太极拳。在有关武术的会议上论文多次获一等奖,多次执裁、组织、主持和解

说武术赛事。多次带领学生弟子参加国内外武术大赛,并获优异成绩。传人与学生众多,并多次教授外国友人太极拳,为太极拳的传承和发展做出了贡献。

武德智(1969—),陕西西安人,赵堡太极拳第十二代传人。儿时在其父的影响下,喜爱赵堡太极拳。2004年,拜李随成为师,深入学习赵堡太极拳至今。近年来积极推广赵堡太极拳。2012年,在陕西省质监局、陕西省税务局教授赵堡太极拳。2014年,在陕西省礼泉县传拳两年。2016年开始,在陕西省安康市传拳5年,普及安康九县一区。近8年来,在西安、礼泉、安康教授各界学员3000多人。曾获"武当赵堡太极拳优秀传承人""优秀名师"称号。

王玮(1958—),中国武术七段,赵堡太极拳第十二代传人,西安鄠邑区第十三届、十四届政协常委,陕西省武术协会太极拳专业委员,西安赵堡太极拳研究会副会长兼秘书长,武当山武当拳法研究会特约研究员,陕西华夏太极推手道馆常务副馆长,西安武术协会龙形柔身术研究会会长,鄠邑区重阳拳法研究会会长。少年时曾学陕西红拳,再随白猿通备大师路文瑞学习南极柔身术,随著名武术家张桐学习形意拳,后拜赵堡太极拳名家郑钧、李随成学习赵堡太极拳。多次参加全国比赛,获得多枚金牌;多次担任领队带领陕西推手队参加河南焦作、武当山太极拳国际擂台大赛。2007年被评为"武当百杰""武当赵堡

太极拳优秀传承人";2015 年担任凤凰卫视大型纪录片《道力天行》武术指导,在世界太极拳网、《中华武术》《武当》《武魂》联合举办的"评选我最喜爱的太极拳人物"活动中,被评为全国 28 名最优秀太极拳推广传播人之一。录制有《内功精华珍藏版》光盘,由广州俏佳人影视公司录制、人民体育出版社全国发行;著有《赵堡太极拳阐秘》《赵堡太极拳修行涵养金不换》等书。他的人物事迹被《当代武林名人志》《太极拳百科大辞典》《当代武林名家大典》《陕西省体育地方志》收录。

王玮

吴兆知(1968—),著名中医,武当赵堡太极拳第十二代传人,名医吴生安之子。自幼得家父拳、医之传,后正式拜于中医学家、武术名家杨荣籍门下,得其真传,习武当赵堡太极拳代理架,合医术、通易理、研内丹、擅技击,道法自然、拳法精湛。为弘扬本门武术之技与

道，吴兆知指导有志学习者十余人，以传统口传身授的方式，从基本姿势、站桩入手，推手辅之，强健体魄，弘扬赵堡太极拳绝学。

耿道金（1973— ），赵堡太极拳第十二代传人，陕西华夏太极推手道馆希望之星队传承基地教练。1997年拜李随成为师，学拳至今。多次参加武当演武大会，并获金牌。近年来，带领青少年学生参加各种大中小型比赛，获得了优异的成绩。现积极努力弘扬和推广赵堡太极拳。

吕克书（1952— ），河南获嘉人，赵堡太极拳第十二代传人。8岁习武，20世纪90年代开始跟随任子义学拳。后与其师兄弟们在西安创办了"赵堡太极拳任子义拳架馆"。2009年开始授徒、传播赵堡太极拳。被武当太极国际联盟推选为武当山和太极副院长。其弟子武晓平随习时间最长，深得传承。

武晓平（1972 — ），陕西西安人，赵堡太极拳第十三代传人。青少年家庭教育咨询指导老师，少儿国学早教大讲堂讲师，赵堡太极拳任子义拳架馆副馆长兼主教练。2009年因受身体健康问题困扰，拜吕克书为师，习练赵堡太极拳。在吕克书口传身教下习练赵堡太极拳两年，身体状况得到极大改善，从此对赵堡太极拳的养生健身防身、延缓衰老之功效坚信不疑，并一直追随吕克书习拳至今。如今，以传承赵堡太极拳为己任，为普及全民养生健康努力传播拳法。在第一、二、三届丝绸之路传统武术国际大奖赛中多次荣获太极拳与太极器械一等奖，被大会授予"最佳领队""最佳教练员"等荣誉。

姜晓信（1967 — ），陕西省西安市鄠邑区人，赵堡太极拳第十二代传承人，西安市鄠邑区赵堡太极拳协会会长，鄠邑区武术协会副主席，中国武术家协会会员，陕西省武术协会会员，武当赵堡太极拳全球联合会第一届理事会理事。曾被武当国际演武大会组委会和武当赵堡太极拳高峰论坛誉为"武当赵堡太极拳名师""优秀传承人"。自幼酷爱武术，1991年开始习练赵堡太极拳，师承李随成，后遍访儒、释、道、医、易理名家，深究其理，融于太极拳。多年来，倡导恩师李随成"养生是根本、技击是灵魂"的练拳理念，并有志于赵堡太极拳这一优秀拳种的传承和发展，积极传徒授艺，旨在"传承国术文化、发掘武术人才"，让武当赵堡太极拳更好地服务于人类健康事业。

张怀光(1967—),安徽省濉溪县人,赵堡太极拳第十二代传人,陕西华夏太极推手道馆理事。7岁开始习练传统武术,先后学过形意拳、少林拳及太极拳。2003年拜李随成为师,习练赵堡太极拳。2005年在武当山太极拳推手擂台赛中获85公斤以上级别第一名。2013年以来,致力于赵堡太极拳教学与活动组织,并成立了"辽宁省武当赵堡太极拳养生健身俱乐部",担任理事长。2015年,被聘为辽宁搏击文化研究会副会长、辽宁民间武术家联合会副主席。2016年,被推举为陕西省西安市户县重阳拳法研究会副会长。在第五届武当演武大会上,被评为"武当百杰""武当赵堡太极拳优秀传承人"。现设有沈阳市赵堡太极拳传承站,从其习拳者300多人。

丁浩(1981—),辽宁营口人,赵堡太极拳第十二代传人,柔道、中国跤教练。2003年开始,跟李随成习练赵堡太极拳。多年来认真钻研,刻苦训练,把太极拳与柔道融为一体,提升了跤法理念和水平,将太极跤法融入教学之中,提升了教学质量,所带学生在摔跤比赛中也取得了丰硕的成绩。其本人多次在太极推手比赛中获得佳绩:2003年在"第五届城市运动会"上获得男子柔道81公斤级冠军,2005年在"中国首届武当赵堡太极拳联谊会"上获太极推手90公斤级比赛第一名,2007年在"河南焦

作第四届太极拳比赛"中获推手80公斤以上级第二名,2009年在"中国武汉首届武术比赛"上获太极推手90公斤以上级第一名。现在,在中国跤的训练中结合太极拳理念,不断探索总结,希望走出一条具太极理念的跤绊之法,从而达到训练效果的事半功倍。

薛明智(1991—),陕西渭南人,赵堡太极拳第十二代传人,中国武术五段。2008年拜赵堡太极拳第十一代传承人李随成为师,系统习练赵堡太极拳及推手。在"第五届武当演武大会"上获得75公斤级太极推手第一名。在第六届武当演武大会上获"推手王"。先后在陕西省未央区地税局、西安市沪港印务有限公司传播、推广赵堡太极拳。

胡勃(1985—),陕西蓝田人,赵堡太极拳第十二代传人,中国武术协会会员、陕西省武术协会会员。2003年拜赵堡太极拳第十一代传承人李随成为师,系统习练赵堡太极拳及推手。2005年获陕西省推手选拔赛60公斤级第一名。曾是武当山推手擂台赛60公斤级金牌获得者、陕西省十二届运动会62公斤级中国式摔跤第一名。先后在西安银行、长春市教拳,现常年在北火巷社区设传承站,教授赵堡太极拳,学员百余人。

刘永飞（1982— ），陕西西安人。赵堡太极拳第十二代传人，中国武术五段，中国武术协会会员、陕西省武术协会会员。2003年拜赵堡太极拳第十一代传人李随成为师。2005年获陕西省推手选拔赛80公斤级第一名，同年参加武当山太极推手擂台赛，获80公斤级金牌。先后在西安银行总行、西安市住房管理中心、阎良区关山中学、长春市等地推广、教授赵堡太极拳。

杨王俊（1959— ），专职律师，赵堡太极拳第十二代传人。从小习练中华武术，以图强身。自1983年至2000年随西安市南门书院门吴金炳习练太极拳，经吴先生推荐又随朱雀门芦荡巷张世德继续习练太极拳至今。近四十年如一日坚持不懈，尊师重道，刻苦钻研，颇有心得，并积极推广，传徒授艺，为赵堡太极拳做出了自己的贡献。

昌志旺（1985— ），赵堡太极拳第十二代传人。2003年拜李随成为师，习练赵堡太极拳及推手。2006年在河南电视台"武林风"栏目进入年终四强，获得二等奖。曾荣获陕西省推手比赛75公斤级第一名，是武当山太极推手擂台赛75公斤级金牌获得者，曾在陕西省运动会上获得75公斤级中国跤冠军。

李斌（1979—），赵堡太极拳第十二代传人，陕西华夏太极推手道馆全职教练。2008年拜李随成为师，学拳十余年不曾中断。多次在武当演武大会上荣获赵堡太极拳一等奖。多年来，跟随师父左右，协助师父教拳，对赵堡太极拳有较深的理解和体悟，并在宣传赵堡太极拳方面做了大量工作，发挥了积极作用，做出了自己的努力。

胡荣华（1967—），陕西汉中人。赵堡太极拳第十二代传人。2010年拜李随成为师，学拳十余年不曾中断。2015年在三亚南山"首届世界太极文化节"上荣获男子D组太极拳比赛一等奖。2016年在"第五届武当山国际演武大会"上获男子E组武当赵堡太拳比赛一等奖。2018年在"第八届武当国际演武大会"上获"优秀裁判员"。2019年在"陕西太极文化节"上获一等奖。2019年5月在陕西省武术协会考试中通过武术六段。多年来，跟随师父左右，协助师父教拳，对赵堡太极拳有较深的理解和体悟，并在宣传赵堡太极拳方面做了大量工作，发挥了积极作用，做出了自己的贡献。

王英杰（1955— ），陕西省人民检察院原副检察长，赵堡太极拳第十二代传人。曾任第四届陕西省武术协会副主席、第五届陕西省武术协会名誉主席。自幼喜爱习练武术，1985年拜赵堡太极拳名家李随成为师，习练赵堡太极拳至今。30多年来尊师重道，刻苦研练，特别是对太极拳推手长期练习不懈，颇有心得。多次参加国家有关部门组织的比赛，取得优异成绩。2005年参加国际武当赵堡太极拳比赛，取得75公斤级B组推手并列第一名，套路比赛一等奖。多年来，他传拳授艺，积极推广赵堡太极拳。在西安、铜川、宝鸡、河南温县等地遍访赵堡太极拳传人，搜集了大量历史资料，着力编著《赵堡太极拳诠述》一书。2016年参与完成国家武术院课题"非物质文化遗产视角下赵堡太极拳传承与保护研究"。2015年组织陕西省首届"太极拳推手培训班"并任总教练，身体力行，主动、积极地推动赵堡太极拳的深入发展。多年来授徒传艺，在西安、渭南、铜川、商洛等地传拳授艺百余人。

赵堡太极拳传承人王英杰在西安大唐芙蓉园设的传承站2020年新春联谊会合影

近年来，每周日在西安大唐芙蓉园传授拳架和推手，从学者众多，由于指导有方，许多学生取得优异的成绩。2017年武当国际演武大会上，其弟子铜川市武术协会副主席郭岗获得85公斤级推手第二名、套路一等奖，其弟子陕西警官学院警务战训教官李全海荣获80公斤级推手第二名、套路一等奖。其他多人有的获中高段位，有的参赛获奖，还有的积极传拳授艺、发扬推广赵堡太极拳。2005年被国际武当赵堡太极拳联谊大会授予"优秀传承人"称号，2016年在"首届世界太极文化节"中获"中华太极传承突出贡献奖"，2017年在武当国际演武大会上被评定为"武当赵堡太极拳代表性传承人""名师"。

二、第十一代赵堡太极拳传承人名单（排名不分先后）

郑悟清传人

孙兰亭	谷泰隆	李海龙	郭命三	王秉瑞	尤国才	余会亭
高智怡	吕兴周	郭德政	李文斌	原云龙	郑　钧	李西安
魏习典	陈修祥	杨豪毕	张致和	刘得印	荣　吉	高国卿
郭大均	郭兴亮	张朝温	马正印	刘吉祥	高　峰	谭志远
郑子毅	李春起	李保超	刘迈洲	王学成	张俊聪	行登岳
张自德	郝凤东	闫同鑫	谷良朋	房丙演	顾　喜	李宝森
胡公安	李智体	源龙斌	徐国典	赵宏杰	翟本源	刘建国
王保林	魏东林	郝为择	顾玉祥	张直往	张希连	刘广生
徐作惠	侯明生	崔怀旺	任宏图	吴爱善	杨安乐	李庭琚
边纯福	王世五	史永安	权会敬	吴胜斌	侯经龙	侯经虎
李秀桐	伊　荣	李道扬	田　瑞	史海峰	宋国英	侯尔良
徐景洲	赵　方	冯　师	刘万露	刘念发	史寿之	雒喜运
李清贵	吴培仁	唐允吉	袁清阁	唐裕源	原宝山	纪昌秀
雷伯荣	高全林	李风兴	焦兴诗	王万镒	吴生安	宋蕴华
刘　瑞	李随成	吴忍堂	卢华亮	张占营	吴本忠	刘大增
路三和	侯富平	郑娥英	常　杰	秦胜家	李清林	赵太学
王予孝	孙明伦	刘　运	张长富	李长流	李长富	常兴兰

郭喜明	郭希旺	郭希明	郭进忠	孟凡夫	胡一智	张　英
张　潮	王　铁	郑渭南	郑华南	郑喜桃	郑终南	郑喜梅
闫高旺	赵宏杰	刘西海	杨冬英	霍荣光	王万祥	梁居正
张狮群	张印生	张变生	申玉书	孟照华	陈怀恩	孙茂云
王小柱	郑小柱	康　侠	许兰本	纪长生	李润贵	常清岚
魏兴华	王志成	杨正明	洪世奇	朱新奎	吴妙珍	李凤岚
何　起	李潜修	汤　怡	谷泰礼	陈公舜	王大海	魏成功
张功臣	赵喜功	高　朝	李凤岑	陈　文等		

郑伯英传人

郑鸿升	郑鸿烈	张鸿道	董　金	赵鸿喜	郭士奎	柴学文
范诗书	直存喜	焦明德	王德华	潘金祥	李应中	李应聘
周静波	任富长	任子义	毕运斋	郑邦本	陈守礼	王天水
王官长	张有任	杨邦泰	段国社	任绍先	赵增福等	

侯春秀传人

侯战国	侯转运	侯玉娥	王喜元	黄江天	袁加彬	张玉亮
刘会峙	徐孝昌	岳剑峰	赵　策	刘晓凯	李宗有	林泉宝
张长林	张顺林	裴国强	王天才	王德信	罗及午	邱保平等

张铎传人

张福安	任朝松	李树德	张福生	职立成	赵国盈	赵鸿运等

宋清河传人

齐百胜　张云德　弋蕃献　郑光荣　吕生虎　张志文　李山胜
杨中旺　乾成荣　韩耀涛　张军民　李世民等

三、第十二代赵堡太极拳传承人名单（排名不分先后）

郑钧传人

郑新会	郑转会	郑传会	郑慧霞	郑慧珍	郑慧华	郑西京
郑平安	侯火生	吴水利	张中元	侯天明	侯天才	董永贵
范进国	原长发	宋福生	郑永仁	侯天胜	闫运政	王根念
石中州	张生耀	王　营	王立祥	张茂邦	张成山	王雪峰
杨力争	邓士丰	李月剑	潘永红	焦保国	张本成	李鸣放
张宏勇	张卫中	李敬民	刘长德	胡　保	孙天富	李士军
段　辉	肖兴煌	杨豆豆	孙国红	朱德坤	陈玉山	杨志忠
岳崇和	李百遂	李贞君	李征桧	李祖成	李长林	宋道逢
李明清	李仁旺	郝　顶	郭国富	郝勤岭	雒垌有	许晓华
解少勃	刘天武	张利光	王海平	李秀丽	宋建平	李红伟
胡永秀	张文生	张文峰	张增韬	李学起	王小虎	李建厂
高永忠	王军川	黑建文	王东瑞	付培林	张农基	郭旭光
孙敬忠	安呈林	杨家平	孟建君	于振海	荣令山	张卫东
刘子平	张琳茹	李保忠	李会霞	杨　明	冯献军	张琳祺
韩战波	蒋秋顺	毛保民	艾　勇	王文禄	陈海彦	袁爱武
程金国	宋国定	牛长流	朱仙谋	贺曙光	胡升芳	陆　晏
王　中	李建华	刘　响	王桂成	叶国彬	晁永龙	黄品霖
李海忠	唐爱玉	李海军	李　林	刘明周	崔文涛	孔令剑
王　玮	谭大江	吴树宝	崔彦星	赵庆国	杨建印	赵新平

刘海涛　张子全　赵　阳　王海江　赵国强等

吴生安弟子

吴兆知　郭志伟　席　庸　曹　渊等

原云龙弟子

王春安　王保星　张国忠　张利安　田玉印　关五好　张海涛
张根才　葛苏元　王　岗等

李随成传人

王英杰	吴联配	王英民	金根声	武德智	耿道金	张云飞
刘建申	齐登进	韩冬咏	彭福林	吴延召	丁　浩	杨宏强
杨崟钦	刘永飞	昌志旺	胡　勃	李　睿	王　玮	姜晓信
张怀光	王鹏遥	杨　帆	薛明智	张　虎	邓　浩	任振华
张新德	范连华	马志刚	马晓平	霍耀斌	刘立范	魏红宗
杜凯军	王若鈇	顾传锋	Nigel（澳大利亚）	汤　姆	李建义
李　斌	陈　雷	蒲　军	赵富荣	徐　睿	李言博	隋一太
周芯羽	王亚锋	杨纪鹏	袁雪锋	袁彦锋	杨冲锋	王鼎志
谭书乔	屠建国	叶文新	王玉波	杨　龙	陈继辉	胡荣华
邓　兰	谢　鑫	辛　妍	谭建宏	张军利	苗长安	宋玉梅
张　琼	宋　挑	鲁旭圆	王西省	芦　敏	周　晓	李稳锋
吕清锋	何　涛	王天军	张小宝	高　红	腾永涛	袁忠毅
林宇乐	冯　延	杨新社	王月贵	安少田	陈咏梅	冀全利
孟宏驷	陶　宁	吉雪亭	秦有学	王金锡	宋文胜	王　莉
韩西满	毋云芳	王金余	李孝仓	朱慧清	董军凯	解三林

陈　明　张永辉　黄红权　岳胜利　杜智业　尹江华　周　云
李嘉蓉等

宋蕴华弟子

李瑞芳　赵　军　孙金斗　白建君　刘争光　袁　锋　张　斌
丰建君　丰　涛　宋翱南　宋普选　杨升林　许长生　胡巧娥
王文锋　黎英仕　罗智机　周红欣　韩卫军　邰立家　原安民
也而森　贾连章　黄仁棠　刘守仁　叶真木　张振东　李金虎
袁士杰　林崇礼　曾稳雄　卢嘉达　曹锦佑　梁剑兰　周秀文
周伟文　郭志扬　韦应佳　梁炳基　吕广雄　吕树相　冯瞬屏
徐嘉华　关荣光　陈国强　陈锦辉　廖学明　成锦文　苏绿芹
宋美伦　容天根　梁炽焜　李乐恩　罗锦生　徐志远　黄英沛
梁银萍　崔美霞　李　溢　黄婉彬　黄婉儿　方展云　庄　盛
欧阳兆民　彭　文（美国）等

郑鸿烈弟子

郑建君　郑佳乐　范长生　周向平　赵洪刚　彭　翔　王　立
张明新　谢雪林　陈胜利　张　洁　李松林　边鸿联　刘敬宽
温宪京　丁春玲等

郭士奎弟子

郑国中　张振鲁　王长安　段国祥　曹俊功　郭兆凤　张其森
郭玉堂等

柴学文弟子

李志明　梁伯魁　宋长森　黄秀珍　扬之杰　吴　青　刘先宝
孙来源　高永福　柴虎城　程建设　柴卫东　马玉骏等

刘瑞弟子及学生[①]

刘震龙　苏科夫　陆建平　田生鑫　李　郁　李　伟　郑连生
白林鹏　张爱萍　王武平　崔　平　张爱国　张爱军　陈新勤
赵春晨　孟秀生　刘务民　程五一　崔庆忠　姚兴善　杨西荣
苏　斌　刘毓峰　薛元奎　杨　魁　郑　琛　郑　瑄　牛西京
张化勇　谢平宏　李保兴　扈广平　程建华　张西运　杨喜乐
杨光勇　朱曙光　胡外顺　战春景　郭子英　耿增福　杨文庆
赵　练　杨永盛　鲁振中　徐金宝　王铁人　刘志亮　张庆安
薛和平　陈彩勤　杨建中　郭建君　刘玉虎　孙　红　杜枭非
何　桥　张子英　张子豪　林　娴　钟仲文　李　峰　郭止波
玉　戈　伍金才　陈　彪　郭伟革　方海星　韦中铭　洪林泉
陈建丰　路继魁　余晓华　陈小佳　齐德存　林惠炳　张维鹏
朱祺凯　余长华　李月娥　黎松雨　刘曙龙　叶伟斌　温庆祥
何钢武　黎梦麟　叶沛林　莫介诚　黄　峰　贾家骥　何伟照
蒋彦斌　王金广　严洪亮　张新林　杨广会　杨忠明　王新平
陈庆平　吴成文　李洪庆　柳寿晨（波兰）　田　盼　许建霖
Per Nyfelt（瑞典）等

[①] 此处"弟子"专指拜过师，长期跟随练习，有系统性传承的人。"学生"指跟随习练，但不具备系统性传承之人。

吴忍堂弟子

吴尚霖	马 倩	燕玉宁	陈延利	贺志军	张文礼	张秋香
廉典鹏	王小兰	习 文	张振武	杨 彭	伍忠路	雷 琦
徐秀花	刘明德	朱晓杰	赵彦飞	童王平	姚乃举	黄致敏
朱国强	金明微	朱国安	谢丽红	蔡诒生	姜振勇	高佳明
何育辉	樊劲毅	李晓军	李晓阳	徐春根	沈贤荣	孙高军
胡继军	扬清军	李宏凯	王希利	张春仙	邓其文	袁海龙
李 楠	李鹏飞	王 虎	王 朴	王国耀	曹文峰	赵金池
赵 青	尹宜韶	衡 静	蔡显根	吴钢强	吴始文	许志诚
石庆坡	石靓钰	朱连花	王玉根	郝志刚	应 刚	黄廷生
王德荣	余天喜	赵爱民	韩勇环	陈立江	何 明	赵小波
禹 军	蒋 华	张 涌	邓亚萍	刘 勇	张红波	邱向阳
颜业平	刘海荣	徐振强	周俊基	王慧琴	保成贵	王志忠
柳 涛	史桂芳	帅勇良	胡开政	林汉卿	罗 恩	曾富赞
钟炎松	陆军强	邱国权	牛连杰	潘 果	王继春	王泽斌
王 泉	张 泊	贾挺龙	杜护社	熊守全	李 利等	

侯转运弟子

刘松普	胡树功	李世春	石善冲	吴 江	张昱东	顿连彪
侯廷胜	刘 鸿	付 兵	张占永	吴 星	严秋林	高锁勤
黄清峰	闫宏彬	杨 武	封小波	黑建斌	赵宏伟	邢江涛
陈国强	李 晨	赵 斌	权六一	王志贤	刘北夫	李 刚
张金国	朱小利	郭风亭	穆明建	马朝中	柴海生	朱 红
王敬爱	王京海	林圆龙	张伯友	侯宪君	陈庆悦	薛益民
曾晓兰	何 伟	刘 弩等				

纪昌秀弟子

张万强　赵晓玲　杨向辉等

吴本忠弟子

刘建国	邢奎江	卜繁文	胡　楷	林强民	张长生	张道伟
杨建光	韩根绳	王世杰	韩红利	徐拥军	程发安	章建清
吕西京	齐爱军	刘小伟	胡海龙	张志学	张迎喜	王聪荣
唐正平	陈燕军	郭建英	赵宏武	廉　勉	张荣亮	谈云仙
张利平	张更生	刘希昌	赵宝禄	邵宏焰	赵宇龙	王之峰
丁平安	笋　峰	刘晓东	宋锦明	李建中	杨文斌	赵凤英
张晓峰	王国庆	樊恩成	雷　昭	吉麒羽	李天存	李保国等

郑华南弟子

刘国军	刘　军	谢金涛	颜立柱	王园平	白保国	魏进恒
李　杰	李东长	张　勇	胡　四	李和涛	罗天右	李　浩
李云霞	李云玉	高秋红	荆自琴	龚　梅	庄庆红	钱群平
秦新猛	邱益富	马四群	李国明	刘明昌	董永刚	唐许胜
张建新	张光海	张小兵	张立乾	韩向阳	任万朋	任　兵
杨晋平	郑泰文	郑皓天	朱逸宸	李道一	宗以恒	李沐石
陈朱昱	王永庆	王宏欣	刘　坤	叶雪凤	李东朝等	

侯尔良弟子

刘新安	孟凡夫	马铜川	赵东发	王学军	胡克禹	王西吾
牛国福	武好礼	高炳林	李来印	王宝生	贾公民	威厚强

刘绪三　高建华　宁怀慎　贾留柱　崔保宏　马云涛　王美华
李春英　邓　炎　何　琳　吕志强　黄振亮　纪建兴　刘初军
杨向春　刘　刚　陈冰白　崔德刚　蔺志华　林　丽　李汉生
董四新　潘智光　吴时俊　易小华　王　静　丁学兰　刘　宏
于凤五　王任军　张立军　熊　伟　毛新宇　徐清超　黄家珍
杜胜武　朱时伟　吴　敏　吴述尧　吴建民　杨　剑　张占红
高　昱　周　彪　徐万春　林海涛　何和平　潘万友　陈　校
陈建伟　李树果　李松兵　黄俊杰　吴清木　黄莉蓉　王玉麟
徐嘉林　王玉琪　吕建瑞　陈海文　王国思　曹　斌　崔德强
王和平　胡　保　冯　瑛　陈四年　朱文隆　马永林　张鸿升等

郑娥英弟子

李军勤　许根生　潘东亚　冯之涵　李　颖　石智民　崔亚敏
王　宏　赖子云　王金成　白新民　郑雅文　郑雅静　冯育新
肖俊德等

郑喜梅弟子

郭婉晴　任永刚　卢建海　王裕民　索　周　赵洛鹏　杨雅涵
周争光　王文龙　查　军　张志岗　尚纪华　苏振海　樊　伟
尤　康　刘麦娥　徐亚荣　郜宝玲　岳宝森　颜　波　高　涛
柴春华　吴筱英　王向东　薛益生　祝　强　杨淑涵　徐美琴
王梓惠　郑心源等

李刚（李凤兴）弟子

李　恒　李文利　常立中　徐应昌　马　涛　史政亮　连战胜

赵素娟　刘　凯　王长生　焦智源　袁　健　李小林　卢　运
杨刚春　陈超华　张维维　侯彦峰　曹建斌　徐拥军　韩华峰
黄爱平　陈小英　翟桂兰　王玲玲　谭卫莉　苏　橄　陈　橄
孟庆林　王永平　杜广林　陈宝华　李晓彦　王新盼　姚　红
张玉风　张玉清　王玉安　王实桥　孙祥景　李晨曦　刘艳霞
张世英　张岳汉　张利民　贺　超　王梓琛　王　聪　张鼎贵
王国庆等

秦胜家弟子

王武学　蒋怀忠　夏　康　刘金龙　周少锋　蔡剑辉　史　锋
戴　宁　冯连鸣　郭建英　郭文辉　房晓荣　唐正平　马惠芳
马　萌　房丙寅　蒋晓龙　曹立锋　翟天奎　赵宏武　吴建民
秦运道　韩　波　杜宝红等

杨荣籍弟子

吴兆知　席　庸　曹　渊　顾维斌　王子武　华山道士集体

张占营弟子

崔安民　李伍海　汪　峰　杨　昆　牛　锐　张　斌　张　超
肖仲斌　陈　逢　沈　榭　高　鹏　姚　俊　赵炳祥　谢宏伟
王　祥　陈领柱　李　龙　张　舟　王　震　刘　勇　任　毅
王　勇　武　翔　张　勇　张巨涛　高群力　张逢杉　任晓华
李　锐　刘　鑫　郝　爽　王　良　于　正　米正超　张　保
聂鸿光　张庭峰　高亚军　李景裕　林锦勤　李锦文　苏锦裕
朱　强　张志华　区锡源　张　宏　刘　平等

王予孝弟子

高修存　蒋学富　郭　斌等

卢华亮弟子

庞占通　李延庆　卢　运　赵洪功　祇云安　宋相兵
马雪崴（悉尼）等

陈公舜弟子及学生

李　强　李宏凯　任贡献　张　挺　易大春　李振刚　周锦明
裴启钧　李铠泉　魏　强　余雨鹏　王居省　沈健祥　梁墨菊
王　刚　刘东坤　杨联社　李　波　刘红梅　赵玉兰　刘京昊
郑　伟　孙　立　刘金朝　汪随忠　韦　杰　肖振平　杨笑冬
李永强　乔西平　史长安　曹炳宏　梁玉成　张长生　樊红军
潘康凯　周达谋　李　伟　张年学　周　智　张东旭　韩美伦
王康宁　陈　涛　吴次妹　李少雨　孙　劼　曲云峰　王玉梅
陈宏韬　魏文嘉　吕兆瑞　朱俊生　姚兵印　郝青春　刘瑞泽
陈延辉　于安民　钱　刚　宋兆生　张　攀　颜林华　杨承锟
孙育昆　陆云岗　王　皓　张道明　邢珍珍　姚麟宣　贾巧梅
周勇波　王青杨　钟春华　蒋丽娟　潘　凡　冯智武　赵　卿
王俊利　段树楠　周岳川　王越秀　贾婧儒　张义卓　冯昊鸣
邓红军　陈宏葆　王海峰　田大明　郭兆辰　张玮钏　白清俊
赵常飞　李福平　胡文强　孙愉凯　Silas Chapman（西雅图）等

闫高旺（闫俊文）弟子

张四群　李西安　李西民　常忠印　杨群民　岳小兵　董　平
冯罡成　李长江　谢金龙　张迎喜　赵　兵　魏　鹏　安永茂
贾建伟　贾静波　闫钦岭　张　奇　马有才　焦西峰　王　龙
康联和　王西元　王延旭等

闫存文弟子

赵　兵　侯生明等

孟凡夫弟子

程富军　王振川　李宏国　陈立功　杨　权　牟　勇　王学玲等

范诗书弟子

闫金祖　赵运保　慕小安　闫小更　王建设　范文革　李和平
尚小玲　高栓劳　李瑞龙　王中平　范长浩　程五一　张铜川
王夫勇等

张鸿道弟子

王海洲　孟长安　张学军　温宪周　陈银亮　杨长友等

任子义弟子

吕克忠　张广汉　戚建海等

李应聘弟子

职胜利　李瑞龙　刘建华　张九恩　裴纪文　刘秦岭　周鸣礼
李二军　韩翠荣等

周静波弟子

马宜军　王志安　孙新民　俞延涛　范　明　邢亚玲　蔡玉鹏
成长寿等

直存喜弟子

郑延生　郑扎根　郑永强　毋立军　舒耀三　靳新久　童晓华
王务臣　王晋成　崔新民　杜德宽　刁世勇　李来喜　连双兰
申长太　尹良民　侯长军　靳三旺　孟永军　王国利　司利军
王根生等

侯战国弟子

侯亚东　侯　鑫　穆　伟　李春茂　李　宏　杨道红　吴景文
王继周　刘少恒　张珂耀　李　峰　任建阳等

王喜元弟子

崔小强　张　联　朱　琦　樊国龙　蔡　鹏　王兴会等

黄江天弟子

黄国兢　黄国渡　刘鸿义　赵水平　雷济民　李　巍　史昆灵
高国洲　袁军建　员凤娥　杨玉琦等

袁加彬弟子及学生

罗品文　张　洪　林培峰　古海啸　彭　红　胡江华　肖力彬
宋利律　赖德林　赖德隆　赖兴涛　冯伯奎　梁俊德　郑学高
陈士杰　席崇斌　冯长仁　马廷学等

张玉亮弟子

党建国等

刘会峙弟子

李万斌　赵剑英　杨智春　房英武　庞　泳　田志昌　胡元奎
张弘帆　薛兰刚　蒋卫东等

徐孝昌弟子及学生

艾学林　葛瑞麟　佘其斌　殷正洪　卞维钧　包始兴　陈小平等

岳剑峰弟子

孟文虎　赵千民　谢继耀　柴东生　柴海生　李耀武　宋卫国
朱　宏　刘发红　常智英　张高峰　王　波　员泽亮　周建兵

范民庆　潘　杰　许春元　任建芬等

李宗有弟子

赖德林　袁铁生等

林泉宝弟子及学生

林　喆　汪　洋　王中立　吴光绘　袁　波　金震华　孙芳青
舒兴勇　胡升芳　靳　淼　沈立群　沈晓东　陈昌乐　李福兴
潘晓群　李鸣泉　张子英　金瑞华等

张长林弟子

来晓平等

张顺林弟子

潘金龙　程惠安　宋小建　王　斐　邱　建　董绍宗　邓宝林
王汉秦　戴环明　陈永强　韩二恒　王　攀　惠　军　杨　凯
郭　华　董增强　韩东生　燕新旗等

裴国强弟子

裴　钊　丁福建　侯存智　李侠功　易建林　暴建国　刘振平
林小刚　杜世其　张　存等

宋清河再传弟子

王工宣　贺小成　于光磊　张博智　柏联合　王康利　王小龙
侯胜军　崔亚良　王保才　陈永会　李海民　赵稳定　高　川等

第十三代传人众多，由于篇幅有限，未能完全收记，敬请谅解。

陕西出版资金资助项目

"中华太极·赵堡"系列丛书

赵堡太极拳诠述
（下册）

王英杰 主编
李全海 副主编

西北大学出版社
·西安·

第七章 赵堡太极拳拳架图解

太极拳拳架是太极拳的基础，是各太极拳派智慧的结晶，它既是太极拳劲力、风格、拳理、文化等的重要载体，也是练劲、懂劲，通达太极拳法、太极劲道，阶及神明的途径。了解太极拳，习练、深研太极拳均应从拳架入手。太极拳从基础拳架开始学习，到最后融会贯通，都要回归于拳架，所以拳架也是其根本。

赵堡太极拳拳架是其技艺和拳学思想的重要载体，遵循《太极拳论》，以"掤、捋、挤、按、采、挒、肘、靠、进、退、顾、盼、定"为十三势，以"中、正、平、圆、轻、灵、柔、活、合、顺、自然"为要诀，具有"技理结合"与"耍拳"等理论特色，蕴含中国传统文化和哲理，极具健身、技击、养生、文化等价值。

为了整理赵堡太极拳拳架，我们收集了大量材料，其中有《赵堡太极图谱》《武当赵堡太极拳》《武当赵堡和式太极拳》《和式太极拳精义》等著作，还有《太极推手道》《赵堡太极拳大架》等教学光盘。通过对近代流传甚广的赵堡太极拳"二郑一侯"（郑悟清、郑伯英、侯春秀)所传拳架的整理,发现此拳架在如今的传承中,其式数上虽有七十五式、七十二式、一百零八式之分,但在内容和结构上基本一致。为展示赵堡太极拳拳法,本书仅以陕西省非物质文化遗产——赵堡太极拳七十五式拳架为模板,并请赵堡太极拳第十一代传承人、陕西省非物质文化遗产代表性传承人——李随成先生演示。拳架配文图解,仅供参考。

第一节　赵堡太极拳拳架解析

太极拳拳架是太极拳的基础,是各太极拳派智慧的结晶。它既是太极拳劲力、风格、拳理、文化等的重要载体,也是练劲、懂劲,通达太极拳法、太极劲道,阶及神明的重要途径。了解太极拳,习练、深研太极拳均应从拳架入手。太极拳从基础拳架开始学起,到最后融会贯通,都要回归于拳架,所以拳架也是其根本。

一、赵堡太极拳七十五式拳谱

第一式	起势	第十一式	转身斜行
第二式	金刚三大对	第十二式	斜行鹞步
第三式	懒扎衣	第十三式	伏虎
第四式	白鹤亮翅	第十四式	擒拿串捶
第五式	单鞭	第十五式	肘底藏捶
第六式	金刚三大对(斜)	第十六式	倒碾肱
第七式	白鹤亮翅(左)	第十七式	白鹤亮翅(左)
第八式	斜形	第十八式	斜形
第九式	斜行鹞步	第十九式	闪通背
第十式	斜形	第二十式	白鹤亮翅

第二十一式　单鞭
第二十二式　云手
第二十三式　左高探马
第二十四式　右侧脚
第二十五式　右高探马
第二十六式　左侧脚
第二十七式　蜷脚蹬跟，转身鹞步捶
第二十八式　青龙探海
第二十九式　鹞子翻身
第三十式　二起脚
第三十一式　分门桩抱膝
第三十二式　蜷腿蹬跟
第三十三式　转身左右分马掌
第三十四式　掩手捶
第三十五式　左右七寸肘
第三十六式　抱头推山
第三十七式　白鹤亮翅
第三十八式　单鞭
第三十九式　前后照
第四十式　野马分鬃
第四十一式　玉女穿梭
第四十二式　白鹤亮翅
第四十三式　单鞭
第四十四式　云手
第四十五式　童子拜佛，双峰贯耳
第四十六式　单震脚，二郎担山
第四十七式　扫堂腿
第四十八式　左金鸡独立

第四十九式　右金鸡独立
第五十式　双震脚
第五十一式　倒碾肱
第五十二式　白鹤亮翅（左）
第五十三式　斜形
第五十四式　闪通背
第五十五式　白鹤亮翅
第五十六式　单鞭
第五十七式　云手
第五十八式　左右十字手
第五十九式　十字单摆脚
第六十式　吊打指裆捶
第六十一式　金刚三大对
第六十二式　懒扎衣
第六十三式　右砸七星
第六十四式　搬拦擒拿
第六十五式　回头看画
第六十六式　白鹤亮翅
第六十七式　单鞭
第六十八式　左砸七星
第六十九式　搬拦擒拿
第七十式　上步七星
第七十一式　转身跨虎
第七十二式　双摆莲
第七十二式　弯弓射虎
第七十四式　金刚三大对
第七十五式　收势

二、赵堡太极拳动作路线图

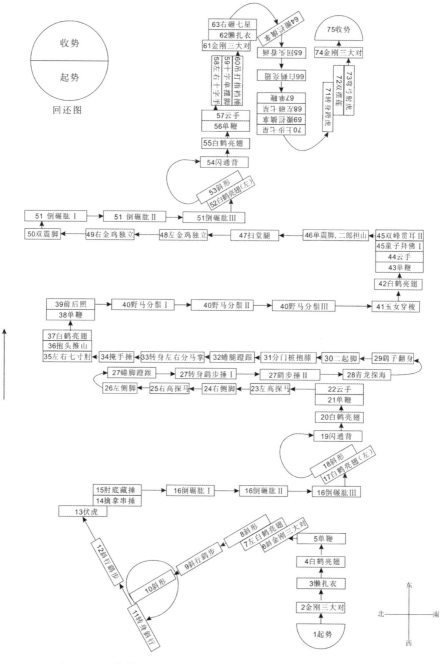

赵堡太极拳拳架运行示意图（以每式终落脚点定位制图）

三、赵堡太极拳拳架结构分析

赵堡太极拳式式皆有动静虚实、阴阳变换，其由动求静，达到专注、修身，由悟而通，是一个自我完善、动起静归的修炼过程。另外，赵堡太极拳以动有意（而行）、静归心，寻求心意相通，而后归于"无意、无心而真意"的道，在境界的生成上有"招熟""懂劲""入微""从心所欲""神明"等的划分。赵堡太极拳由学习到修炼再到境界的达成，离不开对拳架的研习和体悟。因此，分析拳架，有助于快速入门和学习参悟。

（一）由简到繁、由易入难、循序渐进、适于学习

1. 由简到繁

由上图赵堡太极拳拳架运行示意图可见，赵堡太极拳拳架结构遵循由简单到复杂的过程。①"|"形。从第一式起势到第五式单鞭，五式动作路线呈"|"形运行。②"/"形。从第六式金刚三大对（斜）到第十式斜形，动作呈"/"形运行。③"\"形。从第十一式转身斜行到第十二式斜行鹞步，动作路线呈"\"形运行。④"弓"形。从第十三式伏虎到第五十一式倒碾肱，动作路线呈反"弓"形。⑤从第五十二式白鹤亮翅（左）到第七十五式收势，动作路线呈曲线"S"形或者蛇形。可见，其拳架路线整体呈"|-/-\-弓-S"，运动路线难度依次增大，呈现出由易入难的状态，这个"由简到繁"的结构便于循序渐进地学习。

在赵堡太极拳的拳架学习中，第一式到第十二式是一个小结，初学入门也是以这十二式为基础的，动作一板一眼，有静态感。因为运动路线基本为直线，便于记忆，也能为后期学好拳架打牢基础，故在赵堡太极拳的教学中，老师也特别重视这十二式。从第十三式到第五十一式，共三十九式，这三十九式往返基本呈直线，结构呈"弓"形，往返有度，行拳如行云流水，练之纯熟犹如"三尺罗衣挂在无影树上"，在风中飘荡，更显灵动。从第五十二式到第七十五式，共二十四式，这二十四式呈"S"

形，犹如蛇一般，油滑，练习中身体开合、起伏拧转等张力更显其中，犹如长江大河，有摧枯拉朽之势，更显"静中触动动犹静，应敌变化示神奇"。这种渐进式的结构既增加了学习的乐趣，又可探寻其内在意蕴，内外相合、相得益彰，更显情趣和学与研的意义。

2. 由易入难

①结构呈由易到难的趋势。赵堡太极拳拳架以"起势、金刚三大对、懒扎衣、白鹤亮翅、单鞭"五式为基本动作，动作一步一动，以基本的手脚配合为主，且基本为原地动作。这五式动作为赵堡太极拳的基础动作和重复动作，易于让习练者学习体会，也便于掌握三节四梢、三直四顺、外三合的运动要求，且动作简单易学，默识揣摩更有助于其整体拳架的学习。在之后的动作中，随着运动线路的起伏转折，方位也愈加明晰，起伏、拧转动作增加，动作由简单的手脚配合演进到"流动"中的手脚并用，走圈和画弧也相应复杂。②身体旋转幅度相应增大。如第二式金刚三大对、第四式白鹤亮翅身体45度旋转——第十一式转身斜行身体90度旋转——第十九式闪通背身体135度旋转——第二十九式鹞子翻身身体180度旋转——第三十三式转身左右分马掌单腿270度旋转。③腿法难度。由直线腿法逐步向曲线腿法转换，如左右插脚、蹬跟、二起脚——扫堂腿、单摆莲腿、转身双摆莲脚。④势法难度增大。由单鞭、斜行（斜弓步）到二郎担山（近或仆步），再到左右砸七星（单腿或双腿铺地），幅度、难度依次增大。⑤动作难度和复杂程度逐步加大。从简单的手与脚的原地左右配合（金刚三大对、懒扎衣、单鞭），到运动中动态手脚配合（白鹤亮翅、倒碾肱、闪通背、高探马、单摆脚、双摆莲）；从双脚站立到单腿支撑（左右金鸡独立），皆体现了拳架由易到难的特点。

太极拳运动技能的形成需要经历泛化阶段、分化阶段、巩固阶段到自动化。而赵堡太极拳这种由易到难的动作层次变换，符合运动生理学中运动技能的形成规律。赵堡太极拳结构的由简入繁、动作的由易到难，是一个循序渐进、适于学习的过程。由简单的结构和动作入手，可以缩短泛化的周期，促进动作的分化，进而巩固以至自动化。如此掌握赵堡太极拳的运动、运劲规律，由易到难逐步学习、演进，能达到事半功倍的效果。

（二）相对对称、左右互练，板而不呆、活泼丰富

1. 拳架结构的对称性

如赵堡太极拳拳架运行示意图所示，拳架结构具有很强的对称性。①"∧"形相对对称。如第六式金刚三大对（斜）——第十式斜形（/）与第十一式转身斜形——第十二式斜行鹞步（\）对称。②"弓"形相对对称。第十三式伏虎到第五十一式倒碾肱，运行路线为反"弓"形运动路线，呈"弓"形上下相对对称。③"S"形中心相对对称。从第五十二式白鹤亮翅（左）到第七十五式收势，运动路线呈"S"形中心相对对称。④原点对称。起势行拳到收势，起点、终点合于一处，归于原位，合二为一呈原点对称。⑤整体性对称。拳架七十五式，以中心第三十八式动作单鞭，呈上下相对对称。

2. 左右招式互练

①左右完全相同的招式：左、右高探马插脚，左、右砸七星，前、后照，云手，倒碾肱，野马分鬃，左、右七寸肘。②左右相对对称动作：左白鹤亮翅对（右）白鹤亮翅、左金鸡独立对右金鸡独立、单鞭对懒扎衣、伏虎对掩手捶、擒拿串捶对肘底藏捶、二郎担山对扫堂腿。

拳架运行路线的对称性使得拳架运行路线像交响乐，跌宕而无能量外溢，使拳架更显严谨。拳架中既有左式动作，又有右式动作，左右互练、互为平衡。在平衡基础上，拳架的左右式动作又不完全对称，左右协调而不重复，显得拳架灵巧活泼不呆板，使得拳架丰富而更具练的乐趣。

赵堡太极拳是一种圆的运动，其时时处处都在体现走圆、画弧，这也更显其生生的思想。分析拳架对于学习和研究其内容与内涵都具有重要作用，尤其是其方位，由一而二再到圆，是一个不断探析，更

臻至从心所欲的过程。从心所欲后招式也由有方位而变为无方位，即浑身是圆、无处不太极。七十五式动作对应五行"前后左右中"运行，便于从学者更好地理解和学习赵堡太极拳。在深入的研习中需要明白，其中每个动作都可以应对五行，也就是招式动作都有欲左先右、欲后先前的意味。另外需要说明的是，拳架中式式皆有"中定"，中定不是停在某个位置，而是式式转换的结束点即启动点，也是阴爻、阳爻的转换点，是太极拳"入微"的重要阶段和环节，体悟"中定"对于提升太极拳运动水平具有重要作用和意义。此处分析赵堡太极拳拳架的目的在于更好地入门，更好地理解其"招熟"。由"招熟"而"懂劲"，由"懂劲"而"阶及神明"，是一个学拳、成拳、入道的系统过程。当然，分析赵堡太极拳的拳架结构对于解析其内在特性也更具意义。

四、赵堡太极拳拳架特点解析

（一）拳守尺寸　三位合一

赵堡太极拳歌诀云："道自虚无识有为，两仪相抱有正经。心中有秤分斤两，手中有尺意度量。""尺寸"是赵堡太极拳的重要特点。首先，表现在其动作中两手间的距离，即手与手的距离保持小臂间距，也即是推手中所要求的"接手接肘"的距离。因此，赵堡太极拳在拳架中保持两手"尺寸"距离，两手相为呼应，以"听劲"顺逆旋转，由"尺寸"表达着拳架、推手、散手一体的特性。另外，赵堡太极拳在进、退、顾、盼的步法中也保持着"尺寸"。《诗解太极拳》讲"太极拳劲难琢磨，其实就是腰髋活。随身走步有尺寸，桩功沉稳寓腾挪。沉肩坠肘护着肋，两臂缠绕如龙蛇。周身一家整如铁，放松一力也不驮。动如江河滔滔水，静似盘坐菩萨佛。身形运动都是圈，协调规矩内外合"。"走步尺寸"是太极拳遵循的步法原则，赵堡太极拳亦然。赵堡太极拳在举步轻灵的前提下，要求顺，顺身体方向，胯活、腿顺、脚顺，这包含在其练习所要求的"三直四顺"中，要求做到"不偏不倚""劲落涌泉"。步的尺寸也在于身体的整体运行,练习中脚掌平铺、安舒行进,六进(头进、膊进、腰胯进、步进、上左必进右、上右必进左)相宜,在"中定"中寻劲之源头,实用中更体现在脚的"听劲",无过、不及,动则使对方"即扑"。

赵堡太极拳中有"金不换的三合一"之说,传人比较珍视,传承也相对比较保守,很长一个时期,赵堡太极拳都在赵堡镇传承,鲜有外传者。直到20世纪30年代及日本侵华战争开始,中原沦陷,郑悟清、郑伯英、侯春秀等赵堡太极拳传承人移居到西安,赵堡太极拳才开始对外传承。赵堡太极拳没有华丽的动作,拳架也朴实无华,在传承中,秉持着"拳架、推手、散手"三位一体的传承方式。1949年后,"二郑一侯"广传赵堡太极拳。20世纪60到90年代,西安曾掀起一股推手热潮,在西安南门里花园、新城广场、大雁塔等地有诸多太极拳名家及推手爱好者聚集。其中早期以推手著称者有郑悟清的传人谷泰隆、孙兰亭、孙茂云、李海龙等,郑伯英的传人赵鸿喜、郭世奎等,其他拳派习练赵堡太极拳的人也融入此"热潮"之中,比如红拳佼佼者王成玉(大老黑)、邵忠义、陈贵财等。后期参与者众多,其中佼佼者有赵堡太极拳传人李随成、宋蕴华、刘瑞、吴本忠、张聚财、王喜元、刘晓凯、赵策等,还有将吴式太极拳传入陕西的文功远及其弟子文志强、周润生、祝建西、铁君谦等,以及练习其他拳种的名家如李保朝(帽子李)、杨斌、靳根省等人。彼时,推手切磋方式广受民间习武者喜爱,尤其南门处的推手一直延续到1997年以后南门内外花园重建才结束。1982年5月21日至28日,"全国武术观摩交流大会"在西安举行,郑悟清的弟子刘瑞和吴本忠在会上进行了太极推手表演。1984年在西安举行了"西安市武术表演比赛",其中设有太极拳架以及太极推手比赛,西安市各区派出队员参赛。推手的活动影响之广,使得陕西省、西安市相继组织成立"太极推手裁判队伍",陕西省武术协会组织了"太极推手裁判员训练班"。太极拳的系统学习离不开"拳架、推手、散手"一体化的训练。赵堡太极更是如此,其鲜明的特色就是"三位

陕西省武术协会太极推手裁判员训练班结业合影（前排左起：徐毓茹、马振邦、徐雨辰、徐润存；中排左起：刘瑞、吴本忠、洞延年；后排左起：文志强、靳根省、周润生、马平）

一体"，缺一便臻至不了高境。郑伯英开封打擂、"一开六打"等佳话，有"太极圣手"之称的郑悟清与多人的交手实证等，都体现了他们系统性的修习，正因为系统，才成就了他们的太极武学造诣。赵堡太极拳三位一体之外，还因为其拳架本身的合一性，可以尺寸、精微地研悟。郑伯英和郑悟清晚年依然钻研拳架、拳理。郑伯英的每日百遍演架，郑悟清的走路、生活悟架，都在阐释原点的回归：拳架—推手—散手—拳架。其实，这是赵堡太极拳乃至各派太极拳的系统。

拳架是赵堡太极拳的根本，推手和散手是拳架的校验和训练手段，其推手与实战所遵循的"粘黏连随、差米填豆，不丢不顶、不贪不欠，要啥给啥、吃啥还啥，以静制动、以柔克刚，以顺避害、以整击零，以小制大"的运动原则，其根本来自拳架修炼，也服务于拳架。同时也服务于拳架感悟，回馈于拳法的入道。在三位一体的修炼中，赵堡太极拳也凸显"三位合一"。"三位合一",是拳架、推手、散手的合一,亦是赵堡太极拳的拳架特点所在,有拳架即推手、推手即拳架的说法。演拳中,要保持手肘距离,使手之尺寸、脚之尺寸在拳架中一一体现,得到修炼(系统性修炼还需拳架、推手、散手"三位一体")。

(二)以身运气　体命双修

赵堡太极拳行拳起始需达到一气贯通,而一气贯通需要"明三节、四梢","贯为一节"。"三节"将人体分为上、中、下节,即头、躯干、四肢,又分为根、中、梢三节。上、中、下各节又分三节,上三节"额、鼻、口",中三节"胸肩、腹背、丹田",下三节为下肢三节,对应上肢三节。下肢三节有"胯、膝、脚(脚又分脚跟、足掌、足趾)",上肢三节有"肩、肘、手(手又分腕、掌、指)"。在根、中、梢三节的区分上,赵堡太极拳认为其根在足,丹田、腰胯为中,头、手为梢。拳论讲"盖上节不明,无依无宗。中节不明,满腹是空。下节不明,颠覆必生"。"明三节"的目的是行气运化的"节节贯通,通达四梢"。"四梢"分为骨、肉、血、筋,赵堡太极拳认为"牙为骨梢,舌为肉梢,发为血梢,指为筋梢"。《十三势歌》言"若言体用何为准,意气君来骨肉臣"。赵堡太极拳遵照歌诀与拳论,以气为主宰,从意气出发,认为气、劲来自根,运转于中,运化于梢。实用上,要求"气之发动,要从梢节起、中节随、根节催"[①](《十要论》)。行拳的意识与气劲修炼是"以心行气,务令沉着,乃能收敛入骨,以气运身,务令顺随,乃能便利从心"(《十三势行功心解》)。气运全身,气劲合一,"则上自头顶,下至足底,四肢百骸,总为一节"(《十要论》)。

在"总为一节"的达成上,赵堡太极拳要求在"明三节、四梢"的前提下做到运化和通达。如何做到通达三节、达四梢,赵堡太极拳认为,首先,需要做到"三直四顺"。三直即头直、身躯正直、手脚

---

① "梢"听劲,意识引领行动,中节随、根节催,则可引进落空,合发而出。

姿势顺直，无过与不及[1]；四顺即腿顺、脚顺、手顺、身顺。其次，做到了三直四顺，还需要"求合与整"，即内外合一。"求整"需要做到六合，即内三合与外三合，内三合是"心与意合、力与气合、筋与骨合"，外三合是"手与足合、肩与胯合、肘与膝合"，达到"一动无有不动，一合无有不合，五脏百骸悉在其中"的合与整。再次，需要运动中"得六进、精身法、分阴阳"。"得六进"是上下、左右、前后的交互运动和应用能力，有意上掩下、欲左先右、进退顾盼之意，此时拳法运动也就有了"活性"；"精身法"是"纵、横、高、低、进、退、反、侧"的灵动能力，具备此能力，拳法的"灵性"才能得以展现；"分阴阳"需在呼吸、动静、开合、蓄发、屈伸、退进、虚实、起伏、吞吐等中去感悟、开化。最后，有了活性、灵性之后，还需要做到"运化"，运化需"去四病"，"四病"是"顶、丢、贪、欠"，顶是用力、意太重，丢是不随、意不达，贪是过、心太沉，欠是不及、心力不达，而这四病的祛除需要在拳架的不撇、不停、不流水（流水指流水架子，一个节奏）的进退顾盼定，以及时时画圈、处处是圆的连绵中获得。

"总为一节"是静态的一节，也是动态的一节；其通达后，气之运化需要走向"无意、无心"，身体自然行气，这也是郑悟清所谓的"无意才是真意"。赵堡太极拳以气运身、身心合修、内外统一，都是为了追求"以身运气"的自然，也可认为"以气运身"是"后天意识修炼的求"，而"以身运气"是"先天自然动态的达"。赵堡太极拳后天的修炼是为了返还先天，而先天的达是体与命的延续，这也是拳诀所主张的"详推用意终何在？益寿延年不老春"（《十三势歌》）。另外，气的运行本身就是养血、壮骨、强筋、强身、养身的重要途径。在身体运化上，"气、血、骨、肉、筋"相促相生就是固本培元、体

---

[1] 头直便于领劲；身直则无前俯后仰，便于含蓄、吞吐发力；手脚姿势顺直则自然，不别扭。亦有人认为，小腿正直为第三直，主在使人身形无过与不及；言手脚顺直，既要小腿正直，无过不及，也需手顺直。

命双修，延缓衰老与寿命的过程。

重要的是，"以气运身"是意识主宰拳法；而"以身运气"是由身体导引气行得自然之法，其主在由身体运动而运化气劲，使形神合一，成就动则诸身的技能，成就自然之功。身动、气合，统一则为一节，是体与命的实然修炼之法。

（三）综法成技　技劲合一

赵堡太极拳包含武术中的打、踢、摔、拿技术，其招式中皆包含有打、踢技术，但更突出拿、摔、靠技术，比如和兆元宗师就因"靠"出名，有"和家靠之称"。赵堡太极的招式动作不是单一击法，每个动作都包含一到多种"击"，即拿中带打、带摔、带靠，打中带拿、带摔、带靠等。如"金刚三大对"，其回捋为粘黏连随引化动作，在捋或者引化的同时，可合肘靠打对方，也可回拧顺人回撤之势"推按"，所以"粘黏连随不丢顶，引进落空合即出"成了其形象的解答。另外，在推按的同时采手提肘反关节采拿（搬拦擒拿），采拿的同时顺势贴靠对方胸部（穿裆靠），"靠打"的神奇，也使民间称赵堡太极拳为"铁靠"。再如懒扎衣先引化接肩靠随后是肘、手击打或拿；野马分鬃为靠中带打、带拿，打中带缠拿、拿中带靠，也有了赵堡太极拳"善采拿"的说法。所谓"采"，其意义在于拿得轻灵和巧妙，就像蜜蜂采花一般轻灵，但是落下时却分筋错骨。赵堡太极拳还有"打人如走路，放人如镐草"的说法，意思在于其借势打势，不有迟缓，并且有"一招制敌"的意味。赵堡太极拳综法成技，汇成太极拳特有的"化、引、拿、发"四技。赵堡太极拳"四技"以"中、正、平、圆、轻、灵、柔、活"为要领，以"听劲"为原则，以太极拳"十三势"为化劲成技之法。化劲成技、技劲合一是赵堡太极拳"四两拨千斤"，使来犯者应手即扑的技术特色。赵堡太极拳在发展中，既发挥自家之长，也吸收多家之长，综法成技、化劲成技、技劲合一，既是技术思想，也是拳法由技入道的路径。赵堡太极拳技由开始的意、气、力的运动演化为精神与气力的功夫，而后以有形为无形、化有意为无意，归元于"一"，是整体、系统、合一的技术。

（四）美在其中　意境悠远

赵堡太极拳行拳自然、柔活、连绵。前进后退、动作往返，式式连贯、节节贯通，辐射八方。起势到收势势势贯通，心到意到、气动劲随，抱圆归一。在行拳中，左右虚实、阴阳变换，左右配合，内固丹田、外走八方，脚踩五行、手运八卦，意气相合。习练赵堡太极拳臻至高境，则有"三尺罗衣挂在无影树上，在空中迎风飘荡"之感。赵堡太极拳的美是一种轻灵柔活的自然之美、意境之美。其拳架整体行云流水，动作舒缓、连绵不绝，步伐轻快、灵便，如涓涓流水，给人以清新、爽朗、自然之美；运动路线左右兼顾、进退自然，如小船荡漾湖面，给人以畅快、惬意、如诗如画之美。从从拳架动作攻防方位看，七十五式式式内固丹田、式式皆有方位，攻防得意、拳行八方，有灵动之美；从个性到共性的角度剖析来看，每一式需全身画圈、手脚配合、平衡自如、意气结合，体悟其中美妙，潇洒自如，有"人不知我、我独知人"的意境，可获得超然之美；从"太极拳十三势"看拳架，其运行脚踩五行（前进、后退、左顾、右盼、中定），手运八法（掤、捋、挤、按、采、挒、肘、靠），意守八诀（中、正、平、圆、轻、灵、柔、活），有一种凝重和生机之美；其行拳所具备的形神兼备、阴阳转换、刚柔相济、动静交替、快慢相间、蓄发互变、松活自然等，犹如大自然之变迁，给人以循环往复、融入天地的生生之美。

（五）行拳自然　老少皆宜

在整个拳架的运动过程中，赵堡太极拳力求自然，讲究行拳如走路。自然则全身通便，气血顺畅，呼吸平和，氧供充足。自然能使肌肉协同肌与对抗肌有效配合，增强协同肌协同作用、减少对抗肌拮抗；使中枢神经系统的神经调配更加完善，增强神经系统神经募集和集中，减少中枢延搁和抑制，从而使动作随心而动、收发自如，更加自动化。

赵堡太极拳行拳走架由自然始至自然终，在前、后、左、右、进、退中，步法轻灵自然，手上动作随身体运动自如而动，手与足合、肩与胯合、肘与膝合达到外三合，全身画圆，顺其自然，心与意合、力与气合、筋与骨合达到内三合，通过拳架的自然达到身体、心灵的自然，使身、心融合统一，达到忘我、无我、超我的境界。这是一个由技入道、以身演道的过程。

赵堡太极拳虽有大、中、小架之说，其实无甚差别，其区别主要在于拳架高低与动作幅度大小。习练拳架时，动作幅度大，则拳架架低、舒展，腾挪（玉女穿梭）、跳跃（二起脚）、柔韧（左、右砸七星）等，适于体力及运动能力的提高，可侧重于练功；动作幅度小，则拳架架高、紧凑，以身领手，以意领气、领劲，如此可增强身体、肩、脊柱、腰、胯的灵活度，行拳走架周身画圈，气劲合一，可侧重于走劲和体悟。在欣赏赵堡太极拳拳架演练时，幅度大时，开合有度、轻灵自如，动作有高低却看似随意，行云流水、潇洒自如，如微风拂面融入天地的清爽和自然；幅度小时，动作小巧，手随身动，缓慢柔和，行拳如走路。赵堡太极拳拳架以"中、正、平、圆、轻、灵、柔、活"为习拳要求，无论拳架高低、动作大小，均要有一种犹如"三尺罗衣挂在无影树上，在空中迎风飘荡"的轻灵自然意境。赵堡太极拳的练法因人而异。运动幅度大，益于增强肌肉力量，对大小肌群静力性、柔韧性的练习以及心血管系统、神经系统的发育，具有良好的促进作用。运动幅度小，益于劲力的练习和体悟，对于疏通人体经络，预防冠心病、动脉硬化等疾病，具有良好的作用。因此，赵堡太极拳既适于青少年习练，又适于中老年人习练，长期练习可改善身体微循环，防治慢性病等。

综上，赵堡太极拳拳架轻灵自然、缓慢柔和，式式连环、节节贯通、行云流水、连绵不绝；其结构与动作先简后繁，由易到难，适于循序渐进地学习；运行路线往返有度，具有明显的对称性，使得拳架结构严谨；动作左右式互练，使得拳架左右兼顾更加平衡，但其又不是简单的重复，使拳架运动不呆板而更显活泼与丰富，极具学和练的乐趣；

拳架内固太极，处处画圈、走圆，内外兼修，内练内三合，外练外三合，全身一体，全身是"眼"、浑身是"拳"，应变自如，其内涵饱满，外显如球无凹凸、迟滞之感，体悟中有意守丹田、拳行八方、攻守自若之感；拳架整体运行脚踩五行、手运八卦，动作节节贯通、一动百动，虚实有变、阴阳互转，尽展"太极十三势"之妙；"中、正、平、圆、轻、灵、柔、活"的行拳风格，尽显其自然之音符。另外，拳架动作包含武术实战对抗中打、踢、摔、拿、靠诸技艺，更凸显"化引拿发"四技，其拳守尺寸，拳架、推手、散手三合一，以身运气、体命双修，内外相合，极具整全修炼意义和关怀。

赵堡太极拳拳架可大可小、可高可低，这也是其"大、中、小架"的区分和来由，一般认为大架练功、小架走劲，其实都能练功、走劲，只是习练者各有侧重罢了。赵堡太极拳大架动作大开大合，势低劲柔，适于青少年练习，可发展身体、增强体质，益于神经系统和循环系统的发育和完善；小架动作轻灵小巧、势高架活、身随心意而动，行走坐卧均可练习，适于老年人防治疾病、改善身体微循环、疏通经络；中架幅度介于大小架之间，适于中年人练习和体悟。可谓老少皆宜。此处，解析赵堡太极拳拳架，对整全认识、传承和发展拳法具有重要意义。

第二节　赵堡太极拳七十五式动作图解

七十五式拳架示范

第一式　起势

又称无极式。无极桩是赵堡太极拳的基本桩法、桩功。其动作要求如下。面朝东而立。身体自然端正站立，两足间距与肩同宽，脚尖直对前方，不可外八字。膝站直，稍往前放松，但不可弯曲。收小腹，松胯，尾闾中正。两臂自然下垂身侧，手指伸展而不僵硬。手掌微微翘起，手腕部放在腿部侧面中心线处。沉肩，自然含胸拔背，不可过分扣肩。扣齿，舌舔上牙根，咽液，下颌微收，虚领顶劲，使精神提起，目视前方，表情自然放松。意守丹田，呼吸深长自然。每次呼吸小腹都应有起伏感，这也是正常的反应。头脑清醒、打嗝、肠鸣、放屁、脚心发热、手指发麻、指尖随着心脏有跳动感，这都是气血通达，行于末梢神经的良好反应。（图1）

无极太极养生桩功是深长的自然腹式呼吸，它使浊气下降，清气上升，促使内气浑厚。以意导气的内气运转能对内脏起到按摩的作用。长期习练此桩功，对心血管疾病及肺、胃、肠、肝等的慢性疾病有一定的治疗效果。每次练拳前站立5～10分钟，练完后站2～5分钟；也可专门站此桩，每次站半小时以上。

起势：自然站立，与无极桩要求相同。接着，屈膝重心下沉，右脚尖少许外摆，重心移至右脚，两手掌心朝前；左脚前进一步，两臂由身体侧面中心线外抄起，左手高至耳轮，右手超过头顶，两手在身前中心线处会合落下；然后，右脚跟进一步，再成无极桩。（图1、2、3、4）

图1

图 2

图 3

动作要点：立身中正，全身筋骨关节，节节放松；拧脚、抬臂、上步、落臂、右脚跟进，动作连贯均匀，呼吸自然。

注意：抄手抬臂，以手领、肘随、肩跟，切勿耸肩、架肘；落臂做到肩沉、肘坠、手落。后面整套动作手臂起落都要按此要求。

图 4

第二式　金刚三大对

又称上金刚。右脚尖稍外摆，膝微屈，重心下沉右移，左脚直朝前（正东）进一步，两掌由身前中心线处抄起，指尖高度不超过肩，两掌心相对，相距一小臂距离，重心稍偏前方，目视正前方。接着，两手右旋后捋，身体向右转45度，重心下沉，双手旋至左掌心朝上、右掌心朝下，左手至身前中心线，右肘至右膝上方、右掌至右脚上方，步型成右侧弓步时即为"捋式"；接着，身体左旋，沉肘，两掌随身左旋，旋至步型成马步时，即为"合挤之势"；上动不停，右腿蹬地左旋，重心随之前移，两掌向前形成按劲，即为"按发之势"；右脚随蹬劲上步，右掌外旋，掌心从左手指前绕过，形成采势，右掌握拳，拳眼向上，自然落至肚脐前，左手成半托掌，在右拳下方，则成搬拦之势，此时目视前方，"金刚式"完成。（图5、6、7、8、9）

图 5

图 6

第七章　赵堡太极拳拳架图解　295

图 7

图 8

图 9

动作要点：两臂掤起，五指自然伸展，沉肩坠肘；后将、转身、重心后移完整一致；蹬地、长身、按劲、跟步、脚落手落，上下要相随；掤将挤按为一大圈，搬拦采挒为一小圈，同时裆胯走一立圈，全身协调，动作完整。

第三式　懒扎衣

右拳变掌上升至眉齐，左手下落至裆齐；两臂如抱球，顺时针画圆，重心移至右脚，左脚后退半步，重心左移下沉屈腿，两臂转至胸前交叉；右脚向右横跨一步，左掌落至左胯窝，右臂向右画弧，右掌高至眉齐，落至肩平，步成右侧弓步，目视前方。（图10、11、12）

第七章　赵堡太极拳拳架图解　297

图 10

图 11

图 12

动作要点：两臂画圆如抱球，外三合要合住，即肩与胯合、肘与膝合、手与足合。侧弓步膝关节不能超过垂线，手与脚尖上下形成垂直线，沉肩坠肘，右臂向右画圆，重心右移一致完成。

第四式　白鹤亮翅

右手向左画弧，高与眉齐，至面前中心线处下落至裆部，同时重心下沉向左移动，成左侧弓步；接着重心右移，左掌从面前中心线处向上画弧，右掌由下向上、从右侧旋起，待左掌高至眉齐时，蹬左腿起身，同时双掌逆时针前旋按出；待两掌心朝前下方落至肩平时，左腿收步。（图 13、14、15）

第七章 赵堡太极拳拳架图解

图 13

图 14

图 15

动作要点：右掌向左画弧和重心向左移要完整；左腿蹬地、长身、收步和两掌向前按，动作要连贯完整。

第五式　单鞭

屈膝下沉，重心移至左脚，右脚后移半步，同时两臂向左画圆高至眉齐，然后下落至裆齐，重心移右脚，左脚向左横跨一步；双臂体前画弧一圈后，重心移至左侧，成左侧弓步，左掌在左肩处劈出定掌，高与眉齐，手与脚合，右掌由中心线下落，随小臂向右下方画一小圆，形成勾手，手与肩高。（图16、17、18、19）

第七章 赵堡太极拳拳架图解 301

图 16

图 17

图 18

图 19

动作要点：两臂转圈画圆要同时进行，左臂外旋和重心左移要一致，右掌画圆形成勾手要与左侧弓步定型一致；沉肩坠肘，两臂沉展。

第六式　金刚三大对（斜）

右勾手变掌下沉，然后画弧上旋，待手至胸前与左肘对应时，两手右旋后捋，身体向右转45度，重心下沉，双手旋至左掌心朝上、右掌心朝下，左手至身前中心线，右肘至右膝上方、右掌至右脚上方，步型成右侧弓步时即为"捋式"；接着，身体左旋，沉肘，两掌随身左旋，旋至步型成马步时，即为"合挤之势"；上动不停，右腿蹬地左旋，重心随之前移，两掌向前形成按劲，即为"按发之势"；右脚随蹬劲右斜45度上一步上步，右掌外旋，掌心从左手指前绕过，形成采势，右掌握拳，拳眼向上，自然落至肚脐前，左手成半托掌，在右拳下方，则成搬拦之势，此时目视前方，成"斜金刚"式。（图20、21、22）

图 20

图 21

动作要点：与第二式金刚三大对相同。

图 22

第七式　白鹤亮翅（左）

右拳变掌，两掌向右前方抄起高至眉齐按出，两掌相距一小臂长，接着两臂沉落至裆齐，同时左脚向左斜后方跨一步，重心随之下沉左移，右脚随即跟上，脚尖着地，成虚步；然后，两臂向右上方旋转按出，由高至眉齐落至肩平按出，左掌在身前中心线，同时右脚进步，回原地，左脚随即跟上回原地，身向东北方，面向正东。（图23、24、25）

图 23

图 24

图 25

动作要点：两臂下落与脚步移动要一致，蹬地扑按上下要随。后移时，右臂不可超过身前中心线，进步扑按，左掌不可超过身前中心线。两臂画圈上至眉齐，下至裆齐，落至肩平。

第八式　斜形

右脚向右斜前方进垫一小步，同时，左小臂搭至右小臂上，两掌背相对，重心移至右腿，左脚向左斜后方跨一步，两臂在胸前交叉下沉；接着重心左移成马步，两掌心搂抹两膝，待身体移至中心位置，双手自然翻掌，拇指朝外、掌心朝前，随即两臂升起至眉齐，在身前中心线下沉，右掌沉至肩平，左手落至身后尾骨成勾手，重心左移，成左弓步，面向东北方。（图26、27、28、29）

图26

图 27

图 28

动作要点：右脚进步、搭手、两臂交叉下沉、左脚跨步要一致；两手翻起、长身、两臂下落、重心下沉成左弓步，要做到起落一致；两掌在膝关节处翻掌，在中心线前起手不可越后，以免挺胸。

图29

第九式　斜行鹞步

动作一：右掌向右弧行下沉至裆齐，左手从背后贴左腿抄起，两臂形成接手姿势，两掌相距一小臂长；接着重心右移，双手右旋、右捋，随之重心下沉成右侧弓步；然后，两臂下沉上旋至胸齐，同时带动右脚收步；接着，翻掌扣落，左掌成勾手落至左膝上，右掌心向上落至丹田处，左脚随两臂扣落收成左虚步。（图30、31、32、33）

图 30

图 31

图 32

动作要点：两臂抄起成接手式，左手、肘不可超出左脚与膝，右手不可超过身前中心线。右挒时右肘不可超过右膝，左手不可超过身前中心线，做到手与足合、肘与膝合、立身中正和肩与胯合。两臂下沉带动右脚收步，两臂翻掌下扣带动左脚收步，做到手到脚到，起落一致。

图 33

动作二：接上势，左脚向左前方进半步，同时两臂上翻抄起，左手勾向上与肩平，右掌心向下，放至左肘尖内侧，成高姿左弓步。（图34）

动作要点：两臂上翻和左脚进步要一致。

图34

动作三：接上动，左勾手变掌画弧内收，与右掌交叉，掌背相对形成胸前十字手，同时，右脚向左脚前方盖步，形成交叉步。（图35）

图35

动作要点：左勾手变掌内收和右脚插步同时完成。

第十式　斜形

两臂交叉下沉，左脚向左横跨一步，两掌在膝关节处搂抹翻手上升，右掌落至身前中心线，高与肩平，左掌变勾手落至背后尾骨。（图36、37）

图 36

图 37

动作要点：与第八式斜形相同。

第十一式 转身斜行

动作要点：与斜形鹞步基本相同，唯右脚不是收步，而是插向左脚后方，身体转90度，面向南方。（图38、39、40、41）

图38

图39

第七章　赵堡太极拳拳架图解　*315*

图 40

图 41

第十二式　斜行鹞步

两臂上翻、进步、插步，左脚横跨，两掌搂抹两膝，与前式相同，两臂上升，带动右脚收回，右掌变拳，左掌托右拳成金刚式，面向正东。（图42、43、44、45、46）

图 42

图 43

第七章 赵堡太极拳拳架图解 317

图 44

图 45

图 46

第十三式　伏虎

　　左脚后移半步且重心落于左脚，右脚向右横跨一步，重心下沉成马步，同时，右拳变掌，两臂胸前交叉，掌心向里翻按下沉至裆处，两掌分开，搂抹膝关节，左掌上升高至眉齐，在身前中心线处握拳落至胯骨上方腰处，右掌握拳升至头顶右侧，同时，重心右移，形成右侧弓步。（图 47、48、49、50、51）

第七章　赵堡太极拳拳架图解　319

图 47

图 48

图 49

图 50

图 51

动作要点：左脚后移和两掌交叉上翻要一致；两掌向内扣按，右腿横跨，重心下沉要一致；两臂下落和重心右移下沉形成弓步要一致完成。

第十四式　擒拿串捶

转身面向正南，右拳画弧下落，拳背向上落至小腹，重心左移，右脚成虚步；同时，左拳变掌升起至面额，由胸前向下方落，由右拳背上下切；右拳内拧，左脚蹬地进步成虚步，右脚踏实，右拳随进步向右斜下方击出，拳背向上；同时，左掌握拳，落至丹田处，目视右下方拳背。（图52、53、54）

图 52

图 53

图 54

动作要点：右拳下沉，重心左移，左拳变掌、切按内拧右拳要一致完成；左脚蹬进和右拳击出，劲力要完整。

第十五式 肘底藏捶

重心下沉，身体左转，面向正北；同时，左拳从丹田处经胸前中心线上升至眉齐，右拳画弧行至左肘下；左脚尖着地成虚步，右脚踏实，膝微屈，重心下沉。（图 55）

图 55

动作要点：两拳随身体转动而行，左肘、右拳、左膝、左脚尖上下对照。

第十六式　倒碾肱

又称倒撵猴。重心左移，屈膝下沉，同时，两臂下沉，两拳变掌，左掌落至左胯外侧，掌心向下，右掌在身体右侧，由右侧向前画一立圆，落至前方与肩平，同时右脚向后挂、退一步；接着，重心右移，右臂自然下沉至右胯外侧，左臂由左侧向前画一立圆，落至身前与肩平，同时，左脚向后挂、退一步。如此退三或五步，停至右手、左足在前。（图56、57、58）

第七章 赵堡太极拳拳架图解 325

图 56

图 57

图 58

动作要点：臂由体侧向前画立圆，脚步后退，含有后挑、挂、弹之劲道；要体会后挑、前劈及下按之劲道，脚步挂退与臂前劈下按，劲道要一致。行拳时，以自然为要。

第十七式　白鹤亮翅（左）

右臂下沉，左臂由身体左侧画弧上升，重心右移。转体，面向东北方，右臂由身体右侧升起，左脚随左臂收回，脚尖着地，两臂在身体右侧会合，两掌相距一小臂长；接着，左脚向左斜后开一步，右脚跟步，两臂捋向左下方；然后左脚蹬，右脚进步，两掌向上画圆，随步向前成按扑动作。动作要求与前式白鹤亮翅相同。（图 59、60、61、62）

第七章　赵堡太极拳拳架图解　327

图 59

图 60

图 61

图 62

第十八式　斜形

与第八式斜形动作要求相同。（图63）

图63

第十九式　闪通背

动作一：右臂右侧画弧下沉至裆齐，左勾手变掌，由身后经左腿外侧上升至肩平，两臂成掤接之势；接着双手随之右旋、右捋，重心右移，待左掌捋至身前中心线位置时，两臂随之下沉画弧，接着重心左移，带右脚收三分之一步幅，左掌搂抹右肘尖，沉至背后尾骨成勾手，同时左脚收回，脚尖着地成虚步，右掌在胸前中心线掌背外打，沉落至裆齐，掌心朝前，掌尖自然朝下，右腿随之屈膝下沉，成左虚步，面向正北。（图64、65、66、67）

图 64

图 65

第七章 赵堡太极拳拳架图解 331

图 66

动作要点：两臂旋将重心右移要一致，左掌搂抹右肘尖、收右步要相随，右掌背外打与左脚收回要一致。

图 67

动作二：左脚前上一步，重心移至左脚，同时左掌贴左腿外侧，掌心向上掤起，高至肩平；右掌向上托起至胸前时，翻掌下按、落至左肘内侧。（图68）

图68

动作要点：进左步，左掌掤起，右掌托起翻按要一致。

动作三：左掌上托、右掌下按，左掌高至眉齐时，两臂下捋，同时，右脚以左脚为圆心后扫，身体右转约135度，重心右移成右弓步；当两臂捋至裆齐时，左掌由身前中心线转出、向前翻按，右掌由身体右侧经头顶上方向前按出，同时松左胯，身体左转，右脚蹬地进一大步，左脚随即跟上并步，脚落则两掌落至肩平，此时面向正东。（图69、70、71）

图 69

图 70

图 71

动作要点：左掌上托、右掌下按、右脚后扫、转体要连贯一致，右脚蹬进、左脚并步、两掌转翻扑按，劲力要完整统一。

第二十式　白鹤亮翅

屈膝下沉，两掌下沉至裆齐，随机重心移至左脚，左掌从身前中心线转翻按出，右臂在身体右侧越头顶按出，同时，右脚向前方进一步，左脚跟上并步，两掌落至肩齐，掌心朝外，面向正东。（参照第四式）

动作要点：两掌下沉和屈膝重心下沉要一致，蹬地进步和两臂扑按劲力要完整。做到上下相随，起落一致。

第二十一式　单鞭

与第五式单鞭动作要求相同。

第二十二式　云手

右勾手变掌下落至裆齐，立掌由胸前中心线上升至眉齐，然后向右分按下沉、脚尖摆动，重心随之右移成右侧弓步，同时，左掌自然下沉至裆齐，在胸前中心线向左分按下沉、脚尖摆动、重心随之左移成左侧弓步。如此左手一个圆、右手一个圆，可以返生不息。（图72、73）

图 72

动作要点：掌要从胸前中心线立着抄起，上不过眉、下不低裆、外不超过脚尖，臂外旋滚圆，脚蹬、重心移动、手臂外分下按，劲力皆要完整、流畅。

图73

第二十三式 左高探马

动作一：云手三或五次后，至左手沉至裆齐，右掌高与眉齐时，身体转向正北，收左脚，脚尖着地成虚步，右臂随身体同时转至身前中心线，画弧下沉至胸齐，同时左掌在身体中心线画弧钻升至眉齐，落与肩平，两掌心相对，左前右后一小臂长、面向正北。（图74）

图74

动作要点：转身、收步，右臂下沉、左掌钻升下落要一致。

动作二：左脚里挂提起，脚尖外摆下踩，左掌背外翻下沉至胸前，右掌上托至眉齐，走弧下按至肩平，右脚进步，脚尖着地成虚步，面向正北。（图75、76）

图75

图76

动作要点：左脚挂、外摆、下踩，左掌下沉、右掌上托下按，右脚进步一致完成，做到上下相随、劲力完整。

―――― 第二十四式　右侧脚 ――――

两掌握拳，两臂向右侧画弧，随重心下沉、长身、踢右脚，右拳变掌击打右脚面，面向正北。（图77）

动作要点：两掌握拳画弧下沉与重心下沉一致，长身、踢腿、变掌击打脚面要一致。

图77

―――― 第二十五式　右高探马 ――――

右脚收回，随即脚尖外摆下踩，右掌翻掌画弧下沉至胸前中心线，左掌画弧上托至眉齐，下按至肩平，左脚上步，脚尖着地成虚步，面向正北。（图78、79）

图78

动作要点：与左高探马要求一样，劲道完整。

图 79

— 第二十六式　左侧脚 —

两掌握拳向左画弧下沉，长身、踢左脚，同时，左拳变掌，左掌击打左脚面，面向正北。（图 80）

动作要点：与右侧脚要求一致。

图 80

第二十七式　蜷脚蹬跟，转身鹞步捶

动作一：臂与脚同时落下，转身面向正西，两掌握拳，收于腹前，左腿提起，脚蹬出，同时两臂画弧，两拳伸展，蜷脚蹬跟。（图81、82、83）

图 81

图 82

动作要点：脚、手落，转身、提左腿、握拳蹬腿、展臂动作连贯。

图 83

动作二：左脚落地，转身面正南，右拳经面前落至胸前，左拳自然落于身体左侧；接着，左拳在身体左侧上升至眉齐、内裹下压沉至胸前，接着上右步，右拳自然下垂身体右侧。（图84、85）

图 84

图 85

动作要点：左脚落地，右拳砸下完整一致；左拳上升内裹下压和右脚进步一致。

第二十八式　青龙探海

左脚进一大步，左拳经胸前画弧，下沉落至背后尾骨处，右拳在身体右侧走一大圈，砸向左脚面成左弓步，面向正南。（图86）

图86

动作要点：左拳内压下沉，进左步，砸右拳，重心左移，劲道连贯完整。

第二十九式　鹞子翻身

两拳同时升至眉齐，翻身、左脚蹬地跟步，两拳下落至胸前，屈膝下沉，面向正北。（图87）

图87

动作要点：拳起、翻身、左脚蹬地跟步、拳落，做到上下相随。

第三十式　二起脚

两臂向左侧下摇上提，同时左脚先腾空跳起，在左脚未落地之时，右脚向前踢出，右手击打右脚面，面向正北。（图88、89）

图 88

图 89

动作要点：两臂下摇、屈膝下沉、两臂上提、蹬地跳起，借臂上提之力使跳起显得轻巧。

第三十一式　分门桩抱膝

二起脚落地，左脚前进一步，两掌背相贴，随步由身前中心线画弧上升至眉齐分开，重心后移至右脚时，左脚收步，脚尖着地成虚步，两臂由身体两侧画弧下落，掌心向上抄起左膝。（图90、91、92）

图 90

图 91

图 92

动作要点：进步、插掌、身体稍转要自然，两臂下落抄膝要连贯。

第三十二式　蜷腿蹬跟

又称喜鹊蹬枝。两掌上托外推，同时，左脚尖勾、脚后跟蹬出；接着，腿收回，右立掌落至裆齐，左掌落至背后尾骨处。（图93、94）

图93

图94

动作要点：翻掌外推、蹬腿、收腿，劲力完整，右腿站立稳定。

第三十三式　转身左右分马掌

动作一：右手上领，左腿提、左手跟，接着转身面向正西，两掌由高至眉齐随转身分别自然落于身体两侧，掌心朝后。（图95）

图 95

动作要点：右手上领提左腿带动转身，劲力完整，轻松自然。

动作二：右掌、右腿在右侧提起，小腿在右前方收回时画一小圈、向右侧蹬出，右掌随腿同时撩出。（图96、97）

第七章 赵堡太极拳拳架图解 349

图 96

图 97

动作要点：提腿画圆、蹬出动作与掌画圆撩出动作要自然完整。

动作三：右手与腿下落，左掌向前砍出；向右侧转身，左脚进步，面向正东；接着，左掌随转身进步，升起至眉齐，左脚落地，左掌自然落在身体左侧。（图98、99、100）

图 98

图 99

图 100

动作要点：右脚右手落、转身、左脚进步，左掌自然起落，整个动作连贯，轻松自然。

第三十四式　掩手锤

右腿屈膝下沉，左腿向左横跨一大步，两掌同时向左向上画弧升起，左掌高与眉齐，右掌与左肘相平，从左向右画弧，重心右移，左肘至身前中心线；两臂下沉，右掌变拳，同时由右向左击出，重心左移，成左弓步，右拳落至左小臂上方。（图 101、102）

图 101

图 102

动作要点：两臂上升、右移，与重心右移同步进行，屈膝下沉横跨左步，重心左移，右拳左击，劲道完整。

第三十五式　左右七寸肘

左肘、右手随重心同时下沉，左肘画弧，离地七寸；重心右移，右拳变掌，右肘下压画弧，离地七寸。（图103、104）

图 103

图 104

动作要点：肘、掌下切，身体尽量要正。

第三十六式　抱头推山

左掌从左侧升至头部，右掌从右侧升至头顶，长身，两掌心朝前，在头部向前推按，两掌相距一小臂之长，成右弓步。（图105）

图 105

动作要点：两掌抱头推按，与蹬地长身劲道一致。

第三十七式　白鹤亮翅

与第二十式白鹤亮翅动作要求相同。

第三十八式　单鞭

与第五式单鞭动作要求相同。

第三十九式　前后照

动作一：右勾手变立掌内收，肘收至胸前中心线。接着，重心右移，左掌内收至右掌下方，两掌背相贴，两肘尖尽量相贴，成右侧弓步。（图106、107）

图106

图 107

动作二：重心左移，右转身，收右脚，脚尖着地成虚步，伸右掌，高与肩齐，左掌自然沉落至胸前中心线处，面向正南。（图 108）

动作要点：转身，移重心，收右脚，伸右臂，动作连贯完整。

图 108

第四十式　野马分鬃

右掌心朝下，随身体重心下沉，进右步，右掌在身前中心线处立掌画弧升至眉齐，掌心朝前沉按至肩平，左掌自然沉落至左胯处，成右弓步；左掌画弧，领左脚进步，左立掌画弧，在身前中心线处升至眉齐，掌心朝前沉按至肩平，成左弓步，右掌自然沉落至右胯处，面向正南。如此走三步或五步。（图109、110、111）

图 109

图 110

图 111

动作要点： 蹬腿进步，手掌分按，手到脚到，劲道完整。

第四十一式　玉女穿梭

野马分鬃做到右弓步时，左脚跟步，重心后移，提右腿，脚尖勾起外摆，向前踩落，同时右掌背下压，左掌上托前按、下压，左脚随之进步，右腿以左脚为圆心后扫半圈，左掌自然下沉，右掌从左腋下画弧向右劈出，落至肩平，左掌自然落至左胯处成右弓步，定式如"懒扎衣"动作，面向正东。（图112、113、114）

图112

图113

动作要点：提膝、脚尖外摆跺落，与右掌背压，左掌上托前按要一致完成，进左步、后扫转身，右掌劈落成右弓步劲道完整。

图114

第四十二式　白鹤亮翅

与第四式白鹤亮翅动作要求相同。

第四十三式　单鞭

与第五式单鞭动作要求相同。

第四十四式　云手

与第二十二式云手动作要求相同。

第四十五式　童子拜佛，双峰贯耳

动作一：云手至左掌下落时，带左步收回，右掌带右步收回并步；掌心相对合掌，从裆部经胸前中心线抄起至眉齐，指尖向上。（图115）

图115

动作二：两掌分开，两臂由身体两侧自然下落，握拳，提右膝，两拳面对准膝关节两侧。（图116）

图 116

动作要点： 左手带左脚，右手带右脚，自然起落；提膝，膝到拳到，动作一致。

第四十六式　单震脚，二郎担山

两拳变掌，掌心相对升至眉齐，两臂由身前中心线分开向两侧沉落，左膝微屈，重心下沉，震右脚，左腿向左开一大步变为马步，两掌下落至肩平，形成担山式。（图117）

图 117

动作要点：屈膝下沉，震脚，两臂下落成马步，动作连贯。

第四十七式　扫堂腿

重心左移、下沉，右腿带手横扫堂半圈，面向正西；接着，左掌心朝内升至肩齐，停在左耳旁。（图 118）

图 118

动作要点：升左掌、移重心、扫堂、转身，动作连贯。

第四十八式 左金鸡独立

重心右移，左掌心围耳由前至后画一立圆，自然垂落左侧成勾手，右掌升起，掌围右耳由前至后画一立圆，掌心朝外，停至面门前；接着，站起提右膝成左金鸡独立式。（图119、120、121、122）

图119

图 120

图 121

图 122

动作要点： 移动重心，左掌垂落下蹲，右掌围耳上领，起身提膝，做到起落一致。

第四十九式 右金鸡独立

左膝微屈，右肘、右膝同时下沉，肘领提膝，转身90度，面向正北，右掌由面门至右耳后画弧，自然下沉，掌心向下成按掌，垂落右侧，右脚落地，左掌由身前上升至围左耳，由前至后画一立圆，升至面门前，同时屈膝下蹲，随左手上升，起身提左膝，形成右金鸡独立式。（图 123、124、125）

第七章　赵堡太极拳拳架图解　367

图 123

图 124

图 125

动作要点：右掌落、右脚落，左掌向前画圆，下蹲，往前升领起身提左膝，做到起落一致。

第五十式　双震脚

左肘下沉，画一立圆，在身前下砸，同时，左腿摆胯，由内向外旋摆一圈，在右脚内侧震脚，震左脚时右脚顺势抬起下落震脚，成左右双震脚。此时右掌在右胯侧动作不变。（图126、127）

图 126

动作要点：左肩、左胯放松，左肘沉转一圈后下砸，随之左腿绕胯旋摆一周后震脚，左右震脚起落分明连贯，劲力运化完整。

图 127

第五十一式　倒碾肱

与第十六式倒碾肱动作要求相同。

第五十二式　白鹤亮翅（左）

与第十七式白鹤亮翅（左）动作要求相同。

第五十三式　斜形

与第十式斜形动作要求相同。

第五十四式　闪通背

与第十九式闪通背动作要求相同。

第五十五式　白鹤亮翅

与第四式白鹤亮翅动作要求相同。

第五十六式　单鞭

与第五式单鞭动作要求相同。

第五十七式　云手

与第二十二式云手动作要求相同。

第五十八式　左右十字手

动作一：接云手，右手下落时，微屈肘画弧，同时收右步约三分之一步幅，右掌不停从身前腹部中心线立掌抬起至胸前，左手落下时，上左步，左掌由腹前中心线抄起经右掌上方伸出前按，成马步。（图128）

图128

动作二：重心后移，左臂下沉，掌心朝上停到丹田处，收左脚，脚尖着地成虚步；同时，右臂下沉，由身体右侧上升画一立圆，向前方按出，停至胸前中心线，高与肩齐。（图129）

图 129

动作三：屈膝重心下沉，右臂上领回收，左臂上升，上左步，两臂在体前如抱一圆球，顺时针画一立圆，左掌落在右小臂上，左掌心朝下，右掌心朝上，交叉胸前，形成十字手，成左前弓步，面向正东。（图 130）

动作要点：沉臂、升长、画圆、收步、上步、拧腰，整个动作全身配合协调，连贯完整。

图 130

第五十九式　十字单摆脚

长身，右脚踢起在面门前横摆，左手掌击打右脚面。右脚落至右后方成左弓步。同时，左掌变拳落于腰部左侧，右掌变拳沉落于胸前，面向东南方。（图131、132）

图131

图132

动作要点：长身、摆脚、击打脚面，劲道完整。

第六十式　吊打指裆捶

右拳下沉右捋,右旋身画弧,经右侧上升旋转至眉齐;身体内旋,在身前中心线处,右拳下砸,落至裆齐。(图133、134)

图 133

图 134

动作要点:右臂右捋,重心右移成右弓步,右拳上升,长身,右拳下砸,重心左移成左弓步。

第六十一式　金刚三大对

两拳变掌，上金刚，动作要点与第六式金刚三大对（斜）同。

第六十二式　懒扎衣

与第三式懒扎衣动作要求相同。

第六十三式　右砸七星

左掌画弧上升至眉齐，向右至身前中心线，两臂同时向右下沉，画一立圆，重心下沉至左腿，左掌护住左耳，右掌下劈落向右脚，掌背对脚尖，同时重心下落，成右单叉。（图135）

图135

动作要点：两臂画圆与重心左移下沉要协调，右掌下劈与下单叉要一致。

第六十四式　搬拦擒拿

　　重心向右移动，上升成右弓步，右掌升至肩平，左掌紧跟，伸至右肘下方，两掌内翻握拳；同时，左臂向左搬拦，重心左移成马步，拳面相对，横沉至胸前。（图136）

图 136

动作要点：长身右手擒拿、左手搬拦、拧腰，劲道完整连贯。

第六十五式　回头看画

　　动作一：重心右移，左臂向左侧下压，带动左脚，臂挑脚挂；左脚落，右脚斜前45度上步，面向东北，同时右拳画圆下砸至裆部，左拳停至左耳下。（图137、138）

图 137

图 138

动作要点：左臂挑、脚挂，劲道一致；右脚上步，右拳砸下，动作连贯。

动作二：拧腰，回头看东南方，同时右拳上至右耳下方。（图139）

动作要点：拧腰、右靠打、拳击，劲道完整。

图139

动作三：拧腰，回头看西北方，右脚向西北方进一大步，左脚紧跟上步，同时两拳前冲，拳背朝上，高至肩平，两拳相距一小臂长。（图140、141）

图140

图 141

动作要点：进步冲拳做到拳到脚到，劲道完整，面向正西。

第六十六式　白鹤亮翅

两拳变掌下沉，进步白鹤亮翅。（图 142）

图 142

动作要点：与第五十五式白鹤亮翅同。

-------- 第六十七式　单鞭 --------

与第五式单鞭动作要求相同，但身体朝向与第五式相反。（图 143）

图 143

第六十八式　左砸七星

与第六十三式右砸七星动作要求相同，只是左右区别。（图 144）

图 144

第六十九式　搬拦擒拿

与第六十四式搬拦擒拿动作要求相同，只是左右区别。（图 145、146）

图 145

图 146

第七十式　上步七星

沉肘，左右拳合向身前中心线，两拳交叉，收右步；接着，两臂下沉、外分，在体侧画弧上升至眉齐，在身前中心线会合变掌下落，右立掌停至裆部，左拳变勾手停至背后尾骨处，同时上左脚，于前方中心线处，脚尖着地成左虚步，面向正西。（图147）

图 147

动作要点：合拳交叉胸前与右收步同时进行，两拳下沉，两臂上升变掌下落与收左脚同时完成。

第七十一式 转身跨虎

右掌上领，左勾手变掌，左膝上提，左脚尖内扣，两臂顺势向右旋，拧腰以右腿为轴转身180度，左臂停于胸前身体中心线处，右掌在身体右侧，相距一小臂距离，掌心相对，面向正东，形成跨虎式。（图148）

图 148

动作要点：右掌上领，提膝拧腰，转身跨步，动作连贯一致。

第七十二式 双摆莲

左脚落地，重心前移，掌心朝下，高至肩平；接着，长身，踢右脚，面门前外摆，两掌击打右脚面，右脚落至右后方，成左弓步，面向东南方。（图149、150）

图149

图150

动作要点：长身踢腿，击打脚面劲道连贯。

第七十三式　弯弓射虎

两掌下沉，向右后方捋；接着，上升画一大圆，两掌上升时握拳，旋身下落至胸前。（图151、152）

图 151

图 152

动作要点：两臂下沉后捋，重心随之右移成右弓步；两掌上升握拳下落，重心左移，还原左弓步，整个动作以腰胯带动两臂画圆升落。

第七十四式　金刚三大对

两拳变掌上步金刚与第二式相同。

第七十五式　收势

两臂下沉，退右脚，两臂上升，在胸前中心线会合，下落退左脚，还原无极桩，合太极。（图153、154、155）

图 153

图 154

图 155

第八章 赵堡太极拳推手

上下活步推手训练技法

赵堡太极拳推手形式主要为上下步活步推手。此推手形式公平、科学、严谨。所谓"公平",是说其运动一进一退,左右对称、机会对等。说其"科学",是因为太极十三势"掤、捋、挤、按、采、挒、肘、靠、前进、后退、左顾、右盼、中定"尽在其中,并且"手转、臂转、步转、身转","立圆、平圆、斜式圆、圆套圆、圈套圈"处处体现动静、开合、阴阳虚实之变化。称其"严谨",是因为水平低则处处挨打、受制;水平相当,不是一处小心,而是处处注意谨慎,稍一走神,则在任何角度都有被拿、摔、发的可能。上下步活步推手练习,能使太极推手研习者的感觉、手法、身法、步法、虚实、劲道,得到全面提高。除此之外,赵堡太极拳在现代发展中,也吸收借鉴了其他拳派的太极推手形式,如定步推手、单手平圆、立圆推手及散推等。多种多样的推手形式为推手辅助习练之法。长期的传承中,最为根本的还是上下步活步推手。当然,多样习之也大有裨益。本书主要介绍上下步活步推手。

第一节　上下步活步推手图解

赵堡太极拳上下步活步推手,简称"上下步推手",是赵堡太极拳推手系统传承的推手方式。从传承的系统性和逻辑性上,"上下步推手"属于双推手活步推手。为了保证赵堡太极拳传承的原汁原味,此章节主要介绍此推手。特邀请李随成先生(甲)与王英杰先生(乙)做示范。

一、预备式

甲(左)乙(右)相对站立,两人相距两臂距离,目视对方,立身中正,全身放松。(图156)

图 156

二、顺时针（相对甲）推手

①搭手。甲乙各向前上一步，甲出左脚、乙出右脚，两脚相贴，甲脚在乙脚外侧；同时甲成"金刚三大对－起手式"（防守姿势）向前接手，乙以同样动作，右手在前、左手在后（防守姿势）向前接手，两人后手掌背相接，前手各扶于对方后手肘外侧，即甲右手与乙右手背相接，左手接于乙右肘外侧，看管乙右臂，同时，乙左手接于甲右肘外侧，看管甲右臂。双方前腿微屈，身体中正，接手接肘、看手看肘，互为平衡，成"搭手"姿势。（图157）

图 157

②顺时针推转。乙重心前移前按甲，甲重心后移，随势松胯、转腰、捋带、领偏，即甲顺势向上、向右画弧牵引、缠绕乙方，引进防守；待甲左手与乙右肘顺时针（相对甲）旋转至乙中线位置时，乙左手脱离甲右肘，在体前中线接甲左手，手背相接，甲继续画弧旋转，乙右手自然下落，脱离甲方左手，顺势缠绕甲方左臂肘关节，甲右手自然接乙方左肘。（图158）

图 158

③换手。甲双手看管乙左臂,继续顺时针旋转,重心前移;乙重心后坐,右手从甲左肘下缠绕至肘外侧,由双手看管甲右臂换为看管左臂。(图 159)

图 159

④再换手。接上动,乙继续顺时针旋转。甲沉左肘,右手脱离乙

左肘，在体前中线位置接乙右手，与乙右手背相接，左臂顺势由下而上、由内而外缠绕看管乙右肘，重心后坐缠绕、牵引乙右臂，乙顺势重心前移，左手看管甲右肘。（图160）

图160

三、换步换势

接上动，甲向前上右步，同时双手由牵引、下缠画弧变为向上、向前画圈，乙接甲上步向右后方退步，双手顺势看管、防守甲右臂，同时向内、向下缠绕，成甲上步，乙退防姿势。（图161）

图161

四、逆时针（相对甲）旋转

①接上动不停。乙重心后坐，顺势向内画弧缠绕甲右臂，待乙左手与甲右肘逆时针（相对甲）旋转至甲中线位置时，甲左手脱离乙方右肘，在体前接乙左手，手背相接。此为接手逆时针推转动作。（图162）

图 162

②换手。甲右手自然下落，脱离乙方右手，重心后移，顺势缠绕乙方左臂肘关节；乙重心前移，左肘沉肘画圆，同时右手自然接甲方左肘，看管甲左臂；甲则看管乙左臂。（图163）

图 163

③再换手。甲继续逆时针旋转，向上牵引乙左臂；乙随之旋转，右手顺势于体前中心线接甲右手，与甲右手手背相接，同时乙左臂由下而上、由内而外缠绕至左手贴于甲右肘外侧，顺势重心后坐缠绕、牵引甲右臂，甲顺势重心前移，左手看管乙右肘。（图164）

图 164

④上步回中。接上动，乙向前上右步，同时下缠双手变为向上、向前画圈，甲接乙上步，向右后方退右步，双手顺势看管、防守乙右臂，待甲与乙相接之手旋转至双方中心位置，回于搭手原点。（图165）

图 165

五、收式

甲乙各退一步，双手自然放于体侧，目视对方，立身中正，全身放松。（图166）

图 166

上下步推手双方的手法和步法完成一个循环；双方可按以上动作要领循环往复练习。

六、注意要点

第一，搭手后，双方的前脚要互相贴住；两人站立的位置应成一圆弧形，脚步前后移动中亦要有"尺寸"；两手看手看肘，时刻保持手之"尺寸"。

第二，初练时，可先进行手法的练习，待掌握手法的要领后，再进行步法转换的练习；初期，手法可多转几圈，再变换步法；动作熟练后，即可将手法与步法融合在一起，即每做一次循环运动，手法和步法的动作都要转换一次。

第三，练习中，身法要保持中正安舒，并要以腰的旋转带动四肢的螺旋缠绕，身体前后重心的移动可大可小。

第四，推手运动中，亦要体现"中、正、平、圆、轻、灵、柔、活、合、顺、自然"的运行法则。

第二节　其他推手方式介绍

单推手和其他双推方式为赵堡太极拳后学传人在教学和传承实践中，便于从学者循序渐进理解推手运动规律、掌握上下步推手，而形成的推手运动方式。

一、单推手

强调上肢与下肢的协调规范性，上肢讲的是圈形，圈要圆而大。力度不增不减，臂要内外旋，圈又分为两个半圈、四个区。歌诀曰："前后虚自然中，前仰后俯左右立。"

（一）平推手

甲推按乙的手臂向乙的胸部攻击，乙则顺甲之力重心后移、加以化解，使得甲的攻击向乙的侧方落空，同时乙画弧前推反攻甲，甲重心后移画弧引化，解甲前推用力，顺势再画弧前推，如此循环往复。有顺时针、逆时针两种推法。

（二）立推手

立推分为两种。一种为顺时针立推手。甲推按乙的手臂向乙的头上方下压攻击，乙重心后坐，顺势向侧下引化甲，待甲前推之力用尽、落空时，乙顺势由下向上前推甲，甲则顺乙前推之力，重心后坐，同时向上引化乙，待乙前推之力化尽，甲重心前移，向上画弧推按乙，如此循环往复为顺时针立推手。另一种为逆时针立推手。甲推按乙的手臂向乙的腹下方攻击，乙顺甲之力化解，使其攻击落空，同时顺势向侧上引甲，同时画弧由上向下推按，甲再引化前推，如此循环往复为逆时针立推手。

（三）注意要点

推手练习时，两眼要注视对方，注意观察对方的动向，而不可呆滞、散漫，更不可低头或旁视。

双方接手后，意念要放在两手接触处，手要轻灵，肘要松垂，手臂放松，不可用劲相顶。

在动作过程中，要认真体会和掌握掤、捋、挤、按手法的动作要领，不要盲目画圈。

做动作时，全身要轻灵圆活，以腰胯带动手臂重心随之前后运动。手在画圈时，要有应势顺逆缠动的变化。一切以"自然"为要，要做到不丢不顶，圈要圆，劲要整。

重心前移时，弓步不可太过，以小腿竖直为宜，脚后跟不可提起；重心后移时，前面的脚掌不可离地，后面的腿要屈膝坐胯，臀部要落坐，使尾闾垂直悬空落坐于脚跟，身体不可后仰或者前俯。

二、双推手

（一）平圆双推手

平圆双推手分为左顺步平圆双推手、右顺步平圆双推手。左顺步平圆双推手时，甲乙相对站立，相对距离以对方两臂握拳前平举，拳面相接触为准。双方左脚向前方上步，两脚内侧相对，双方双手成金刚三大对起势，右手手背交叉相搭，左手扶于对方右肘部；目视对方。乙双手前推，甲顺势逆时针引化，同时重心后坐转过半圈，接着顺势重心前移，双手逆时针前推半圈，乙顺势重心后坐引化旋转半圈，前推半圈，至此左顺步平圆双推手旋转一周，如此可循环往复练习。左顺步动作练熟后，即可进行右顺步练习。其动作要领与左顺步的动作要领相同，只是将手和脚的位置交换，顺时针旋转画圆即可。

（二）立圆双推手

立圆双推手分为顺时针立圆双推手、逆时针立圆双推手两种。顺时针立圆双推手，甲向乙的头颈位置推按乙手臂，乙则重心后移向下化解甲推按之力，顺势下画弧，重心前移，向甲腰腹位置推按甲手臂；甲重心后移，向上画弧，领起乙手臂，向乙头颈位置推按。如此循环往复。逆时针立圆双推手，甲推按乙的手臂向乙的腹下方攻击，乙顺甲之力化解，使其攻击落空，同时顺势向侧上推按甲，甲重心后移，向上画弧牵引乙；乙画弧化解，同时再推按甲的手臂向甲的头颈下压攻击，如此循环往复。

（三）合步推手

合步推手为竞赛推手所采用的方法。根据 2016 年国家体育总局武术运动管理中心审定的《武术太极拳推手竞赛规则（试行）》，"比赛开始时，右脚在前，互搭右手；互换场地后，左脚在前，互搭左手。每次比赛必须在盘手状态下进行"。

1. 左顺步定步推手

（1）起手式

左顺步双搭手。甲乙双方均向前方上左步，成"金刚三大对接手势"，两人左脚内侧相对；右手手背相搭，指尖自然朝上；左手贴于对方右肘部。

（2）顺时针旋转

①接手防肘。乙重心前移前挤甲，甲重心后坐，顺势向上、向右画弧牵引、缠绕乙方，引进防守，待甲左手与乙右肘顺时针（相对甲）旋转至乙中线位置时，乙左手脱离甲右肘，在体前中线接甲左手，手背相接，甲继续画弧旋转，乙右手自然下落，脱离甲方左手，顺势缠绕甲方左臂肘关节，甲右手自然接乙方左肘。

②换手。甲双手看管乙左臂，继续顺时针旋转，重心前移，乙重心

后坐，右手从甲左肘下缠绕至肘外侧，由双手看管乙右臂换为看管左臂。

③再换手。接上动，乙接重心后坐继续顺时针旋转。甲沉左肘，右手脱离乙左肘，在体前中线位置接乙右手，与乙右手背相接，左臂顺势由下而上、由内而外缠绕看管乙右肘，重心后坐缠绕、牵引乙右臂，乙顺势重心前移，看管甲左臂。

④换势。接上动，甲双手由牵引、下缠画弧变为向上、向前画圈，乙双手顺势看管、防守甲右臂，同时向内、向下缠绕。

（3）逆时针旋转

①接手。乙重心后坐，顺势向内画弧缠绕甲右臂，待乙左手与甲右肘逆时针（相对甲）旋转至甲中线位置时，甲左手脱离乙方右肘，在体前接乙左手，手背相接。

②换手。乙继续画弧旋转，甲右手自然下落，脱离乙方右手，顺势缠绕乙方左臂肘关节；乙重心前移，右手自然接甲方左肘，由双手看管甲右臂换为看管左臂；甲由双手看管乙右手换为看管左臂。

③再换手。甲继续逆时针旋转，向上牵引乙左臂。乙沉左肘，向内、向下旋转，右手顺势于体前中心线接甲右手，与甲右手手背相接，同时乙左臂由下而上、由内而外缠绕，至左手贴于甲右肘外侧，顺势重心后坐缠绕、牵引甲右臂，甲顺势重心前移，左手看管乙右肘。

④回中。乙牵引、下缠画弧双手变为向上、向前画圈，甲双手顺势看管、防守乙右臂，待甲与乙相接之手旋转至双方中心位置，回于搭手原点。

2. 右顺步定步推手

左顺步推手动作练熟后，即可进行右顺步推手动作的练习。在左顺步双接手熟练的基础上，可进行右合步推手的动作练习。

（四）注意要点

第一，在上步接手时，两人相距的距离适中，不宜过远或太近。

第二，意念要用于两手的接触点，一手控制对方的手部，另一手则控制对方的肘部。

第九章

赵堡太极拳实战用法

赵堡太极拳的招式在实战中都非常实用，其良好的使用效果来源于灵敏的听劲、柔活的化劲和完整的发劲，这些能力的具备来源于坚持不断、规范地盘练拳架和推手练习。随势就势使用招法是赵堡太极拳的原则，因此，招熟后要练劲，劲要整，要灵，这样才能使动作从心所欲。实战中形势千变万化，（招数）方以智，（劲法）圆而神，则能应变自如。赵堡太极拳七十五式都以"掤、捋、挤、按、采、挒、肘、靠"八门劲为基础，由劲法组合而成，每个招式有多种应用技法，多劲合并，凝聚于"化、引、拿、发"四技中，由招而劲，由劲而法，劲法合一，可通劲道，成就四技，这为太极拳实用大道。

赵堡太极拳七十五式之用法，随机就势，随曲就伸，变化多端。此处介绍部分常用招式，以期裨益从学者。熟练招式，感悟劲法，才能渐至从心所欲。下面将赵堡太极拳第十一代传人、陕西华夏太极推手道馆馆长李随成先生多年研悟之招式介绍于太极拳爱好者，以飨读者。

第一节　赵堡太极拳拳架招式用法图解

一、起式（预备式）

虚领顶劲，进步提领开合，平心静气，应纳世间百般繁杂。（图167）

①对方推按我胸口，我合手控制捌对方手腕。（图168）
②与对方双手相合，进步合手内捌控制对方。（图169）

图 167

第九章　赵堡太极拳实战用法　403

图 168

图 169

二、金刚三大对

①左右捋。对方右拳出拳前犯我，我接手，借对方前冲力后使对方前扑倒地。（图170）对方出左拳前犯我，我接手捋对方，使对方失重摔倒在地。（图171）

图170

图171

②采手拿法。右手与对方拿右手相合,合左胯,右手下旋采拿。(图172)左手拿法相同。

图172

③按。对方出手探劲犯我,接手前将对方重心后移,借对方后坐之力,使用按劲,将对方按发倒地。(图173)

图173

三、懒扎衣

①接对方右手用折臂拿法。（图174）

要领：看手看肘，卡位准确。

②借对方后坐或者后撤步，进右步，右手右后方横向发劲。（图175）

要领：借对方后坐之力，左腿蹬劲、右臂发力完整一致。

图174

图175

四、白鹤亮翅

接对方左手,左手采拿,右手揭肘,折打对方。(图176)
要领:向左引领,借对方回抽之力,折打对方。

图 176

五、单鞭

①接对方右手,向右引领,左腿插向对方身后,向左发力。(图177)

要领:右腿下沉,左腿后插,右腿蹬地和左臂发力劲力一致。

图 177

②引领对方右臂，左腿后插，右手别对方右腿使其倒地。（图178）

要领：锁紧对方右臂，插（撤）步转腰手别，发劲完整一致。

图 178

六、斜（左）白鹤亮翅

①向左引领对方左臂，同时右脚勾踢对方跟进之步。（图179）
②对方后坐抗力。顺势借力，进步按发对方。（图180）
要领：顺势借力，按发一致。

图 179

图 180

七、斜行

①进步控制对方前腿，双手控制对方前臂，重心下沉靠打对方。要领：控制对方前腿要紧，不能使对方抽出或移动。（图181）

图 181

②对方出拳击我，我左手压，右掌打。（图182）

要领：左右手一定要紧跟、相随。

图182

八、斜行鹞步

①两手画弧旋起，左脚进步挤靠。（图183）

图183

②右脚插步踢踩对方前小腿迎面骨。（图184）

图 184

③对方采拿我左臂，我左臂滑进，左腿插进对方身后，拧身发力使对方向后倒地。（图185）

要领：左臂滑进、右腿进步一致，左腿一定要贴紧对方，蹬地转身发劲完整一致。

图 185

九、伏虎

①对方身后抱我，我控制对方上肢，弯腰撅臀，头部向下，使其前翻倒地。（图186）

要领：重心下沉压头，撅臀劲道完整一致。

②对方一腿在前身后抱我，我重心下沉后坐，从两腿中间抓住对方前脚跟，向前旋拉。（图187）

要领：重心下沉后坐、拉腿，一气呵成。

图186

图187

③对方出拳，我左手压，右手打。（图188）

图188

十、擒拿串捶

对方左手或右手抓我右手腕，我擒拿对方。（图189）接着出拳击打对方咽喉。（图190）

图189

图 190

十一、倒碾肱

①远弹。对方与我距离较远，出左拳犯我，我接对方左手后捋，同时右脚弹对方左腿，将对方摔倒在地。（图 191）

图 191

②近挑。对方与我距离较近,我右手前穿至对方背部,向回旋带,同时起右脚挑对方右腿,使对方失重,摔倒在地。(图192)

图 192

③贴身胯。对方与我贴身距离,我右手扶对方背部,向回旋带,同时右胯贴近对方身体,挺胯弯腰,将其摔倒在地。(图193)

要领:手往前,腿向后,转腰,发劲完整一致。

图 193

十二、闪通背

①对方击右拳,我接手折别对方肘关节。(图194)

②接对方右手,转身折别大捋,使对方向前扑倒。(图195)

要领:接手控臂转身、发劲完整一致。左右手用法相同。

图194

图195

十三、高探马

①折打挂腿。采手推肘，折打对方，同时另一侧脚挂对方腿窝，将对方摔倒在地。（图196）

要领：折臂、转腰、挂腿，劲道须完整一致。

②远手。与对方距离较远，我用手推按对方，同时腿挂对方腿窝，将对方摔倒在地。（图197）

图196

图197

③近肘。与对方距离较近,我用肘挤对方,同时腿挂对方腿窝,将对方摔倒在地。(图198)

④贴身靠。与对方贴身距离,我拧身挤靠,同时腿挂对方腿窝,将对方摔倒在地。(图199)

要领:手、肘、靠打、腿部后挂,劲道完整一致。

左右用法相同。

图 198

图 199

十四、左右侧脚

右起腿踢对方裆部、颈部或下颌。（图200）
左右侧脚用法相同。

图 200

十五、转身鹞步捶

①转身蹬腿。在于格挡对方出拳，同时起脚蹬踹对方腹部。（图201）

②鹞步捶。跟步左手压、右拳打。（图202）右手落、进步坎腿、左手打。（图203）

要领：手挡或压与坎腿要协调一致。

图 201

图 202

图 203

十六、青龙探海

左手封、右拳砸,将对方击倒在地。(图 204)

要领:封手、砸拳要协调一致。

图 204

十七、二起脚

进步起左腿踢对方腹部（图205），不等脚落地右脚踢对方下颌（图206）。

要领：起腿一要准、二要快。

图 205

图 206

十八、蜷腿蹬跟

双手分开对方按我双掌，提膝蹬踹对方腹部。（图207）

要领：分掌、蹬踹完整一致。

图207

十九、转身左右分马掌

后方来敌，转身右手拦手，右腿蹬踹。（图208）按对方右臂手，顺势向前落步，同时左掌砍击对方颈部。（图209）

要领：劈掌，提膝蹬踹协调一致完成。

左右分马掌用法相似。

图208

图 209

二十、掩手捶

左手压对方前掌,进步右拳击打对方胸腹部。(图 210)
要领:左手压,进步右拳打,手到脚到,打人必倒。

图 210

二十一、左右七寸肘

①高位拐肘。对方同侧手抓我左手腕，我右手按压对方掌背，左肘拐按对方右手小臂，使对方跪倒在地。（图211）

图 211

②低位控腿。重心下沉，肘压对方胯部，靠打对方的胸部。撤后步的同时同侧手拉对方被控之腿的脚踝。（图212）

要领：重心下沉，靠打、肘部下压、拉腿，劲道完整一致。

左右同用。

图 212

二十二、抱头推山

接手折打对方左臂。（图213）

要领：接手卡肘，位置准确，左腿蹬劲、全身发劲完整。

图 213

二十三、前后照

对方进逼我手肘（图214），我松腰转胯按发对方（图215）。

要领：松腰转胯双手领偏对方，进步按发，劲道完整。

左右用法相同。

图 214

图 215

二十四、野马分鬃

缠绕对方前臂，进步按发对方。（图 216）

要领：缠绕、进步后脚蹬地，出掌按发，劲道完整。

左右用法相同。

图 216

二十五、玉女穿梭

右手击打对方面部，同时起腿蹬踹对方腹部。（图217）不等右脚落地，左掌直击对方面部。（图218）对方退步，进身转身跨右步，同时右掌劈打对方面部。（图219）

图217

图218

图 219

要领：手到脚到，进步逼打，转身劈掌，快速劲道完整。

二十六、云手

左右横向进步分按对方。（图 220）

要领：进步，腿蹬，臂膀横向分按，发劲完整一致。

左右用法相同。

图 220

二十七、童子拜佛，双峰贯耳

双手合掌击打对方下颌，提膝击打对方腹部。（图221）对方双手抱我前腿，双手击打对方太阳穴。（图222）

图 221

图 222

二十八、单震脚，二郎担山

震脚踩对方脚面（图223），双臂画弧下劈对方头部（图224）。

图 223

图 224

二十九、扫堂腿

右腿扫对方前腿,扫腿的同时手搂对方脚踝,使对方失重。(图225)

要领:进步连扫带搂腿,同时完成。

图 225

三十、左右金鸡独立

对方摆拳击我头部,我提手护头,同时提膝击打对方腹部。(图226、227)

要领:提手护头同提膝,连防带打同时完成。

第九章 赵堡太极拳实战用法 433

图 226

图 227

三十一、双震脚

脚踩对方扫我之腿。（图228）

图 228

三十二、左右十字手

①左手压，右手打（图229）；右手压，左手打（图230）。

图 229

图 230

②接对方左手,向我右方引领,手领脚挂,使对方向后倒地。(图231)

要领:一手压、一手接打要快速;手领、脚挂劲道完整一致。

图 231

三十三、十字单摆脚

控制对方手臂、右脚勾踢对方腹部或裆部。（图232）

图 232

三十四、吊打指裆捶

对方出右拳击我，我接手向右方引领，接着撤右步，右拳随右步后撤砸对方后脑。（图233）

要领：向右引领，撤步右拳砸一气完成。

图 233

三十五、左右砸七星

对方前扑抱腿，我松腰转胯重心下沉，用掌下压对方肩部，另一掌随重心下沉砍其后脑。（图234）

要领：松腰转胯重心下沉，一手压、一掌砍，一气完成。左右用法相同。

图 234

三十六、搬拦擒拿

一手抓手，一手看肘，搬拦反关节。（图235）
要领：以腰带手发劲完整。

图 235

三十七、回头看画

①控制对方右臂上挑,同时左脚挂踢其右脚。(图236)

图 236

②对方用右拳击我,我左手回防,同时轻捋采拿对方击我之腕式拳,由内向外画弧旋转,使对方旋拧失重,控制或摔倒对方。(图237)此动作亦叫"外捌手",配合步伐,应用更加多变、灵活。

图 237

③对方控制我右臂,我滑臂重心下沉,进右步控制对方前腿(左腿),转身连靠带拳向右后方击打。(图238)

要领:进右步一定要贴紧对方。

图 238

④转身进步,击打后方来敌胸部。(图239)

要领:手到脚到,发劲完整。

图 239

三十八、上步七星

左手压右掌打、进步插裆、提膝前顶，一气完成。（图240）

图240

三十九、转身跨虎

对方右手击我，我接手转身右领，同时起左脚挂踢。（图241）

要领：控制对方右臂，同时挂踢使对方向后倒地。

图241

四十、双摆莲

对方出右拳击打,接手向右下方引领,同时起右脚外摆击其头部。(图 242)

要领:右手压领,右脚摆踢同时完成。

图 242

四十一、弯弓射虎

接对方来犯之手,看手看肘,后撤步大挒,将其摔倒在地(图 243);也可背摔对方(图 244)。再者,能在体前控制对方关节(图 245)。

要领:扯步大挒,步随腰转,发劲完整。

图 243

图 244

图 245

四十二、收式

①退右步控手,拐肘控制对方。(图246)
②收步海阔天空,包容百态人生。(图247)

图 246

图 247

第二节　赵堡太极拳竞赛推手十八招图解

"十八招"是赵堡太极拳第十一代传人李随成先生多年带学生参加全国推手比赛，总结而成的技法。"十八招"遵循太极拳技击原理，并吸收中国跤、柔道等的实用内容，是简单、实用、有效的技法。

1. 左右脚勾挂折臂摔

这个招数实际上是赵堡太极拳左右高探马的招数，其关键在于：一是手上的折臂动作需卡位准确，控制手肘的部位要准确；二是上折下勾腿，协调一致。在推手中其用有三：第一，两个人推手的时候接手即可"折臂"；第二，需要化开对方扶我肘的手，要点在领手、收肘，领手、收肘、合发"折臂"要一气呵成；第三，接手、接肘顺势下捋，同时加上脚上勾挂，对方就会摔出，如果在下捋之时我采对方手使其亮肘，"折臂摔"的效果就会更加明显。（图248）

图 248

2. 左右控臂沾勾挤摔

沾勾挤摔这个动作，首先需要使用沾劲控制对方的重心，使用挤劲使对方失重倒地。简单讲，此招有两种用法。用法一，在于领偏对方，如两个人交手或推手时，将对方的前手及臂膀领偏，然后沾勾挤摔，就能使对方跌扑。用法二，是对方收缩，无法领偏，则我根据对方回缩下沉，控制臂膀，同时粘住，待对方往上、往回抽臂膀时，我则随对方起而起，同时前挤，沾勾对方后脚外侧，随其脚起而沾勾而起，则会使对方"飞摔"而出。这两种用法要注意：一是要控制对方不能移位，并使其前腿不能抽走、横向不能移动，而在对方回抽时一定要粘着他，粘住对方一起起。（图249）

图 249

3. 左右控臂按发

控臂一定要控制死对方的臂膀，然后按发，则会让对方向后摔出。要领一，控制死对方的臂膀。如果对方的臂膀控制不死，对方化肘撤步，则我扑按就会扑空。扑空是按劲的大忌。要领二，按劲发劲需全身、完整。按劲发劲的来源靠脚蹬、展后腿、蓄劲贴身、展腰进步，发劲一气呵成，完整统一。（图250）

图 250

4. 左右进步挤摔

进步挤摔，首先要求的是步法灵活地插向对方的后方，然后要挤紧对方。太极拳有一句拳谚叫"见顺不打见横打"，那么横向发力，对方就会跌出。要点是进步要挤，卡死对方，接住横向发力。要领是步法灵活，插腿挤实，挤紧对方，横向发力。（图251）

图 251

5. 左右引臂勾踢

引臂勾踢，主要体现太极拳的领偏。太极拳每用一个动作，都是把对方领偏，不产生对抗。一般情况，对方出左手，我则左手抓对方腕往左边带，往左边一带之后，首先对方右手就失去作用了，然后借带动对方之势，前领对方左手，如果对方被领动，则顺对方上左步时，右脚勾挂拉扯，对方就会跌坐摔出；如果对方在我前领时后坐，我则借对方后坐之力，右手搭到对方肩部，向后拨按，借对方失重之势，勾挂对方左脚，对方就会被旋摔倒地。左右同用。要领在于，对方伸右手，就往右方带；对方伸左手，就往左方带，必须领偏对方。在劲道方面，引带之劲要长，对方失重，用则速。（图252）

图252

6. 左右转身折臂摔

折臂摔是控手控肘、折别形成的动作。一是通过采手动作使对方亮肘，扶肘之手则与控手之手形成拧错、折别动作；二是要求步法灵活身体协调，形成别腿或挑腿动作，使对方头向下栽扑。步法要有落胯、转身的拧转。腿法上则是远弹、近挑、贴身胯，即动作远了，则"弹"对方脚腕；近了，相对旋转的空间小，则"挑"对方，使对方失重；贴身了，则采用"胯别"的动作使对方摔倒。（图253）

图 253

7. 左右外捯擒拿摔

外捯手痛点在手腕外缘小关节部位,控点在小指根手掌背位置,在运动中,同侧手以拇指抵对方压点,四指勾对方拇指大鱼际,拇指与四指成外螺旋之势向对方肩外旋转,以控制对方手腕而达到控制对方和摔倒对方效果的采手方式,为外捯手。单手外捯常配合另一手一起用力,其中更需要腰胯的旋转与步法的运动。左右同用。(图 254)

图 254

8. 左右内捌手摔

外捌手和内捌手，旋转方向相反。痛点在手腕外缘小关节部位，控点在小指根手掌背位置，用法上是我借助抓我同侧手（对方左手、我的右手，面对面成同侧）或手腕、小臂的动作，用另一只手锁扣对方，从而控制对方手不离开我手臂，同时我被抓之手及手臂，与锁扣对方之手向内旋转，双手及身体合一，对对方抓我之手腕形成拧转合力，使对方跪扑于地，此为内捌手法。内捌时时机成熟，也可用同侧手肘控制，挤压痛点，则效果更加显著，此为"拐肘捌法"。另外，内捌手法除了同侧用法，也有异侧（对方右手、我的右手，面对面成异侧）用法，手势上是我与对方掌心相对，我的虎口朝向对方四指方向，借此势我以拇指、虎口与四指成立圆，向外螺旋用力捌动对方手腕，使对方跪扑。此为"合手"内捌法。合手捌法若借用腰胯、吞吐之力，则捌劲更加显著，疼痛感也更强。如遇对方极力向上顶抗，合手捌法可转换为外捌手法。（图 255）

图 255

9. 左右控腿靠打

控腿靠打主要在于靠打。靠打的关键在松腰。因为放松了以后，打的力量才能充足，这时"松腰"的爆发力就能打出来。控腿的作用在于不让对方的腿抽出去，所以叫控腿靠打。此动作需手搂抱于对方后背，沉肘回带，带进对方或者让对方产生抗力而身体僵硬，然后我身体放松，迎面靠打，打倒对方。回带在于接对方回力，与我相冲，而我则以点（肩）对面（对方胸部），与此同时，我用手控对方腿靠，则靠打实在，轻松摔倒。（图256）

图 256

10. 左右倒臂

左右倒臂关键在于领偏对方，领偏对方是太极拳主要的进攻手段。此动作用法好比比赛场中的边线过人技术，即借对方前冲之力或前按之力领偏，然后借着对方前冲之力把他带过去；第二种用法是，对方推按，我则倒臂领偏对方。倒臂首先不让对方之力着实于我身，可用同侧手化其梢节之力，然后我则倒换手臂，即左手接则倒右手、右手接则倒左手，如此领偏，然后顺对方向我用力方向，将对方旋空而出。如果在领偏的同时，对方开始抗力、回抽，此时我则顺其回抽之势成"控臂沾勾挤摔"，将对方摔出。（图257）

图 257

11. 左右刁腕耙拿

抓住对手前方手腕回带，对方无感或者回拉，我则顺势上步，以前脚脚跟由内侧贴住对方前脚脚跟，另一侧手同时管住对方脚跟，形成脚与异侧手合管对方前脚态势，使对方脚不能移动。同时，我抓对方手腕之手于对方前腿后侧向后、向下用力。这个动作的关键在于借力，即抓住腕子以后一定要前拉，一定要在前拉时借对方后坐之劲，让对方跌坐在地。要领在于，我往前一拉带时，他往后坐，此时则顺着他往后坐，移动上步，就能非常轻松地摔倒对方。用时要控死对方脚，借对方的后坐之力而用力。（图 258）

图 258

12. 左右刁腕支别

此动作先是控制对方手腕，然后双手画弧，向我体前带偏，顺势我则向对方控制手一侧的脚外侧插步，屈腿支别，接着腿脚合力，使对方腾飞摔倒。要求是，步法灵活，通过控制对方手腕来调动他的重心。说步法灵活是因为要倒插步，刁腕子之后要利用手腕控制力的方向，来回牵动对方的重心。要点在于，刁住手腕以后要对力的方向进行控制，使对方跟着你的劲道左右摇晃，在这时候移动步伐，插步支别。（图259）

图 259

13. 左右钻弹摔

首先，刁住对方手腕，左右牵动对方，使对方的重心发生变化。然后，要真假动作配合，即踢对方的腿，如果他的腿不动，就是真的，借机卡腿摔倒对方；如果踢对方腿，对方的腿动了、抬起了，那就在对方腿起来的时候钻弹后退，或利用对方单腿撑地的机会拧甩对方，使对方摔出。要领是通过控制对方的手腕，左右牵动对方的重心，然后真假动作应用。此动作关键在于真假配合而牵动对方的重心。（图260）

图 260

14. 左右闪挒

这个动作主要体现在"闪"。太极拳把摔法称为跌法,所谓跌法,含有闪空跌倒的意思。我往前用力,同时我的重心已经到了前腿,这时我的后腿就可以随便移动。我前用力,对方前顶,我则借对方前顶之力让开一侧,从另一侧拧转用力,将对方挒旋而出。这个动作一定要借对方前顶之力,做到借力而使力,闪挒就运用自如。(图261)

图 261

15. 左右拧踢

左右拧踢在于瞬间改变力的方向，这也是太极拳克敌制胜的法宝。我将对方向我一侧拧，对方则会向相反一侧顶力，此时我放空用力一边，而从另一侧向其顶力方向拧转用力，则对方就会闪空，此时我拧带另一侧脚勾踢，对方就会被旋腾摔倒。（图262）

图262

16. 左右手别

左右手别也是赵堡太极拳单鞭式的一个用法。对方挤我到边线，这时我用左右倒臂，用手与身体控制对方一臂，然后插步转身与对方成我"背对其怀"的形势，然后借对方前顶之力拧转，另一手扶推对方膝盖，阻止其移步或进步，而将对方旋别而出。左右手别可以从内别，也可以从外别，两手需成旋转对拉之势，同时需要重心下沉。要领是控制对方臂膀需要手与另一侧肩膀成翘杠控制之势，另一手则需控制对方膝盖及以下部位，让其不能移动，同时重心下沉，别摔而出。此中，沉之越深，对方空则越深，摔之也越脆。（图263）

图 263

17. 左右叨腿摔

左右叨腿摔实际上是赵堡太极拳高探马在散手中的使用招法。高探马在实际运用时要根据对方站的距离，远手、近肘、贴身靠，即距离远了用手把对方打出去，近了用肘的切按，贴身了以后用靠打出去。如图，我与对方站得比较远时，我用手搭对方同侧肩，另一手牵拉对方同侧手臂，拧捌对方，同时用拉手臂一侧的腿去叨腿，则对方会被拧摔出去。同理，如果两个人距离比较近，我则用肘部切按把对方打出去。在贴身的时候，也是在比赛中经常出现的缠抱状况，此时我则用肩靠对方，同时另一侧带底下叨腿，对方就会摔倒。远手、近肘、贴身靠是此用法的要点。（图 264）

图 264

18. 左右弹摔

左右弹摔实际上是赵堡太极拳左右倒碾肱的动作，即腿往后打，手往前打。这个动作要根据对方站的距离，应用远弹、近挑、贴身胯的技击之法，即两个人站得比较远时弹摔，两个人近了用腿挑摔，贴身了则用腰胯腾摔对方。高探马和倒碾肱这两个动作充分体现了赵堡太极拳的"七拳并用"。如图所示，我与对方距离较远，搭对方手后，就用弹摔。同理，距离近则用大腿腿部将对手挑起；贴身，则用腰胯顶摔对方。此用法的要点是根据双方的距离灵活应用远弹、近挑、贴身胯。（图265）

图 265

第三节　李随成太极推手训练之见

李随成及推手道馆

一、推手与中国跤

中国跤也称中国功夫跤，是中华民族典型的传统竞技项目，深受人们的喜爱，有着深厚的群众基础。几百年来，中国跤比赛从未间断，有着比较完整的比赛规则。

推手运动在中华武林源远流长，是民间武术爱好者切磋、交流武艺的竞技形式。推手比赛是武术竞技改革的产物，是新兴的比赛项目，比赛规则正在不断修改完善之中。

拳谚有"拳加跤、功夫高"之说。历代武术名家对中国跤都有深刻的理解，拳、跤并练的武术家大有人在，历代摔跤名家也都有着深厚的武术功底，这都说明中国跤和武术有着密不可分的血缘关系。

推手比赛与中国跤比赛在规则上有所不同。推手比赛允许擒拿反关节，中国跤则不允许；中国跤主要通过抓跤衣完成摔技，推手比赛不允许抓服装。训练方法也各有途径，但是，两者的技击方法殊途同归。太极推手道的用功进程是着熟、懂劲从而阶及神明；中国跤也是跤法熟练、讲究跤劲，优秀跤手不但跤技好，而且感觉好，跤劲好，从而达到神跤手的水平。

目前，散打运动员的摔法多来自中国跤。但是，因为拳套的限制，多种摔法不能充分体现，形成了散打比赛技法的单调。太极推手道的训练不抓服装，不受拳套限制。因此可以说，将太极推手道的摔技融进散打比赛，必将极大地丰富散打比赛的竞技内容。

推手、散手、中国跤都是典型的中华武术对抗项目，三个项目冠军集于一身才是真正的武术全能冠军，才是真正的中华民族自己的"拳王"。

二、推手与散打

推手、散手相辅相成，是一对不可分的孪生兄弟。"踢打"是散手竞技的主要内容，"摔拿"是推手竞技的主要内容。推手、散手共同显示的是远踢、近打、贴身摔拿的技术。"踢打摔拿"是中华武术搏击内涵的综合体现。能打善摔，全面掌握摔、打、拿技法是武术竞技运动员必须具备的能力。

太极推手道以摔拿训练为主，通过太极推手道的训练，摔的技能将大幅度提高。散打比赛融进太极推手道以柔克刚、借力制人的"神妙"摔打技法，必将极大地丰富散打比赛的竞技内容。

三、太极推手参加散打比赛训练方法之见

武术竞技改革，散打这一极具民族特色的武术对抗项目应运而生，太极拳能否在搏击体坛上占有一席之地，将在散打比赛中得到验证。

太极推手道的研练者经过拳架、推手练习，身体素质提高，摔拿技法进一步熟练，已经具备了参加散打比赛的基本条件。现在，再经过下列几项训练，太极推手道的研练者完全可以在搏击体坛上一展太极拳的风采。训练内容如下：

1. 快速踢打沙袋

三分钟，间歇一分钟为一组，连续完成五组。目的是增强手腕、脚踝的承受能力，检验体能是否达到参赛标准。

2. 踢打手靶、脚靶

培养运动中的距离感觉。

3. 实战练习

培养反应的灵敏性和拳腿摔、技法的综合使用。

4.在实战练习中始终贯穿闪转腾挪、步法灵活、进必闪闪必打的原则

处处体现"动贵短、劲贵长、意贵远"的劲道,真正做到"打即是防,防即是打""攻中有防、防中有攻、攻守兼备",纠缠时充分利用太极拳借力制人的摔拿技法,以战胜对手。

李随成赵堡太极拳拳照

第四节 李随成太极拳讲释

太极推手道是本人在数十年的赵堡太极拳修习、研悟中而提出的训练体系。余于1963年开始跟随恩师郑悟清习练赵堡太极拳,曾多次参加太极推手比赛。随郑公习拳中,受益良多,我深受其武学思想影响,注重研拳,并着重推手实战。现代社会是快速的社会,各种格斗赛事风靡亮眼,真太极却逐渐消隐。有太极拳为"慢拳""老年拳"等说法,还有否定太极为"拳"的谬论。余作为太极承传者,不免哀叹"众人不识鸾凤玉",同时也起而行之,以赵堡太极拳所学融合于格斗之中,创立"太极推手道"。数十年检验,余带领弟子征战搏击体坛,所取得的优良成绩,足能证明太极拳可以在搏击体坛一展风采。本人太极

推手道与赵堡太极拳学一脉相承，推行其道，原因在于现下多数太极拳传承者割裂了拳架与推手、散手实战的关系，只顾其套路形式表达，罔顾其"搏人""竞扑"之真义。鉴于此，本人将个人太极拳学认识、理解、拳道之为等讲解于下，以裨益于太极拳学者。

李随成太极拳道讲解示范

一、何谓太极推手道？

概括地说，太极推手道是一套完整的太极拳修炼方法。指导太极推手道的理论基础是独树一帜的太极文化。太极推手道的核心内容是"以柔克刚、借力制人"的摔打擒拿技法，其是中华武术技击灵魂之所在。

太极推手道是崇文尚武之武道大法。崇文者，强身健体，修身养性，延年益寿之文道；尚武者，以柔克刚，刚柔相济，借力制人，克敌制胜之武道。在这里，太极推手道推崇的太极拳修炼理念是"养生是根本，技击是灵魂"。提起太极拳之文道，经过国家几十年宣传与普及，健身运动首推太极拳已是不争的事实，人们仅仅看到太极拳修身养性的文道内涵，而忽略了太极拳是以独特的技击功夫显露于世的事实，对太极拳的武道内涵认识不足。

说到武道，纵观各种武术搏击项目，皆是以强制弱、力大打力小，而太极拳之武道，则是依据"借力制人"的力学原理，这便决定了唯有太极拳能实现"以小制大，以弱胜强"的搏击理念。只有在实战中真正体现出太极拳"以柔克刚、借力制人"的神妙技法，才能战胜比自己身体强壮的对手。

本人提倡太极推手道，正是希望太极拳这一古老的武术形式能体现出更快、更高、更强的武学内涵，使这一宝贵的文化遗产后继有人，使太极高手与修炼者近在咫尺，为太极拳的修炼者架起一座通向成功的大桥。

二、缓慢的太极拳何以能在紧张的搏击中战胜对手？

修其道必明其理。太极推手道要让太极拳的研练者明白这样一个道理：动作缓慢的太极拳，何以能在快速、紧张的搏击中寻找战机，抓住战机，利用战机，进而战胜对手，其中奥妙在哪里？

首先太极拳的研练者一定要正确理解太极拳"慢胜快"的真正含义。众所周知，谁速度快，反应快，谁是胜者。太极拳讲究"稳若山岳，动若雷电，迅雷不及掩耳。彼不动，己不动；彼微动，己先动"。你不动，我不动；你一动，我就要动在你前面，讲究的就是一个"快"字。那么太极拳为什么要慢练，为什么提出"慢胜快"呢？

三、正确理解"慢胜快"的含义

我们先从练拳的目的说起。无论是太极拳，还是少林拳，无论南拳还是北腿，大家练拳的目的只有一个，那就是"锻炼身体，战胜对手"。谁能快速达到目的，谁的训练方法就先进、就科学。如果拳不以"战胜对手"，不以"技击"为目的，那它就是操而不是拳。

太极拳认为慢练的形式胜过快练的形式，慢练的形式能快速收到"强健身体、战胜对手"的效果。太极拳慢练，是深度的腹式呼吸，对运动员的心肺有养护作用；而紧张、快速的长期训练，对运动员的心肺有一定的损伤。心肺功能决定运动寿命，而运动寿命是决定运动员能否登上最高领奖台的重要因素。一个时期，由于训练的不科学，为了在比赛中获得优异成绩，粗放式的快速、力量、紧张训练，使得部分优秀运动员在绝佳的年龄早早就离开了搏击体坛，而其中伤病、心肺的劳损是造成这一结果的重要因素。随着训练的科学化，一些优秀搏击训练队、专业队聘请太极拳教练教授太极拳，使运动员缓解身心，提高技术，取得了显著的效果。我认为，搏击训练队应该广泛并且深入地吸收太极拳的内容。因为太极拳训练是慢练而体悟快用的过程。在太极拳习练和训练中，首要目的是强身健体和养生修炼，它的运动是对心肺和身体温养的过程；以"缓、松、匀"调动人体植物与动物神经的统一、人体内外的循环的统一，而达到内外合一，以及慢练而快用的效果，这是一个自然而然的过程。太极拳训练不会因为"慢"而达不到运动效果，快反而容易损坏身体。另外，太极拳不是以极速的体能提升训练为基础的，但是，也需要一定的体能储备。比如，10000米，优秀运动员半个小时就能跑完，太极拳队员也要练，但是40多分钟跑完就可以了；引体向上，优秀者能做50～60个，我们也要保证起码有做20～30个的能力。太极拳是以次运动量来保证内外兼修的效果，而凸显其随机就势、借力打力的快用效果的。

本人研练赵堡太极拳50多年，深深体会到，每天一小时拳架盘练、一小时推手对练，肢体的活动量一点都不亚于长拳两小时的活动量。赵堡太极拳拳架和推手训练，不但可以使筋骨肌肉灵活有力，而且可以促进提高心肺及胃肠肝的功能。更重要的是通过推手练习，反应的灵敏性，实战技法熟练运用的程度，全面得到了提高。从而具备了实战搏击中战胜对手的体能要求与反应要求。

四、太极推手道对太极拳修炼误区的认识

要使太极推手道修炼者不走弯路，尽快入门，乃至登堂入室，必须破除迷信，避免误区，这是初学者应特别注意的。概括来讲，时下比较流行的误区有以下几点：

1. 太极拳为老人拳

我年轻的弟子在盘练赵堡太极拳，其他同学问他患有什么病。这些年轻人感到很奇怪，没有病练什么太极拳。

太极拳作为全民健身运动，得到了广泛的普及。健身运动首推太极拳已是不争的事实，但它独特的技击内涵远未达到普及，尤其是广大青少年认为太极拳是老年人的专利，对太极拳的内涵极其陌生。没有青年人的参与，就没有太极拳灿烂的明天。

太极拳极其需要广大青少年新鲜血液的注入。广泛宣传、普及太极推手道，积极引导广大青少年参与太极拳锻炼，是弘扬、挽救太极拳这一宝贵武林文化的首要任务。

2. 太极拳十年不出门，要练太极拳上乘功夫，需要几十年磨炼

这种说法在武术界，特别是太极拳界影响非常巨大。这种错误的说法极大地阻碍了广大青少年的参与，必须坚决予以批驳！

十年不出门，等于闭门造车，永远不堪一击，几十年后年老体弱，很有可能不打自倒。

太极推手道的训练理念是，一年后即要出门切磋交流，在对外切磋交流中，不断总结成功的经验和失败的教训，在实践中不断提高完善自身。事实胜于雄辩，我的弟子，三年内获省级比赛金牌，在全国名列前茅。这些比赛成绩可以说明，只要刻苦锻炼，精心揣悟，三五年内不同程度的太极高级阶段是人人都可以达到的。

3. 故弄玄虚，神说太极

文化人参与太极拳锻炼为太极拳的传承、发扬光大乃至理论上的升华做出了巨大的贡献，可以说文化人成就了自成体系、独树一帜的

太极拳文化，使世人了解认识到太极拳是中华民族宝贵的文化遗产。太极拳理论家功不可没。

自古以来，对太极拳的理论探讨不乏其人，再加上近几年各门派拳师纷纷著书立说，太极拳理论可谓洋洋大观，其中虽然不乏精粹之论，但纸上谈兵者也不在少数。

相当一部分太极拳练习者，谈起理论一大套，搭手就栽倒，就是纸上谈兵的受害者。恩师郑悟清先生，研练传授武当赵堡太极拳60多年未能留下著作，世人普遍认为是一大憾事。本人跟随恩师20载，谈及此事，恩师言道："真传一句话，假传万卷书。"言传身教几句话就能明白的道理，在书中说来道去，未必就能说明白。拳打万遍理自通，练拳有了功夫，有了体会，一点就透，几句话就能使人恍然大悟。"听君一席话，胜读十年书"就是这个道理。

应该说，在太极拳的修炼中，入门须老师言传身教，深造靠自己刻苦锻炼、精心揣悟，练拳有了切身体会，才能在书中找到有用的东西。

"故弄玄虚，神说太极。"有些所谓的太极拳理论家故弄玄虚，生搬硬套一些和武术毫无关系的理论，把本不神秘的太极拳说得云山雾罩，玄而又玄，毫无科学根据，自相矛盾随处可见。

有一位老兄，对我说一个青年人参加比赛，本来不行，他说了一句话，这个小伙子赢得了比赛。我问他说了一句什么话，他神秘地告诉我，他说了一句"你要以静制动"。我说："老兄，你再不要说外行话了，以静制动，是太极拳高级阶段，是成熟运动员的表现，他能做到，用不上你说，他做不到，你说一百遍也不顶用，如果一句话就能赢得比赛，这拳就不用练了。"

太极高手不是说出来的，是练出来的！刻苦锻炼，精心揣悟，对外切磋交流，参加比赛，不断总结经验，不断提高完善自身，这是走向太极拳高级阶段唯一的途径。

4. 关于"四两拨千斤"的说法

"四两拨千斤"是一种在传统武术中影响极深的说法，武侠小说夸张的描写，以及影视作品艺术的加工，给人们带来了神秘的印象，由此也误导了不少的太极拳练习者。

太极拳强调借力，而非使用蛮力。"四两拨千斤"不过是武术搏击中借力制人、以弱胜强的一种形象说法，但借力制人是有限度的，而不是无限度的。技法熟练，听劲灵敏，战胜超过自身两三个级别的对手是完全可能的。

太极拳无须力量练习，就是一个极大的误区，力量有极限，技艺无止境，努力提高技艺的同时，力量练习必不可少。

赵堡太极拳第一代宗师蒋发有百步撵兔之神功，我们看看现代短跑运动员的身体素质，蒋发具备什么样的身体素质，就可想而知了。

5. 关于"取长补短"的说法

在武术交流中经常有人主张"取长补短"。实际上在武术交流中，取长补短是不存在的。就武术搏击项目而言，拳击、柔道、摔跤及其他拳种流派，它们的长处都是在长期的锻炼中得来的，你不可能短期内习得它们的长处。要想习得它们的长处，必须长时期从事这些项目的锻炼。你今年练拳击，明年练摔跤，后年练少林，其结果是样样都通，样样都不精。

其他拳种流派的长处，之所以能在你身上得到发挥，是你身上存在着缺陷和不足。寻找自身的不足，调整自身的训练计划，充实完善自身，使对方的长处不能在你身上发挥，这才是正道。

在总结成功经验和失败教训方面，太极推手道的主张是：胜利，不是自身的优秀，而是对手的不足，技艺无止境，自满是走向成功最大的障碍；失败，不是对手的强大，而是自身的不足，永远要在自身寻找不足，不断提高完善自身。

太极拳的最高境界是无懈可击。总结经验，努力塑造无懈可击之本身，是修炼太极推手道坚定不移的努力方向。

五、太极推手道所主张的太极拳修炼要素

太极推手道以盘练赵堡太极拳为基础，既实现其文道之功，又奠定其武道之根基。以推手为进步，既实现其武道之进步，又提升其搏击实战能力。

盘练拳架，可使练习者身体健壮，精力充沛，筋骨肌肉灵活有力，心肺及胃肠肝功能得到增强；接近实战的推手练习，可使练习者技法熟练，听劲灵敏度迅速得到提高，具备战胜对手的体能要求与反应要求。

太极推手道在太极拳的训练中，始终围绕太极拳"神在以柔克刚，妙在借力制人"的理念下功夫。因此，在推手训练中，利用盘练拳架得到"均衡稳定、轻灵圆活、一动无有不动、全身协调一致"的修为，利用推手练习努力提升练习者"平心静气、克服僵劲、不用拙力、消除本能，立身中正、不贪不欠、不丢不顶、彻底放松、顺势借力、内外合一"的太极素养，以此实现武当赵堡太极拳所主张的太极理念。

太极拳成手、妙手，柔之极限，刚至极最。"柔之极限"来源于平心静气，彻底放松，舍己从人；"刚至极最"，则来源于内外合一的发劲。所有这些都来源于太极拳成手、妙手的苦心修为。其中的"静气""放松""内劲""合一"，是太极拳必备的技艺要素，也是练习太极拳应精心揣悟的东西。

何谓内劲？按中国古代的观念来讲，就是所谓的"先天元气"。何谓外力？按中国古代的观念来讲，就是"后天培养之力"。在太极拳的修炼中，非常重视"先天之气"和"后天之力"的统一发劲，称之为"内外合一"的发劲。举一个通常的例子，我们经常可以看到，举重台前，运动员往往要做一个深长的呼吸或大吼一声，或憋足一口气，举起杠铃。这当中体现的就是"先天之气"和"后天之力""内外合一"的发劲技术。

在太极拳的修炼当中，"内劲"不是苛求来的，而是在长期轻松自然的盘练拳架中自然而然得到的。至于"外力"，同样是通过长期盘

练拳架,伴随"手到脚到,起落一致,一动俱动,全身协调"而不断培养和充实的。因此,盘练拳架的过程就是培养、充实"先天之气"和"后天之力"的过程。

至于静气,实质上就是调整人体呼吸与动作起落,发劲用力的过程。我们都有这样的经验,人在静态下配合呼吸的发劲容易做到,但在紧张的推手较技和散手搏斗中,要做到配合呼吸的发劲,就有一定的困难。因此,在太极推手道的训练中,无论是盘练拳架,推手较技,还是散手实战演习,"平心静气"是随时随地强调的,也是要求推手道的练习者必须做到的。日常训练养成的习惯可以促成太极推手道练习者在紧张的搏斗中保持"平心静气",合理地支配呼吸,从而做到"内外合一"的发劲。

六、太极推手道所应注重的二十四字诀

"立身中正,不贪不欠,看手看肘,不丢不顶,急来急应,缓来缓随。"任何有关太极拳的理论都会提到此二十四字,太极推手道把这二十四字视为座右铭。在太极拳的修炼上真正做到这二十四字,是太极推手道永远追求的目标,它将使你无懈可击,永远立于不败之地。

立身中正:所谓"立身中正"是指盘练拳架,进行推手训练要处处做到外三合,手与足合,肘与膝合,肩与胯合。简言之,即手不可超过身前中心线,手掌不可超过前腿脚尖,身不可前俯后仰。在太极拳的修炼上,"其身正不令而从,其身不正虽令不从",只有立身中正,才能保证支撑八面。前进、后退、左旋、右转步法自如。

不贪不欠:在太极拳的修炼上,所谓"贪"为过,为顶之意,搏击当中凡被对方捋翻、捌摔、折打者均因犯此病。所谓"欠"乃偏、软、背之意,搏击当中凡被对方按发、折打者均犯此病。因此不贪不欠为规矩,规矩者立于不败之地。凡使用捋劲、捌摔者,必借对方前顶之力,以捋劲使其身形前俯,左歪右斜,进而以掌、肘、肩靠之法打翻对手。

凡使用按劲者，必先领偏挤背对方，步随腰转，捌摔或按发对方。

看手看肘，不丢不顶：所谓"看手看肘"，意思是出手先占正门，严密看守对方手、肘。对手正面对我，双手、双肘均在我控制之中。对手一手在前，一手在后，属偏、属背，前手则被我控制，严谨地看手看肘，会使对方无计可施。所谓"不丢不顶"，意思是不贪不欠、规矩运转、静观其变、妙施其应、不丢不顶的劲道，可使对方好进难走。

急来急应，缓来缓随：太极拳手与柔道摔跤，及其他拳种选手交流之所以失败，主要原因是应变速度跟不上，做不到急来急应。应变速度跟不上是太极拳手最易犯的毛病。这种病根的形成，一是没有真正理解太极拳"稳如山岳，动如雷电"的武学内涵。二是平时推手练习只是慢推，体会劲道之走向，没有或很少快慢相间地推手练习，没有养成快速出招的习惯。因此，太极拳练习应有快慢相间的练习，拳架快，并能做到平心静气；推手快，并能做到手脚快而心跳不快。这都是培养沉着冷静快速应变的重要环节。

除过太极拳修炼当中所要求的各种修炼要素，太极推手道对于太极拳的修炼还提出了自己的见解。

第一，在太极拳的修炼上，太极推手道在继承太极拳理论精华的同时，充分认识到，必须加强对练习者身体素质的强化训练，提高练习者身体的爆发力、耐力等。因此，太极推手道的练习者应在常规的盘练拳架，加强推手练习的同时，注意练习者的身体素质。通过诸如百米、五千米中长跑的辅助训练，借力诸如单杠、双杠、杠铃等项目的练习，为练习者身体素质的提高提供帮助。在这里需要再一次强调说明的是，"太极拳无须力量练习"是个极大的误区。应该知道，力量有极限，技艺无止境。努力提高技艺的同时，极限内的力量练习，必不可少。

第二，由于太极推手道注重体能在太极拳训练中的作用，对于如何保证太极推手道的体能要求，太极推手道的主张是：习练者传统的饮食习惯必须改变！传统的饮食习惯以大米、小麦为主食，食用的只是碳水化合物，这种饮食习惯很难保证练习者体能的充沛。因此，太极推手道练习者必须改变传统的饮食习惯，利用现代运动给养学原理，合理配给营养，充分利用现代医学技术，经常不断地测试体能。通过体检及血液化验，接受现代医学的指导，调整训练计划和营养配给，以求达到最佳身体素质。

第三，太极推手道主张刻苦、科学的训练，这是提升练习者素质的关键。在高手如林的全国乃至国际大赛中，推手道运动员的体能、技术、心理素质将接受严峻的考验。因此，太极推手道的训练，注重对练习者心理素质进行测试与调整，通过经常的模拟实战来提高练习者的心理素质。

我们坚信，有刻苦训练的精神，有科学的训练方法，太极推手道定能使太极拳傲立国际搏击体坛。

七、太极推手道的搏击特点

前面谈到中国传统武术练拳有一个共同的目的，那就是"锻炼身体，战胜对手"。

锻炼身体，各有各的练功方法。谈到搏击，大家使用的也只有一个方法，那就是"远踢、近打、贴身摔"。踢、打、摔、拿是中华武术搏击比赛的核心内容，也是中华武术灵魂之所在。可以说，所有的拳种流派，在武术搏击方面，都在深入研究踢、打、摔、拿这四个字。太极推手道在武术搏击中始终贯穿以柔克刚、借力制人的太极拳摔、打、拿技法。

在武术搏击中，离开即为散手，纠缠即为推手。散手展现的是踢打技法；推手展现的是摔拿技法。

在武术搏击中，谁摔法好，谁的胜算就高。摔的技术含量高，打的技术含量相对要低。我们经常可以看到，一个优秀的摔柔运动员，改行搞散打，用不了一年，就可能成为一个优秀的散打运动员；一个优秀的散打运动员，改行搞摔柔，三五年都不可能成为一个优秀的摔柔运动员。当然这也存在术业专攻的问题，不能以偏概全。所以，太极推手道以摔拿训练为主，兼顾踢打训练。

太极拳称摔法为跌法，含有自己跌倒的意思。借用对手的抗力，实现以小打大、以弱胜强的目的。培养"听劲"的灵敏性，搭手即号准对手劲道的来龙去脉，利用劲道控制对方的重心，使对方失重倒地，是太极推手道永远追求的目标。

太极拳"欲抑先扬"的意思是：推按对方，借对方前顶之力前捋对方，使对方前扑倒地。向左用力，借对方抗力，向右摔对方，前拉对方，借对方后坐之力推按对方，使其向后倒地。就像拔河一样，对方拉，我手一松，对方即刻倒地。

瞬间改变力量的方向，是太极拳借力制人、克敌制胜的法宝，也是太极推手道在日常训练中随时随地强调必须做到的。

卡位准确是使用擒拿技法的关键。

太极推手道以赵堡太极拳活步推手训练为基础。赵堡太极拳拳架"尺寸"的设计符合人体结构比例，规范地盘练拳架，在推手练习中养成"看手看肘"的习惯，保证了擒拿技法在实战搏击中使用的良好效果。

踢打是武术搏击当中最直接的打击之法。赵堡太极拳强调"闪转腾挪"，步法灵活，进必闪，闪必打，彼不动，己不动，彼微动，己先动，招招式式都讲究合力，以增强击打效果。

太极推手道讲究在实战搏击中培养思想意识，在踢打上讲究"动贵短，劲贵长，意贵远"。

所谓"动贵短"乃一触即发，要求快速。

所谓"劲贵长"要求每一拳、每一腿的击打要具备穿透力，拳拳是重拳，腿腿有力量，方可加强打击力度。

所谓"意贵远"，要求每一招式都有打倒对方的意识。比如想打别人一耳光，那只是一耳光，如果一耳光想打倒对方，那么这种击打的劲道就有连打带搂的劲道，只有这种劲道才可能打倒对方，所以说，具备什么样的意识，就具备什么样的劲道。

太极推手道独特的训练手段，注重对练习者体能的提高，注重对练习者内在搏击意识的培养，注重对练习者内外合一发劲能力的提升，注重对练习者摔、打、擒拿中借力技术的训练。可以说，太极推手道在日常训练中注重和强调的恰恰是其他拳种所忽略和不具备的，这也是太极推手道战胜对手的根本保证。

八、太极推手道对练习者的基本要求及修炼阶梯

修其道必树其德。武术乃国术，维护国家的荣誉、民族的尊严，是每个武林中人最神圣的职责；刻苦练功，为国争光是每个练武之人最高的目标；承前启后培育后人是每个练武之人义不容辞的历史责任。这是武林中人的共识，也是修炼太极推手道必走的光明大道和必须树立的大德。

尊师重道是中华民族优秀的传统美德，也是修炼太极推手道必须具备的品德。太极推手道培养的是有文化、有修养、有抱负的武林英才。因此，教拳育人，是修炼、传授太极推手道必须遵守的第一要则！

太极拳是中华民族宝贵的文化遗产，练习者必须珍惜、热爱它，只有热爱，才能以苦为乐。只有以苦为乐，才能持之以恒，才能学有所成。

练习者应该明白，为学有不止之境，所得有深浅之别，在太极拳的修炼上，粗人得之则粗，细人得之则细，文人得之则精。所谓粗人得之则粗，即是不假思索，自己没有心得，不懂发劲功能；所谓细人得之则细，即在师传的原则下，能在细则上不断思考，不断有心得体会，有所发现，有所发挥；所谓文人得之则精，盖因太极拳原理与万物之理虽各有所专，但理为一贯，文人一旦有了心得体验，即能汇万物之理，融于拳理之中，岂能不精哉！

太极推手道进步阶梯为着熟——懂劲——阶及神明。

"着熟"就是规范地盘练赵堡太极拳，熟练地运用赵堡太极拳的常用招法。"着熟"阶段是太极拳克敌制胜的基础阶段，这一阶段的

修为主要来源于老师的正确指导和自身的刻苦锻炼。

"懂劲"阶段是太极拳无招打有招的高级阶段。此阶段的修为，除了老师的正确指导以外，自己一定要精心揣悟。俗话说："师傅领进门，修行在个人。""着熟"靠老师的正确指导，认准太极拳的锻炼方向，收到"入门"的效果。而"懂劲"除了老师的正确指导以外，"修行在个人"，精心揣悟尤为重要。在对外切磋、交流、比赛中，一定要认真总结成功的经验和失败的原因，不断提高完善自身，这样才能真正达到无招打有招、"懂劲"的高级阶段。

"神明"阶段是太极拳无懈可击的最高境界。阶及"神明"阶段就是艺无止境，努力学习，在实践中不断提高完善自身，追求无懈可击之本身的修为阶段。

九、研练太极推手道应遵循的步骤

第一年：拳架、推手的学习与演练

前三个月，学习拳架，力求规范演练，每天早晚各10遍拳架，三个月后会明显感到体能的增强。

又三个月，坚持盘练拳架的同时开始推手练习和必要的力量练习。此阶段，若练习者力量好，可着重拳架和推手练习。若练习者协调性好、力量较差，可侧重力量练习，每天早晚共活动2~3小时。

再三个月，盘练拳架、推手、力量练习全面展开。此段时间，侧重于对练，培养攻防常识，熟练常用招法，全面兼顾各种技法。对于练习者的稳定性、听劲灵敏性训练，以推手、摔柔为主，对习练者的灵活性训练，以散手为主。

后三个月，盘练拳架，与同门师友对练的同时，走向社会，与其他拳种流派进行交流学习。应该说，经过一年的锻炼，习练者精力充沛、体格健壮，能熟练运用太极拳招法，基本完成"着熟"阶段的训练。

在这里应特别说明的是，太极拳领域有这样一种说法：不懂劲，推手像盲人走路；不懂劲，推手影响用功进程。因此，不懂劲不让推手。试问，不推手怎能懂劲？推手是接近实战的训练方法，只有推手，才能知劲、懂劲，灵活地用劲。实践证明：盘练拳架、推手练习齐头并进是行之有效的训练方法。

第二年："懂劲"阶段训练

这个阶段，在规范、均衡、稳定的基础上，盘练拳架。逐步达到"手到脚到、起落一致、上下相随、一动俱动、协调一致"的境界。在推手中能做到"粘黏连随，你走我跟，你进我转"，明白利用对手的劲道控制对方的重心，使其失重倒地。这一阶段坚持自练的同时，应尽可能多地进行切磋交流，认真总结成功经验和失败原因，在实战中积累经验，完善自身。

第三年：深入"懂劲"阶段

此阶段的练习，着重培养"听劲"的灵敏性。盘练拳架在全身协调一致的基础上逐步进入，拳势绵绵不断，势势相承，以意导气，内外合一，轻而不浮，沉而不重的境界，在轻灵中显示沉稳，在轻松中显示柔力。遭遇对手时，达到"平心静气、蓄劲待发、身手轻灵、步似车轮、腰活似轴、臂滑如鱼、粘黏如鳔"的境界。

此阶段，最好与高出自身两三个级别的对手练习，促使自身体悟通过借力战胜对手的太极理念。同时这段时间，绝不放过与其他拳种流派高手切磋交流的机会，积极参加各种类型的比赛，取得宝贵的比赛经验，真正进入"无招打有招"的太极高级阶段。

十、赵堡太极拳拳架学练再认识

（一）三位一体　艺学享受

赵堡太极拳至今已有400多年历史，经过历代宗师研练体悟，总结升华，现已是海内外广泛传播，深受世人关注的优秀太极拳流派。

赵堡太极拳拳架规范严谨，拳架"尺寸"符合人体的结构比例。

姿势讲究手与足、肩与胯、肘与膝的协调配合。招招式式既要求气血通达四梢，又考虑到实战的需要。动作要求处处到位，强调"养生是根本，技击是灵魂"。拳架即推手、散手；推手、散手即拳架。一套拳架集盘架、推手、散手为一体，寓修身、养生于一道，此是其他太极拳种所少有的。赵堡太极拳神在以柔克刚，妙在借力制人，特别强调刚柔相济、刚中有柔、柔中寓刚。练拳时，外操柔软，内含坚刚。行气如九曲珠，无微不至；运动如百炼金刚，无坚不摧。在实战中，讲究亦刚亦柔，刚柔相济，柔化刚发。赵堡太极拳由简至繁，由易到难；一层功夫，一层技术；一层功夫，一层理。循序渐进。容易理解，方便学习，适合各个年龄段及各种身体状况的人们从事锻炼。年老体弱者可取高姿小架，速度稍慢。年轻体壮者，可取低姿大架，速度稍快。势大力厚，势小紧密，均能活动筋骨，起到强身健体的作用。赵堡太极拳轻灵圆活，动作舒展大方。在演练过程中练至数趟，一经启动，旁人观之。形动：只见走圆画圈，却找不到头与尾，犹如长江大海，滔滔不绝；神舒：悠然如入仙境，使观赏者心旷神怡，得到艺术般的享受。

（二）健身养生　心旷神怡

坚持锻炼乃健身之道；刻苦锻炼、精心揣悟乃克敌制胜之道；修身养性、心态平和乃长寿之道。参与锻炼的人们，年龄、体质、职业不同，决定了各自不同的学习目的和用功程度。年老体弱，以健身疗病、延年益寿为目的。初练赵堡太极拳，脑子不要想得太多，什么以意导气，动作配合呼吸，动作的细节，统统不要想得太多，尽量减轻头脑负担，以轻松自然的心态去接受赵堡太极拳。

轻松自然，是赵堡太极拳的基本原则。动作轻松自然，呼吸轻松自然，按照动作的基本要求，先求大样，再改细节；先求外顺，再找内合。盘练拳架处处注意外三合，即"肩与胯合、手与足合、肘与膝合"，做到了外三合，就求得了外顺。"外顺则内合"，动作和呼吸在自然而然中得到配合，只要持之以恒地坚持锻炼，定能收到体健心悦的效果。

十一、赵堡太极拳推手学练再认识

（一）推手技法要领说明

第一点，高架不经冲，低架不经压。所以说在推手的时候，一定要注意自己步子的大小和站姿。对方如果站得过高、过直，一冲按就倒了，这是高架。如果是低架，则不经压。架子过低，横向一压对方就倒了，主要是步不能随身动。因而，架子高低的适中和步子大小的适中最为宜，这是要点一。

第二点，出手先占正门。推手的时候，一定要出手先占正门，立身中正、松沉自然，不要侧身。对方正面对我的时候，看手看肘，互为平衡；一旦对方侧身，或身体稍微一侧，则对方手的平衡就失去了，此时挤对方，或者控他单臂折打，他就倒了。侧身则扁，实际是对方的膀子受制于我了，我可随即就势打倒对方。我若侧身也会被对方所趁。因而，推手的时候一定要正面相对；出手先占正门则有优势。这是要点二。

第三点，劲道不贪不欠。贪为过，欠为软，劲道一定要保持在自己圈内，中正平圆，轻灵柔活，先达外三合，再成内三合。手与脚合、肩与胯合、肘与膝合，则有了规范，劲道也含蓄在内。若对方动作前过，劲前探、前冲，则为贪，他贪，我就顺着他的贪劲打倒他。另外，劲道不能欠。如果欠则犯了软病。软实际没有掤劲，也掤不住，我前按，对方就会倒。所以说劲道不贪不欠为要点三。

第四点，周身放松。不能有僵劲，僵劲是束缚自己的缰绳。不放松则容易产生僵劲，有僵劲则滞，劲也都用到了自己身上，实际是束缚了自己，也没有了爆发力。在僵劲影响下，听劲也得不到培养了。去不掉僵劲，听劲的反应就迟钝。其实是，越是放松，越有感知力，越有爆发力。因而，周身放松是要点四。

这四点，希望太极拳推手研练者认真体悟，其是进行切磋、交流、参加比赛克敌制胜的基础。具体可在两两推手中体会。

练习时，左方为甲，右方为乙，双方相距两臂相对站立。虚领顶劲，精神提起，平心静气，周身放松。乙方进右步出右手，甲方进左步于乙方右脚外侧。右手接手，掌背相贴，左手看住对方右肘，乙方左手看住甲方右肘。双方搭手为掤劲。

双方注意：姿势注意外三合，身法中正规矩，劲道不贪不欠，出手先占正门，正面相对。甲方重心后移，向右捋劲，乙方重心前移跟进挤按，甲方随势松胯、转腰、捋劲、领偏、挤按，乙方右臂劲道上领、退步，甲方劲道前走、挤按，进右步于乙方左脚内侧，乙方随势松胯、转腰、捋劲、领偏、挤按。甲方左手接手，右手缠肘，重心后移，捋劲、领偏。双方形式对称、机会同等。对方劲道贪、顶，即予以捋翻、摔、折打。对方劲道欠、软，即予以挤实按发，采别折打。乙方右手接手，跟进挤按，甲方顺势看手看肘、上领、退步、捋劲、领偏，乙方顺势跟进挤按，右脚进甲方左脚内侧，甲方顺势松胯、转腰、捋劲、领偏、挤按。乙方重心后移，松膊、腰、接手、缠肘、捋劲、领偏、挤按。甲方重心后移，顺势接手、捋劲、领偏。如此掤、捋、挤、按，一上一下，一进一退，往复转圆，左步一脚稳定，右脚上下，双脚也可随重心移动而垫步，也可随对方进退而左旋右转。

（二）推手的基本功及避免运动受伤的训练

运动员意外受伤而丧失参赛机会的事故时有发生，避免受伤是运动员应该特别注意的问题。除了思想上要高度认识受伤的危害外，自我保护的训练必不可少。太极推手道日常训练十分重视基本动作，要认真、规范掌握自我保护的倒地动作，在实战中养成下意识的自我保护习惯。

1. 翻滚倒地动作

前滚翻。低头、团身、向前滚动，两手撑地，推地而起。

后滚翻。卷体向后倒地，以背着地，团身向后滚翻，低头、含胸、收下颚。借助两腿后伸的惯性，双手向后撑地，推地而起。

侧滚翻。右侧滚翻，身体前倾即向左旋转，右臂经胸前左插，右肩顺势着地，团身向前滚动，左臂借助惯性推地而起。左侧滚翻要领相同，只是左右区别。

李随成讲解摔法

侧倒地。左侧倒地，左腿向右横向摆动，上身左旋，拧腰，转头目视左下方，右膝放松下沉，屏气，双手着地时拍垫。右侧倒地要领相同，只是左右区别。

前倒地。身体前倾，双臂前伸，在着地时双手拍垫、夹肘，屈臂缓冲着地，抬头，目视前方。

后倒地。屈膝半蹲，双手后摆，双脚蹬地，上体后倒，肩背着地，屏气，含胸拔背收下颚，一腿上抬一腿撑地，双臂外展，双手于腰胯侧拍垫。

2. 对练基本动作

前、后、左、右折臂摔，左右闪，左右弹摔，左右耙摔，左右进步挤摔，进步挤按等。

在太极推手日常训练中，不要认为以上这些动作只是例行的热身活动，要认真、规范掌握自我保护倒地动作，每次上垫练，都要有一定的时间对练（不少于1小时），这样队员在实战中才能养成良好的自我保护习惯。

十二、告老年朋友及青少年太极习练者

1. 忠告老年从学者

武当赵堡太极拳只有高低架之说,无有大小架之分。高架为年老体弱养生健体之架,低架为盘练功夫上阵御敌之架。年老体弱者以练高架为主,待体能增强后,拳架逐渐放开走低。根据自己的体能,在拳架的高低上调整活动量。每次锻炼,微出点汗即可,以不感到疲劳为原则。

锻炼、学习、饮食,作息规律,有序进行,以保持生物钟的稳定,是身体健康的可靠保证。

人到老年,遇事不可强求,修身养性,陶冶情操。按照太极"平心静气,以柔克刚,不急不躁"的道理处事,儿女自有儿女福,有钱无钱随其自然。"心态平和,知足常乐",这才是长寿之道。

李随成为年长者讲解养生练法

李随成带弟子推手

李随成指导弟子

以拳会友

第九章　赵堡太极拳实战用法　479

轻松"耍拳"

弟子风采

拜师学生，不忘师恩

2. 对青年研练者的殷切希望

前面谈到，唯有太极推手道独特的训练方法能实现以小制大、以弱胜强的太极理念。在武术搏击中，能真正体现"以柔克刚，借力制人"的神妙摔、打、拿技法，才能战胜身体、体能优于自己者。

对于散打，我的观点是，在其发展好拳脚的基础上，应该吸收太极推手中以柔克刚、借力制人的摔拿技术。太极的智慧与贡献是给人更为巧妙的科学方法与思路。国术武术的发展，武术对抗项目的比赛，事关国家的荣誉、民族的尊严。老一辈武术家用武术，用太极证明了其大用不弊，书写中国武术传奇，树立了国粹信仰。如今，仅太极拳的习练者就有3亿之多，但是，随着老一辈武术家相继谢世，宝贵的武术文化遭受不可挽回的损失。武术不受重视，"假大师"横行，改造的武术操驱逐了真正的武术。作为武术之子的散打，应吸收和尊重传武文化，扎实传武根基。作为习练太极一生的人，我认为没有什么技术比中国武术、太极技术更具思想性。当然，各国武术都能在擂台

大美太极功夫传承

赵堡太极拳的和合与文化自信

上一较长短,至于输赢,在于人。武术各有所长,输赢是一时,而"补短",寻求进步与境界提升才更具"生命"的意义。而这"生命"之意蕴,来源于其真。求真、务实,才能打牢根基,绵延拳法生命,凸显出更多真正的武术佼佼者。

武术、太极英杰的涌现,来源于广大青少年的参与,来源于青年家长的认可,来源于武者的自我认同,来源于国家对传武的高度重视。

期许青年朋友们,希望你们积极地参与到太极拳行列里来,继承这一宝贵的文化遗产,弘扬中华武术,振奋民族精神,国粹武术傲立世界搏击体坛的希望寄托在你们身上了。

第五节　李随成太极拳精要问答

1. 何谓太极拳?

答:以柔克刚、刚柔并济、形神兼备、内外合一的武术。

2. 什么是太极拳的最高阶段？

答：无懈可击，从心所欲，使对手应手即扑的神明之境。

3. 怎样才能达到太极拳的最高阶段？

答：拳架、推手、散手，三位一体，循环无间。多切磋交流、参加比赛，不断地总结经验，不断地提高完善自身，在比赛中检验、感悟拳法，一步一脚印。这样才能通达太极拳的最高乃至至高境界。特别要说的是，比赛是检验拳法训练的途径和平台，太极拳不能脱离比赛的磨炼。烈火真金，只有经受多方考验，才能真正步入太极拳的神圣殿堂。

4. 民间有很多名师、高手都未参加过比赛，但他们都身怀绝技，您怎么看？

答：太极拳历代宗师及杰出弟子都有切磋交流的经历，太极拳更有科学的推手训练方法，太极集大成者离不开太极拳三位一体的训练。比赛是检验武技的方式，而不是"实用"的终结。现在，武术训练是出现了问题，多数"大师""名家"只练套路，不练推手与散手实战，甚至他们根本不懂拳是什么，套路也是自己弄不清楚、解不开。这样的"高手""名师"，我对他们的水平是持怀疑态度的。

5. 目前开展的推手、散打比赛的规则存在很多问题，民间拳师不肯参加这样的比赛，您怎么看？

答：现代的推手、散打比赛是新兴的武术对抗项目，其规则有待武术同仁共同关注而逐步完善。武术人士对规则提出意见的同时，更应该积极地参加比赛（规则对参赛人员是平等的）。只有参加比赛，才能提出更客观、更有价值的建设性意见。

6. 您对目前开展的推手、散打比赛的规则持什么样的态度？

答：武术对抗项目的开展，是武术竞技改革的产物，是中华武术发展的必然趋势，是史无前例的伟大进步。推手比赛目前存在的最大弊端是太极拳"孤芳自赏"，推手比赛应容纳"百家"参与，使中华武术摔拿技法得到更充分的展现，使推手比赛的内容更加丰富。散打比赛应充分体现中华武术的文化内涵。武术对抗项目是勇敢者参与的比赛项目,它在促进人们体格健壮、意志品质坚强、刻苦奋发向上的同时,展现的是中华民族的传统文化,提倡的是武德、文明风尚。武术是我国的国粹,我们向国际推广中华武术的主要目的应是让国际了解、学习我们的优秀传统文化。

7. 太极拳是否能参加散打比赛?

答:太极拳能参加散打比赛,不能参加散打比赛的太极拳不能称之为"拳"。但是,参加比赛需要训练,需要适合规则并能发挥自身优势的训练。这一点也通过我几十年的带学生、带队打比赛得到了印证,也希望更多的人加入太极能战、敢战的阵营。当然,这其中也有令我心酸之处。我多年培养、带出的弟子,在比赛的擂台上展现了实力,但是,随着他们的长大,需要务工赚钱、生活,只能离开训练团队,因为太极拳不能给他们带来生计的保障。这与国家队的运动员、俱乐部的队员等有资金支持是不同的。

8. 看了焦作、武当山的推手擂台赛,不是印象中的推手比赛,感觉是摔跤比赛,这是为什么?

答:太极推手以擒拿、摔法而更见长于其他武术。在推手比赛中,擒拿是禁用的,体现摔法成了比赛的焦点。但是,太极推手的摔法技术与摔跤的技术在理念上是有区别的。太极拳更注重,粘黏连随、不丢不顶、随机就势,这就使得太极拳更讲究"劲"。当然,摔跤也讲究"跤感""跤劲",但是其技术动作看似更"精细化",更有"效果"和视觉冲击性。这样就使得很多参赛者,就"规则"而用力于"摔跤",而不是就"规则"用力于"太极"。这样就成了现在"太极拳摔跤"的局面。《搭手歌》讲"粘黏连随不丢顶,引进落空合即出","任他巨力来打我,牵动四两拨千斤"。可见,太极拳不是"不用力",而是"落空"后"稍用力"就能制人和"腾挪人"的拳法。因此,"合顺、自然"是太极拳"用力"的方向。现行比赛规则下的推手,我觉得技术和劲法应该并进,高水平的更要体现"劲",让对方像站在球上摇摇晃晃无从着力，产生轻灵柔活、小力胜大力而使对手即扑的效果。当然这是一个长期的过程，主要在于我们明白"太极推手"的真正目的是什么。

9. 推手是否可以作为单独的比赛项目？

答：推手比赛作为单独的比赛项目已经走过了30多年，规则也在一步步走向完善。内容也越来越丰富。运动员的竞技水平随着规则的开放，有了大幅度的提高。目前，北京、河南、陕西、浙江、湖北等省市，特别是河南郑州成立了推手俱乐部，专门研究推手技法与规则。可以说，推手比赛不但已是单独的比赛项目，而且在全国武林同仁的共同努力下，很有可能会成为奥运会的比赛项目。

10. 上次武当大会赵堡采用自己的比赛形式，为何看起来还是顶牛，看不到太多平时练习的精彩运作？

答：武当推手比赛与焦作推手比赛大体相同，规则有所区别，武当比赛规则更放开一些，允许用的技法更多一些。武当推手比赛各门派的武术爱好者均可参加比赛。顶劲是水平低的表现。随着技艺的提高，顶劲将越来越少。任何人都是从低往高一步步提高的，也可以说任何人都是从顶劲到不顶劲的。比赛场上劲道前顶，被对方使用捋劲前扑倒地者时有出现，说明水平低想顶牛都没有地方顶。平时训练老师打学生精彩，师兄弟上场表演精彩，比赛实战中高手打低手精彩，水平相当，就不那么精彩，旁观者仔细观看分析，也不一定能看出双方是顶劲还是要劲、给劲，具体是顶劲还是听劲，只有参赛者才有切身体会。

11. 如何在太极拳比赛中体现出太极拳的神韵？

答：这个问题从两方面回答。一是太极拳套路比赛。各式的太极拳国家已有规定套路（赵堡拳除外），裁判根据难度加分，根据失误扣分。专业队太极拳难度越来越大，业余的太极拳手已无法涉足。我个人认为太极拳功架的神韵是：轻而不浮，沉而不重，在轻松中显示柔力，在轻灵中显示沉稳，在安逸祥和的神态中显示凛然不可侵犯的气质。二是技击方面。太极推手比赛和其他比赛项目一样，低级的比赛是体能的对抗，高级的比赛是技术的对比，顶级的比赛是体能、技术、经验、智慧的较量，轻松地战胜对手，才能显示出太极拳的神韵。因此，我坚信进一步完善推手、散手竞赛规则，坚持开展推手、散手比赛，太极拳高手就能脱颖而出。

12. 推手比赛里很少看到看手看肘的时候，不丢不顶更是难得一见，规则上能解决这个问题吗？

答：推手比赛的失败者问题百分之百出在没有看住对方的手肘，而自己的手肘又受制于对方。不丢不顶是参赛者的感觉，不是观众的视觉。看手看肘是参赛选手个人的愿望，高手之间的交手，有手不见手，有肘不见肘，能否看住对方的手肘，是竞技水平的问题，比赛规则是解决不了这个问题的。焦作的国际推手比赛及湖北武当山的推手擂台赛，是规则放开、走向成熟的开始，是真正摔拿技法的竞技，是探索中较为成功的赛例。现下，只有在这样的推手比赛中，太极拳才能真正和柔道、摔跤相抗衡，太极拳才能真正融入武术搏击的行列。

13. 太极拳需要多大的训练量，怎样训练才能具备参赛能力？

答：每个人体质不同，不可能有统一的训练计划。量力而行，是制订本人训练计划的原则。制订最低活动量的训练计划，根据自己的体质，适当加大活动量。每天低架盘练太极拳1小时，推手训练、踢打沙袋1小时，另加力量训练、单杠引体向上、双杠屈臂撑与不少于2000米变速跑。

14. 中年拳师可能适应不了这个最低的训练计划，他们能否参加比赛？

答：激烈的武术对抗项目比赛，体能将接受严峻的考验，适应不了这个最低的训练计划，我建议不要参加比赛。中老年拳师可能是优秀的教练员，绝不可能是优秀的运动员。徒弟不行，师父上阵，师父失败，师爷取胜，是武侠小说描写的情节，现实中是不存在的。年老体弱，任何人也改变不了这个规律。丰富的经验是中老年拳师最宝贵的财富，他们能带出无数个优秀运动员，他们对社会的贡献是一个优秀运动员所无法比拟的。

15. 太极拳"四两拨千斤"，为什么还要做力量练习？

答："四两拨千斤"，是以弱制强、借力制人的形容词，四两永远拨不了千斤。太极拳技法熟练，"听劲"灵敏，战胜超出自身两三个级别的对手是完全可能的。力量有极限，技艺无极限，努力提高技艺的同时，极限内的力量练习必不可少。

16. 太极拳"重意不重形"，为什么要强调低架盘练套路？

答：太极拳"重意不重形"说法不妥，极易误导后学者，最妥当的说法应是神形兼顾、内外合一。太极走低架，可增强下盘功夫及自身柔韧协调、均衡、稳定、步法灵活的能力，这些能力的具备，是参加比赛必不可少的条件。

17. 您如何看待"魔鬼训练"？

答：超出生理极限的"魔鬼训练"是"兴奋剂"的翻版，是对生命的超支，违背体育道德。

18. 从事太极拳训练，参加武术对抗项目比赛，运动寿命是否能够得到延长？

答：太极拳"养生是根本"，练习太极拳可对人体筋骨肌肉、心、肺、胃、肠、肝功能起到养护性锻炼作用。太极拳"技击是灵魂"，太极拳战胜对手依靠的是以柔克刚，借力制人是巧力而不是蛮力。所以，从事太极拳锻炼的武术竞技运动员的运动寿命要长得多，正常情况下（没有意外受伤），40岁以内完全可以参加顶级比赛。

19. 其他体育竞技项目，是否也能受益于太极拳锻炼？

答：不但推手,中国的摔跤、散打,日本的柔道、空手道,泰国的泰拳,韩国的跆拳道,都能在太极拳的锻炼中受益,而且篮球、足球、排球、田径等竞技体育项目,从事规范的太极拳锻炼,都将受益匪浅。

20. 想练太极拳，看了几本书，感到博大精深的同时，也感到非常难懂、难学，更不知何年何月才能熟练掌握。

答：入门容易，深造也不难，最难的是持之以恒地坚持锻炼、刻苦锻炼。精心揣悟一至两年就能收到强身健体、防身自卫的效果。

21. 照书本学习，能否收到强身健体的效果？

答：去公园，看哪位老师练拳是一种享受，就跟这位老师练拳，比看书学拳效果好得多。

22. 照此说法，就不用看书学习了？

答：太极拳一层功夫一层理，练拳有了功夫才能明白太极拳深层的道理，练拳有了切身体会，才能在书中找到有用的东西。在实践中发现问题，在书中找出解决问题的理论根据，这是行之有效的学习方法。

23. 怎样鉴定太极拳套路是否规范，是否具备神韵？

答：中正规矩、轻灵活顺、轻而不浮、沉而不重，在轻松中显示柔力，在轻灵中显示沉稳，在安逸祥和的神态中显示凛然不可侵犯的精神气质。

24. 能否明确界定"着熟、懂劲、阶及神明"三个阶段？

答：在高级别的比赛或高水平的切磋交流中，熟练运用太极拳技法战胜对手，就基本上达到了"着熟"阶段。（对外行、年老体弱者，能用几个动作，只能称为一知半解，不能称为"着熟"。）在高水平的切磋交流比赛中，不是主动用招，而是随势就势、借力战胜对手，说明进入了高级的"懂劲"阶段。"阶及神明"阶段，就是不断总结经验、不断提高完善自身的阶段。

25. 您对太极拳的发展有什么看法？

答：武术是我们的国术，太极拳是武林宝库中一颗璀璨的明珠。应继承精华，破除迷信，剔除神说、玄说，广泛宣传，引导广大青少年参与太极拳锻炼，积极参加各种类型的武术对抗项目，如散打、太极推手、中国摔跤比赛等。因为，没有广大青少年的参与，就没有太极拳灿烂的明天。

太极拳的发展目前需要解决的首要问题是认可和礼遇问题。我们优秀的武术对抗项目运动员，吃的苦不少，经济收入不高，过不上体面的生活，更得不到社会的认可和尊重。日本优秀的相扑、柔道、空手道运动员有很高的社会地位，是国宝级的人物。我们优秀的搏击运动员，大多干的是保安、保镖，以及武术以外的工作（此处对职业没有偏见，主要是说没有国粹武术应有的礼遇）。这种现象极大地阻碍了广大青少年参加武术以及太极拳运动的积极性。

太极高手的出现，要像其他体育运动项目一样，由少儿中掀起热潮，在少儿体校中挑选苗子，进行专业训练，再选拔优秀运动员进入省市专业队参加全国比赛。如果太极拳搏击能有如此流程而进入国家队，成立国家搏击队伍，那就会有不一样的新发展。

赵堡太极拳有很好的训练体系，其在体能优化、技术精巧方面有许多宝贵的经验与拳法智慧，这能为武术搏击提供强有力的帮助。但是现下还没有被广泛认识到。因此，在国家重视与支持期许下，还需要广大赵堡太极拳传承人共同努力，打造好三位一体的拳法训练氛围。

从长远的角度来看，赵堡太极拳如果从少儿抓起，成立专业队伍，进行专业化的训练，太极高手、神手就一定会横空出世。国粹武术也会更加坚挺。

附录　赵堡太极拳先辈拳谱

一、王宗岳的太极拳论

太极者，无极而生，动静之机，阴阳之母也。动之则分，静之则合。无过不及，随曲就伸。人刚我柔谓之"走"，我顺人背谓之"粘"。动急则急应，动缓则缓随。虽变化万端，而理唯一贯。由着熟而渐悟懂劲，由懂劲而阶及神明。然非用力之久，不能豁然贯通焉！虚领顶劲，气沉丹田，不偏不倚，忽隐忽现。左重则左虚，右重则右杳。仰之则弥高，俯之则弥深。进之则愈长，退之则愈促。一羽不能加，蝇虫不能落。人不知我，我独知人。英雄所向无敌，盖皆由此而及也！斯技旁门甚多，虽势有区别，概不外壮欺弱、慢让快耳！有力打无力，手慢让手快，是皆先天自然之能，非关学力而有为也！察"四两拨千斤"之句，显非力胜；观耄耋能御众之形，快何能为？立如平准，活似车轮。偏沉则随，双重则滞。每见数年纯功，不能运化者，率皆自为人制，双重之病未悟耳！欲避此病，须知阴阳；粘即是走，走即是粘；阴不离阳，阳不离阴；阴阳相济，方为懂劲。懂劲后愈练愈精，默识揣摩，渐至从心所欲。本是"舍己从人"，多误"舍近求远"。所谓"差之毫厘，谬以千里"，学者不可不详辨焉！

二、十三势行功歌诀（王宗岳）

十三总势莫轻识，合意源头在腰隙①。

---

①亦有"命意源头在腰隙"的说法。"合"在于拳法、劲势的修习要求与实用指向；"命"在于拳修、劲运的性命修、养意蕴。

变转虚实须留意，气遍身躯不稍痴。
静中触动动犹静，因敌变化是神奇。
势势存心揆用意，得来不觉费工夫。
刻刻留心在腰间，腹内松静气腾然。
尾闾中正神贯顶，满身轻利顶头悬。
仔细留心向推求，屈伸开合听自由。
入门引路须口授，功用无息法自修。
若言体用何为准，意气君来骨肉臣。
详推用意终何在？益寿延年不老春。
歌兮歌兮百四十，字字真切意无疑。
若不向此推求去，枉费工夫遗叹息。

三、打手歌（王宗岳）

掤捋挤按须认真，上下相随人难进。
任他巨力来打我，牵动四两拨千斤。
引进落空合即出，粘黏连随不丢顶。

四、十要论

（一）第一论理

夫物，散必有统，分必有合。天地间四面八方，纷纷者各有所属，千头万绪，攘攘者自有其源。要论盖一本可散为万殊，而万殊咸归于一本。拳术之学，亦不外此公例。夫太极拳者，千变万化，无往非劲，势虽不侔，而劲归于一，夫所谓一者，自顶至足，内有脏腑筋骨，外有肌肤皮肉，四肢百骸相联而为一者也。破之而不开，撞之而不散，上欲动而下自随之，下欲动而上自领之，上下动而中部应之，中部动而上下和之，内外相连，前后相需，所谓一以贯之者，其斯之谓欤！

而要非勉强以致之，袭焉而为之也。当时而动，如龙如虎，出乎而尔，急加电闪。当时而静，寂然湛然，居其所而稳如山岳。且静无不静，表里上下全无参差牵挂之意，动无不动，前后左右均无犹疑抽扯之形，洵乎若水之就下，沛然莫能御之也。若火机之内攻，发之而不及掩耳。不暇思索，不烦拟议，诚不期然而已然。盖劲以积日而有益，工以久练而后成，观圣门一贯之学，必俟多闻强识，格物致知，力能有功，是知事无难易，功惟自进，不可躐等，不可急就，按步就序，循次渐进，夫而后百骸筋节，自相贯通，上下表里，不难联络，庶乎散者统之，分者合之，四肢百骸总归于一气矣。

（二）第二论气

天地间未有一往而不返者，亦未常有直而无曲者矣；盖物有对待，势有回还，古今不易之理也。常有世之论捶者，而兼论气者矣。夫主于一，何分为二？所谓二者，即呼吸也，呼吸即阴阳也。捶不能无动静，气不能无呼吸。呼则为阳，吸则为阴，上升为阳，下降为阴，阳气上升而为阳，阳气下行而为阴，阴气上升即为阳，阴气下行仍为阴，此阴阳之所以分也。何谓清浊？升而上者为清，降而下者为浊。清者为阳，浊者为阴，然分而言之为阴阳，浑而言之统为气。气不能无阴阳，即所谓人不能无动静，鼻不能无呼吸，口不能无出入，而所以为对待回还之理也。然则气分为二，而贯于一，有志于是途者，甚勿以是为拘拘焉耳。

（三）第三论三节

夫气本诸身，而身节部甚繁，若逐节论之，则有远乎拳术之宗旨，惟分为三节而论，可谓得其截法：三节上、中、下，或根、中、梢也。以一身言之，头为上节，胸为中节，腿为下节；以头面言之，额为上节，鼻为中节，口为下节；以中身言之，胸为上节，腹为中节，丹田为下节；以腿言之，胯为根节，膝为中节，足为梢节；以臂言之，膊为根节，肘为中节，手为梢节；以手言之，腕为根节，掌为中节，指为梢节。观于此，而足不必论矣。然则自顶至足，莫不各有三节也。要之，既莫非三节之所，即莫非着意之处，盖上节不明，无依无宗，中节不明，满腔是空，下节不明，颠覆必生。由此观之，身三节部，岂可忽也？至于气之发动，要从梢节起，中节随，根节催之而已。此固分而言之；若合而言之，则上自头顶，下至足底，四肢百骸，总为一节，夫何为三节之有哉！又何三节中之各有三节云乎哉！

（四）第四论四梢

于论身之外，而进论四梢。夫四梢者，身之余者也；言身者初不及此，言气者亦所罕闻，然捶以由内而发外，气本诸身而发梢，气之为用，不本诸身，则虚而不实；不行于梢，则实而仍虚。若手指足特论身之梢耳！而未及梢之梢也。四梢惟何？发其一也，夫发之所系，不列于五行，无关于四体，是无足论矣，然发为血之梢，血为气之海，纵不本诸发而论气，要不可虽乎血以生气；不虽乎血，即不得不兼乎发，为肉之梢，而肉为气之仁，气不能行诸肉之梢，即气无以充其气之量，故必舌欲催齿，而肉梢足矣。至于骨梢者，齿也；筋梢者，指甲也。气生于骨而联于筋，不及乎齿，即不及乎骨之梢，不及乎指甲，即不及乎筋之梢，而欲足尔者，要非齿欲斯筋，甲欲透骨不能也。果能如此，则四梢足矣。四梢足，而气自足矣，岂复有虚而不实、实而仍虚之弊乎！

（五）第五论五脏

夫捶以言势，势以言气，人得五脏以成形，即由五脏而生气，五脏实为性命之源、生气之本，而名为心、肝、脾、肺、肾也。心属火，而有炎上之象。肝属木，而有曲直之形。脾属土，而有敦厚之势。肺属金，而有从革之能。肾属水，而有润下之功。此及五脏之义而犹准之于气，皆有所配合焉。凡世之讲拳术者，要不能离乎斯也。其在于内胸廓为肺经之位，而肺为五脏之华；盖故肺经动，而诸脏不能不动也。两乳之中为心，而肺抱护之。肺之下膈之上，心经之位也。心为君，心火动，而相火无不奉命焉；而两乳之下，右为肝，左为脾，背之十四骨节为肾，至于腰为两背之本位，而为先天之第一，又为诸脏之根源；故肾足，则金、木、水、火、土，无不各显生机焉。此论五脏之部位也。然五脏之存乎内者，各有定位，而见于身者，亦有专属，但地位甚多，难以尽述，大约身之所系，中者属心，窝者属肺，骨之露处属肾，筋之联处属肝，肉之厚处属脾，想其意，心如猛，肝如箭，脾之力大甚无穷，肺经之位最灵变，肾气之动快如风，是在当局者自为体验，而非笔墨所能尽罄者也。

（六）第六论三合

五脏既明，再论三合。夫所谓三合者，心与意合，气与力合，筋与骨合，内三合也。手与足合，肘与膝合，肩与胯合，外三合也。若以左手与右足相合，左肘与右膝相合，左肩与右胯相合，右肩（三）与左亦然。以头与手合，手与身合，身与步合，孰非外合。心与目合，肝与筋合，脾与肉合，肺与身合，肾与骨合，执非内合。然此特从变而言之也。总之，一动而无不动，一合而无不合，五脏百骸悉在其中矣。

（七）第七论六进

既知三合，犹有六进。夫六进者何也？头为六阳之首，而为周身之主，五官百骸莫不体此为向背，头不可不进也。手为先锋，根基在膊，膊不进，则手脚不前矣；是膊亦不可不进也。气聚于腕，机关在腰，腰不进则气馁，而不实矣；此所以腰贵于进者也。意贯周身，运动在步，步不进而意则索然无能为矣；此所以必取其进也。以及上左必进右，上右必进左，共为六进。此六进者，孰非着力之地欤！要之：未及其进，合周身毫无关动之意，一言其进，统全体全无抽扯之形，六进之道如是而已。

（八）第八论身法

夫发手击敌，全赖身法之助，身法惟何？纵、横、高、低、进、退、反、侧而已。纵，则放其势，一往而不返。横，则理其力，开拓而莫阻。高，则扬其身，而身有增长之意。低，则抑其身，而身有攒促之形。当进则进，弹其力而勇往直前。当退则退，速其气而回转扶势。至于反身顾后，后即前也。侧顾左右，左右恶敢挡我哉。而要非拘拘焉而为之也。夫察人之强弱，运乎己之机关，有忽纵而忽横，纵横因势而变迁，不可一概而推。有忽高而忽低，高低随时以转移，岂可执一而论。时而宜进不可退，退以馁其气。时而宜退，即以退，退以鼓其进。是进固进也，即退亦实以助其进。若反身顾后，而后不觉其为后。侧顾左右，而左右不觉其为左右。总之：现在眼，变化在心，而握其要者，则本诸身。身而前，则四体不命而行矣。身而怯，则百骸莫不冥然而处矣。身法顾可置而不论乎？

（九）第九论步法

今夫四肢百骸主于动，而实运以步；步者乃一身之根基，运动之枢纽也。以故应战、对战，本诸身。而所以为身之砥柱者，莫非步。随机应变在于手。而所以为手之转移者，又在于步。进退反侧，非步何以作鼓动之机；抑扬伸缩，非步何以示变化之妙。即谓观察在眼，变化在心，而转弯抹角，千变万化，不至穷迫者，何莫非步之司命，而要非勉强可致之也。动作出于无心，鼓舞出于不觉，身欲动而步已为之周旋，手将动而步亦早为之催迫，不期然而已然，莫之驱而若驱，所谓上欲动而下自随之，其斯之谓欤！且步分前后，有定位者，步也。无定位者，亦步也。如前步进，而后步亦随之，前后自有定位也。若前步作后步，后步作前步，更以前步作后步之前步，后步作前步之后步，前后亦自有定位矣。总之：捶以论势而握要者步也。活与不活，在于步，灵与不灵亦在于步。步之为用大矣哉！

（十）第十论刚柔

夫拳术之为用，气与势而已矣。然则气有强弱，势分刚柔，气强者取乎势之刚，气弱者取乎势之柔，刚者以千钧之力而扼百钧，柔者以百钧之力而破千钧，尚力尚巧，刚柔之所以分也。然刚柔既分，而发用亦自有别。四肢发动，气行谙外，而内持静重，刚势也。气屯于内，而外现轻和，柔势也。用刚不可无柔，无柔则还不速；用柔不可无刚，无刚则催逼不捷。刚柔相济，则粘、游、连、随、腾、闪、折、空、挤、捋，无不得其自然矣。刚柔不可偏用，用武岂可忽耶？

五、太极拳道（邢喜怀）

先师曰：习拳，习道，理义须明。功不间断，其艺乃精。夫拳之道者，阴阳之化生，动静之机变也。知气养而增命，善竞扑而全身，此为习拳之妙理。气何以养，寅时吐纳，神守天根，意沉海底，心静息寂，神意互恋，升降吞液，腹中如轮，旋转循规，是以知水火之和气，为两肾所出。此人身性命之本，须刻刻留意为是。扑何以善，手脚四肢皆听命于心神。动静虚实，随意气而定取。上动下合，左转右旋，前移后趋，惟心神之所向，意气之所使也。腰为真机，而贯串肢节，势无所阻，是内意者用耳。

六、太极拳说（邢喜怀）

夫太极者，法演先天，道肇生化焉。化生于一，是名太极。先天者，太极之一气；后天者，分而为阴阳。凡万物莫不由此。阳主动而阴主静，动之极则阴生，静之极则阳生。有生有死，造化之流行不息；有升有降，气运之消长无端。体象有常者可知，变化无穷者莫测。大之而立天地，小之而悉秋毫。太极之理，无乎不在。阴无阳不生，阳无阴不成。阴阳之气，修身之基。上阳神而下阴海，合之者而元气生。左阳肾而右阴肾，合之者而元精产。背外阳而怀内阴，皆合者而元神定。阴中有阳，阳中有阴，本乎阳者亲上，本乎阴者亲下。是则手以阳论，脚以阴名，相合者而身自灵。虚实分而阴阳判，动静为而阴阳变。纵者横之，刚者柔之，来者去之，开者阖之，无非阴阳之妙理焉。然阴阳和合，斯理孰持？胜负两途，斯验孰主？一判阴阳两极分，聚合阴阳逢在中。是以其妙者一也，其窍者中也。夫太极拳者，性命双修之学也。性者天，上潜于顶，顶乃性之根；命者海，下潜于脐，脐乃命之蒂。故知双修之道，在天根海蒂之合也。真意为其中使，而有所验。动之始则阳生，静之始则柔生；动之极则阴生，静之极则刚生。阴阳刚柔，太极拳法四肢义通。且阴阳之中，复有阴阳；刚柔之中，复有刚柔。故有太阴太阳，少阴少阳，太刚太柔，少刚少柔，太极拳手之八法备焉。曰："掤捋挤按采挒（捌）肘靠。"一以中分而阴阳出，阴阳复而四时成，中为生化之始，合时成用，五气行焉。东有应木之苍龙，西有属金之白虎，北陆玄龟得水性而潜地，南方赤鸟得火气而飞升。中土孕化，以生成而明德。五行生克，太极拳脚之五步出焉。曰："进退顾盼定。"夫太极拳者，呼吸二五之中气，手运八法之灵技，脚踩五行之妙方。上下内外与意合，节节贯串于一身。因而万千之变无乎不应。此所以根出于一，而化则无穷，太极拳之所寓焉。俾使学者默识心通，故为说之而已哉。

七、太极拳总论（河南怀郡温邑赵堡镇陈清平）

举步轻灵神内敛，莫教断续一气研。

左宜右有虚实处，意上寓下后天还。

歌云：举步轻灵神内敛

一举步，周身俱要轻灵，尤须贯串。气宜鼓荡，神宜内敛。

歌云：莫教断续一气研

勿使有凹凸处，勿使有断续处。其根在脚，发于腿，主宰于腰，形于手指。由脚而腿而腰，总须完整一气，向前退后，乃得机得势，有不得机得势，其病必于腰腿求之。

歌云：左宜右有虚实处

虚实宜分清楚，一处自有一处虚实，处处总此一虚实，上下前后左右皆然。

歌云：意上寓下后天还

凡此皆是意，不在外面，有上即有下，有前即有后，有左即有右。如意要向上，即寓下意，若将物掀起，而加以挫之着力，斯其根自断，乃坏之速而无疑。总须周身节节贯串，勿令丝毫间断耳。

"长拳者，如长江大海，滔滔不绝也。十三势者，掤捋挤按采挒肘靠，此八卦也。进步退步左顾右盼中定，此五行也。掤捋挤按，乾坤坎离四正方也。采挒肘靠，巽震兑艮四角也。进退顾盼定，金木水火土也。合之则为十三势也。"

"原注云，此系武当山张三丰老师遗论，欲天下（英雄）豪杰延年益寿，不徒作技艺之末也。"

八、太极拳要论（和兆元）

冥冥混沌，窥窟莫测，虚而无象，焉知其极，故曰无极。即曰由无极而生，须明无极之义。自无而有，一气动荡，虚无开合，化生于一。浑圆廓象，阴阳感知，喻而名之，是为太极。故曰：若论先天一事无，后天方要着功夫。太极者，为万物初始也。太极为浑圆之一气，怀阴阳之合聚。此气动而阴阳分，此气静而阴阳合。动静有机，阴阳知变。太极阴阳之理贯串于拳势之中，有刚柔之义、顺背之谓、屈伸之分、过与不及之谬也。习者与人相搏，须随其势曲而旋化蓄劲，引其过与不及而击之。击伸发劲以直达疾速，此圆化为方之义。彼刚攻而以柔应，此谓走化；彼欲抽身以黏缠，缓随急应；彼莫测而胆寒，虚实互换，彼崩溃而心惊。理用俱明，方悟劲之区别，熟而生巧，渐能随心所欲。故曰：知己知彼，百战不殆。

虚领顶劲，气沉丹田，实拳法之内功也。行功时，寅时面南，松身神凝；吐纳自然，撮抵桥通；阴阳和合，攒簇五行；子午卯酉，朔望漾应；缜而密之，久行动成。人身中者不偏，二脉隐于身内，气畅无须倚，气行现心意。浑圆一漾而贯全身，虚感之物而寓灵动。击左左空，击右右空，如充气而圆，无处受力；似簧机受压，反弹随势。压之重而弹愈强，力之沉而空愈深。

武技之道，门派各异，唯内家者势别劲异，浑身一气如轮子圆活，虚实转换旋化随势。不明此者，久难运化，堂室难窥。

理技相合，太极真谛。习者不可不详细揣摩焉。若理能守规，久恒自成也。

九、耍拳论（和兆元传，和庆喜整理）

太极拳用功之谓"耍拳"，此是吾和式太极拳独特之处。它的取法是根据老庄自然之道，《易》学阴阳之理及以弱胜强、无为之为之论。以柔中求刚为目的，以轻灵自然为原则，以中正平圆为用功方法。此三者为和氏"耍拳"之准则。

此拳由起步学习，至精、气、神一元化，始终要求自然、松柔、轻灵，像顽童玩耍那样随便。不要用意、使气，更不可显示发劲。如有幼童般的体质。因此，按和氏太极拳耍拳准则用功者，可获返老还童的功效。

和氏"耍拳"之用功准则，可使任、督二脉畅通，丹田劲随姿势运转而运行。所谓劲由脊发，膂力无限，是奠定内劲之基础，唯以此准则用功，始有此硕果。

十、耍拳解（和庆喜）

柔中求刚。"柔"者何也？柔，松柔、纯柔、松关节、柔经络。初习者要明松柔之含义，身体须开展放大，不放大达不到柔的目的。

柔中有刚，刚柔相济，是功成后的自然表现，是极柔必至极刚的自然辩证结果，非勉强可为之。若初习者即求柔中之刚，则是错误的。须知柔不及则刚不至也。勉强得来之刚，也不外后天之力。此"刚"不过是枯槁之脆硬，一折即断，非真刚也。

"轻灵自然"者何？轻，极轻。极轻则极灵，用气则滞。学者用功，身法运转要像三尺罗衣挂在无影树上，在空中迎风飘荡那么轻灵自然。此喻甚当，应切切深思。

何为"中正平圆"？即在用功时身法要像太极图中的子午线那样垂直中正，上自百会，下至会阴，形成一条直线。运动时，以手平衡姿势运转，前后左右皆以中心线为界，步以走圆，身以行圆。总而言之，一举一动，皆以圆为宗。此应由浅入深，不能急于求成。

何为"懂劲"？指在用功中要遵循太极拳之自然规律。一势一劲，认真运动，到时能逐渐感觉到由丹田发出的劲。气、力、劲本是一体的，而在拳艺的理论实践中却有分别之论，即气是先天自然之气，力是后天人为之力。后天人为之用力，常非用先天自然之气。而太极拳在姿势变化运转中，则以气与力相配合，每势完成时要有气沉丹田之感。通过姿势转化，由丹田发出的为劲。所谓懂劲者，即要由丹田发出转化的劲。

何谓"周身相随"？指在耍拳时，要以理论结合实践。首先行动于腰，以腰带动肢体，基础在步，活动于裆；身体平衡运转于手；虚领顶劲，气沉丹田；沉肘松肩，松胯松膝。如此，即形成周身相随运动，方可达内劲、走劲的目的。

拳谚曰："入门引路须口授。"此言是说，理论固然可以在文字中学得，但书本毕竟不能代替实践。理论是从实践中来的。因此，入门学习时，老师的言传身教尤为重要。如某些技巧要领，用笔是无法表达清楚的，文辞一大堆，也不一定能说得清楚透彻。然而在言传身教中，结合实践，只用三言两语即可让人理解。古人讲"真传一句话，假传万卷书"。"真传"是直接传，以身作则。"假传"也并非是说假话，而是仅作比喻，是间接的借指，只怕学者不明白，说过来说过去说了很多，然而还是让人难以明白。总之，身传口授是入门之径。

十一、高手武技论（和敬芝）

手之高名，百发百中矣。手所在即高所在也，百发有不百中者乎？且拳勇之势，固贵乎身灵也，尤贵乎手敏。盖身不灵则无以为措手之地。而手不敏，亦无以为动身之处。惟身与手合，手与身应，夫而后虽不能为领兵排阵，亦可为交手莫敌矣。今世之论武技者，动曰：某为快手，某为慢手，某为能手，某为拙手，知慢手不如快手，拙手不如能手。他人不能送出者，彼则从而送出之，夫不是手，而为高手也。故吾思之，高者人人所造也。当此高之会，此以一高，彼以一高，均于使高焉。而自有此高，直以一人之高，敌千人之高，而众人之高不见高也，夫唯有真高而已矣。抑又思之，手者人人所有也，值交手之际，此以一手，彼以一手，均不让焉。而自有此手，又以独具之手，当前后之手，当左右之手，而众人之手如无手也。夫唯有束手而已矣。吾于是为乃高手也。幸夫一推见倒，推推见倒，其以引进落空，过劲击人，彼如悬壁束手，发之数扑，真不啻天上将军也，安有不制胜也哉！且于是为是手慰也。慰夫神妙莫测，灵动手知，其逐势进退者，又不啻人间神仙也！安有不争雄也哉！呼引入胜，高手一同神手，一动惊人。高手宛妙手，人亦法高手焉可已！夫法高者，功也！手敏身灵，也于神乎？阴阳之拳，数载纯功，安有不高者乎？然武技贯于理也，习者思之，深必悟焉，至为高手也。

十二、比手（和敬芝）

天地之道，阴阳而已。阳属刚，阴属柔。二人比手亦然。比手亦说挤手，即左派所谓推手是也。然二人交手之会千变万化，要之以掤、掤、捋、挤、按为大题，以身灵手敏为应变。进退转侧，刚柔相济，舍己从人，相机进攻。彼以刚来，我以柔应，柔中寓刚，人所难防，悉心揣摩，临敌制胜，不难立见也。

何为掤？

吾一双胳膊掤他人双手也。如敌人双手按我右胳膊（或左或右），我必须用如封似闭之势将敌人刚劲引空，乘彼之势，宜接则按之，宜捋则捋之，宜卸（我半身退下为之卸）则卸，使彼自己落空，方为上策。

何为捋？

敌人以两手按我右胳膊之时，彼用劲太大，手足齐进，我用如封似闭之势将彼劲引空后，我乘势将右半身下卸，即用我左手，搭在彼之大胳膊之上，吾两手齐往右边引之，使彼落空，彼势不便前进，必须半身下卸。

何为挤？

在敌半身下卸之时，我以小胳膊击之是也。

何为按？

我以小胳膊击敌人之时，彼将我胳膊引空，我不能前进，势须半身下卸，值此之际，彼亦能乘势按我，吾亦能于机按彼。

以上所言，系右面大概而已，左面亦然。总之掤与捋是应敌之方，挤与按皆击敌之用。彼掤我，吾捋之；彼按我，反按之；彼挤吾，我捋之。吾若反而用之，彼亦反而用之。藕断丝不断，变化莫测，循环不已。总之，传授高，功夫足，敌人虽强，不足为虑矣。

十三、搕手十六要（和敬芝手写）

较：是较量高低与胜负。

接：是两人接手之相接。

粘：是手与手相粘。

黏：是如胶漆之黏，是人既粘我手，不能离去之意。

因：是因人之来势。

依：是我靠住人身。

连：是手与手相接连，肘与肘相连。

随：是随人之势以为进退。

引：引人入我之门。

进：是令人前进，不使逃去。

落：等于如叶落于地。

空：人来欲击我身落空虚之地。

得：是自己得机得势。

打：是机势可打乘机打之。

疾：是速而又速。稍涉迟延，即不能打。机贵神速之理。

断：是决断。一涉犹疑便失机会，过了机会不能打人了。

十四、习拳歌（和庆喜）

习拳之道多留心，神敛肌松态自然。
腰脊中正虚领顶，气达周身督脉贯。
虚虚实实明阴阳，身灵步活弗缰绊。
拳守四法晓六合，上走下随意欲先。
松肩沉肘气蓄下，妙运精气润心田。
招路多拟立圆行，缠绵软柔劲相连。
节节体骸归一元，能分易合臻化境。
循势舍己借彼力，遂阳就阴达真玄。
入门捷径须口授，功夫真善凭自修。
盘架有时贵于恒，子卯时分莫间断。
学好太极岂曰难，老幼强弱皆宜练。
若问习拳有何益，延年益寿身自安。

十五、太极拳之练法说明（郑悟清）

夫初练者，宜端正方向，以立根基。最忌粗心浮气，精神不属，眼不顾手，手不顾脚，此谓之盲练也。尤忌身形不活，手脚不随，即用猛力，处处夺力，而仅能显力者，此痴练耳。倘能平心静气，注目凝神，轻摇之以松其肩，柔随之以活其身，徐行之以稳其步，待至肩松、身活、步稳，然后镇头领气，以卫其力。力顺则气自通，气通则力自重。所学之法如是，练而习之，以期纯熟，则手、眼、步一致，心、神、气相同，自能臻自然而然之妙境矣。

郑悟清先生手迹　八十岁于西安

十六、初学要诀（郑悟清）

初学而内要静空，周身而外要轻松。
内空静气行于外，外松而内有神精。
功夫不可须臾断，临用之时有奇能。

十七、太极拳序

拳术，所以锻炼身心振奋精神也。然我国拳术源流甚古，因其姿势功用之不同，而派别名称亦异。有以险奇为贵者，有以平易为贵者，则不尽然，皆能发达体育。而入主为奴，又纷呶无已。第溯其源流，则不外两家，即武当与少林。是武当主柔，蓄于内。少林主刚，劲显于外。晚近还以少林之姿势甚盛，流传愈广，门类派别亦众，相率标新立异，趋尚险奇，渐有失却体育本旨之势，初学者习之辄事倍而功半，体弱者习之尤害多而利少。故，余殊所不取。太极拳者，内家拳术中最平易，而最能发达体育者也。故，余嗜之特甚，无间寒暑，日必习之。习之既久，愈觉其奥妙无穷。其功用之伟、优点之多，诚非其他拳术所可企及。兹分为姿势、动作、用意、发劲、灵巧、养生数种，述之如下：

（一）姿势

太极拳之姿势甚多，总合之有五行八卦之分，是谓十三势。何为五行？进、退、顾、盼、定是也。何为八卦？掤、捋、挤、按、采、挒（捌）、肘、靠是也。以上十三势之姿势，为学太极拳者所必经之途径。倘使吾人逐日演习，不稍间断，则若干年后，历练既深，拳术之中精奥，自能阐发无遗，而获益匪浅。

（二）动作

太极拳之动作，须慢而匀。盖外家之拳术虽见速效，而流弊滋甚。若太极拳则以活动筋骨为主，故一切运动以柔活为上。唯其慢，始能柔。唯其匀，始能活。且各种动作俱成圆形，而一圆之中，虚实变化生焉。其无穷之奥妙，即在此虚实变化之中。初学者或未能知，习之既久，则得心应手，趣味无穷，即足以舒展筋骨，又能调和气血，可谓身心兼修，最合于发达体育之道者也。

（三）用意

太极拳练习时纯任自然，不尚用力用气，而尚用意。用力则笨，用气则滞，是故沉气松力为要。气沉则呼吸调和，力松则发展先天之力。盖先天之力乃固有之力，后天之力为勉强之力。前者其势顺，后者其势逆。太极拳主逆来顺受，以顺制逆者，故不须用过分之力。惟外家之拳术，其用力用气，每属于勉强，强人以难能，故为之硬工。习之不当，流弊滋多，且习硬工者，其力已尽量用出，毫无含蓄，虽习之多年，表面上似有增进，实则其内部之力，并未加长。若太极拳虽不用过分之力与气，而练习时全在意志，唯其能用意也，所以能使其力蓄于内不流露于外，气沉于丹田，不停滞于胸。唯其不用过分之力与气，故练习之日既久，积蓄之气力愈大，至必要时，仍能运用自如，毫无困难与勉强。譬犹劳动者终日做工，非不用气力也，然其所有之气力皆已尽量用出，并无积蓄，故劳动若干年后，其气力依然如故，外家之硬工亦若是耳。

（四）发劲

劲有刚柔之别。何为刚劲？无论劲之大小，含有抵抗性而一往无前者，谓之刚劲。何为柔劲？随敌劲以为伸缩，而不加抵抗者，谓之柔劲。太极拳之妙处，在于与人交手时，不先取攻势，而能接受敌人之劲。初不加以抵抗，以其黏柔之力，化去敌人顽强之劲。待敌人一击不中，欲图谋再举之时，然后蹈瑕抵隙顺其势，而反守为攻，则敌人力竭之余，重心移动，鲜有不失败者。盖太极拳之动作，本为无数环形，而环形之中，则为重心所在。处处立定脚跟，虽敌人发劲极强，而以逆来顺受之法，引之入壳，待敌人之劲既出，重心既失，然后从而制之，所谓避实就虚以柔胜刚之法也。

（五）灵巧

语云："熟能生巧。"太极拳即本此意以从事而深得个中三昧者，故太极拳之精粗，以功夫浅深为断。盖功夫深，则于其中之虚实变化皆已了然，既了然于虚实变化，则能于虚实变化中求出巧妙之途径。故其所用之力，轻灵圆活。以视外工之用力用气，专主于一隅成为死笨之气力者，迥乎不同。且因其不用过分之力与气，故能持久而不敝，因其动作俱为环形，故能处处稳定重心，重心稳定则基础巩固，无虑外力之来侵矣。

（六）养生

拳术本属体育一种，自以养生为主要，然此非所论外家之硬工，唯太极拳始真能养生，无论强弱老幼，均可练习。吾人身体之发达，贵能平均，在生理上均有一定之程序。剧烈之运动，因不合于此种程序，结果多得其反。太极拳之动作则轻软异常，而一动全身皆动，于全身任何部分均无偏颇之弊，且因其动作柔和劲灵，故能调和气血、陶养性情，为最合于生理上之程序，能使身体平均发达者。且练习之时，无须用过分之力气，虽老弱病夫，亦不难为之，所谓却病延年洵非虚语。

十八、初学太极拳之要点（侯春秀）

恐初学太极拳者不能得其要领，谨举其要点，以为初学者参考。

太极拳之性质，刚中寓柔，柔中寓刚，刚柔相济，运化无方，此言成手之工夫也。

初学者宜以自然、柔活为主。柔，宜松活、宜领。柔而不松，活而不领，安能致敌坚刚之将来哉？

太极拳之方法，最主要是虚实开合、起落旋转八字，初学者需要辨别清楚。练习时，须先慢而后快，快后复缓，先柔后刚，然后刚柔始能相济。

太极姿势之要点，不外乎是手领眼随，身端步稳，肩平身合，尤须注意，顶、裆两部之劲，无使无失，否则必致上重下轻，周身歪斜，站立不稳，百病皆出矣。

太极拳之动静作势，纯任自然，运化灵活，循环无端。要知虚实开合、起落旋转，俱从圆形中来。凡初学入门者，以大圈为法，始能柔筋活节，身作心维，朝夕盘打，精而求之，进步自速。

又谈呼吸调气，足以发达肺部，随其动静，出纳以调气，则筋肉与肺部必同时发育，自无肺病之患。

初学太极拳，尽力求慢，是为了便于检查姿势是否正确。切不可性急，以免对进一步提高造成困难。但慢有个限度，不可慢得似动似停，目定神呆，好似那里有什么心思，这种慢不是行动所需要的，因此必须在精神上提起，以及在意气灵换的前提下求慢，这样才不致产生痴呆的缺点。慢而后快，同样有一个限度，虽快，但动作仍要沉着，沉着的快才是太极拳要求的快，不沉着就是病相。同时能够表现出在劲别的情况下求快，才是有利无害的快。要身作心维，身宜作其圆活，心宜维其虚灵，姿势力求正确。这样练成后，才不致犯病，是为自要。

十九、论太极拳（侯春秀）

武事其要一二语，心法原源不在多，能得其要一语而终，不得其要必散无穷。

第一点：拳架要和实战相结合。练架时面前如有人，实战时面前如无人，也就是说练拳是为了实战，实战就要练拳。练时连绵不断，行云流水，意气君，骨肉臣，意要领先，全神贯注。实战时，一招既出，滚珠连发，脆冷快狠，如开弓无有回头箭，不能有半点松懈。稍许松懈，必然吃大亏。

第二点：心理和技能相结合。练拳者对自己要有信心，与人交手心要占先，胆要正、头要清，要有心计，攻人攻心，预设陷阱，诱敌上当。这就要求在技能上狠下功夫。技能来不得半点虚假，只有时时操演、朝夕盘打，功才能强，艺才能精。技高胆子就正，才能在与敌人对垒时，立于不败之地。

第三点：练架和练功相结合。练拳不练功，到头一场空。他说拳架每天都要练一二十遍。要抽出时间练功，练手、练身、练腿，上练掤、捋、挤、按、采、挒、肘、靠，中练进、退、起、伏、腾、闪、圆、转，下练缠、跪、挑、撩、劈、壁、挂、蹬。练架分三层练功，层层演练，分解走向，钻研拆解，归纳分类，捷取乱环，叠方找点，意念折叠，螺旋往返的功法要像练架一样日日操练，日练日进，久而功成。

第四点：练架、推手、散手三合一。光练架不行，要学推手、散打，推手、散打又要在架子里找。一定要用"心"去练，练拳练心。三心二意的人，不好好练架，想推手，推手还不怎么样又想学散打。要一步一步地来。一层功夫一层理，功夫到了，拳就成了。

二十、《太极拳十三势歌》秘诀（侯春秀）

掤捋挤按本无弊，若无对抗似游戏。
采挒肘靠求无敌，冷脆狠准练绝技。
进退套绊勾挂利，顾盼定向成武艺。

跋 一

赵堡太极拳是一个文化体系，有着400多年的悠久历史、源自道家文化的精微拳理，以及丰富的拳功技法。20世纪80年代以来，赵堡太极拳优秀传人宋蕴华、刘瑞、原宝山、赵增福、刘会峙、袁仕杰、郑瑞、王继中、李海军等先后出版了赵堡太极拳相关著作，这些著作各有千秋、各有特色、各有侧重地记录和表现了赵堡太极拳的文化内涵。相比之下，王英杰先生主编的《赵堡太极拳诠述》一书也有着自身鲜明的特色和独特的价值。

《赵堡太极拳诠述》分上、下两册。上册六章，系统介绍了赵堡太极拳的历史源流和发展现状，赵堡太极拳的体系、文化、修炼；下册三章，集中介绍了赵堡太极拳七十五式拳架动作图解、推手图解、实战用法。通篇结构合理，详略得当，重点突出，富于创新性和实用性。

本书在介绍赵堡太极拳历史源流和发展现状时，一般性地介绍了早期的发展历史，梳理了自宗师王宗岳到第九代传人和庆喜的传承脉络，同时简要介绍了各位大师的生平；重点介绍了20世纪三四十年代，第十代传人郑悟清、郑伯英、侯春秀、张铎、宋清河等人传拳西安的情况，更以收集的第十一代传人访谈资料为依据，整理出了第十代大师的生平与传拳经过。与此同时，还记载了对赵堡太极拳在西北，乃至全国、全世界的传承具有重要贡献的第十一代、十二代及十三代优秀传承人，以褒扬他们在赵堡太极传承中的丰功伟绩，配套编发了赵堡太极拳当代名家弟子亲友访谈录。从中我们可以清晰地看到赵堡太极拳悠久的历史、清晰的传承关系，看到当代赵堡太极拳传人奋发努力以及西安作为赵堡太极拳中兴之地的史实。通篇记述实事求是，客观公正，鲜活生动，厚今薄古，广接地气，尤为可贵的是立足于赵堡太极拳全系，站在大赵堡太极的高度，强化了现实写照，突出时代特色，全景式、多方位、多角度记录赵堡太极拳当代发展的实际，展现了赵堡太极拳当代发展的状况和水平，彰显了拳与人合，"天下赵堡是一家"的理念，有利于摒弃门户之见，增强门内各派团结，充分调动大家的积极性，同心协力，共兴赵堡太极。

赵堡太极拳理法是本书的又一个重点内容，在拳理上，系统收录了自王宗岳始至第十代历代先师的经典拳论，拳论的理解和运用则融会于技法解说之中。在介绍赵堡太极拳的技法时，突出了实战运用，首先系统介绍了赵堡太极拳的运动形式、训练内容、运动规律等，这些规律的系统介绍，基本都围绕无极桩、拳架、推手、散手而详细谈论招法与劲道。其次，在下册三章中，又以详细的图文解说形式介绍了以赵堡太极七十五式为样板的拳架动作图解、赵堡太极推手图解、赵堡太极实战用法。最后，辑纳了继承创新成果"竞赛推手十八招图解"。这是李随成先生多年带学生参加全国推手比赛总结而成的技法，它遵循太极拳实战用法，吸收中国跤、柔道中的实用技术，通过对赵堡太极拳实践教学与参赛经验的反思，而形成简单、实用、有效的技法。本书理法也即体用篇所占篇幅最大，实战是核心内容，一切以太极实战为出发点和落脚点，而且分层递进，系统性强，内在逻辑性强，围绕实战训练法和用法，采取了多维度、多层次的详细解说。讲究实战本来是赵堡太极拳乃至传统太极拳固有的重要特点，本书突出实战技法，具有较强的求真性和实用性，这也显示出编者对赵堡太极拳深刻的体悟和认知，同时又表现了编者对太极拳的热爱和追求。凡此种种，在传统太极拳被严重异化、被许多人当作健身操、仅仅为了养生的当下，本书的出版，对回归太极拳实战功能，进而复原其本来面目有着独特而震撼性的作用。

太极拳是一种非物质文化遗产，是一种体证文化，拳人合一，使其具有鲜活的生命体征和精气神特质。编者并非为出书而出书，这本书体现了编者对赵堡太极拳的认知和热爱。透过本书，我们可以看到太极拳实践者几十年的追求和心血结晶，可以看到编者酷爱武术、求真求实的追求精神！我所了解的本书编委会主任李随成先生是个地地道道的武痴，自20世纪60年代习拳始，他就一直痴迷其中，习拳传功，每日不辍，传拳授技，四季奔忙。与之交流，张口闭口非拳不谈。时至今日，70多岁的老人依然坚持公益授拳，广开站点，普及推广，刻苦训练弟子，积极率弟子赴全国各地比赛交流，誓要为传统太极拳争荣誉、闯出路。他的弟子在全国许多大赛上都获得荣誉，河南卫视"武林风"栏目中不乏夺冠者。先生真乃向武而生。本书主编王英杰先生，人如其名，工作、习拳、做人堪称三优。二位先生可谓赵堡太极拳当代优秀传人代表，而赵堡太极拳正是有一大批这样有担当、有情怀、有追求的仁义侠者，才有今天的兴旺局面。

  这本书主题明确，重点突出，详略得当，结构合理，文辞洗练，通俗实用，图文并茂，便于收藏和学习，是太极拳爱好者、研究者，尤其是爱好赵堡太极拳的年轻人珍藏、揣习的好教材。相信本书的出版，对赵堡太极拳的普及推广和弘扬光大，对校正大众对于传统太极拳的认知，对于中华传统太极拳实战本质的回归等，有着广泛的积极意义。

  我一直认为，赵堡太极拳历史悠久，传承清晰，理法精微，古朴本真，与道相合，练养兼备，讲究实战，独具特色，在中国太极拳百花园中位列六大派是当之无愧的；西安是赵堡太极拳的中兴之地，也是当今赵堡太极拳文化积淀、交流的中心和高地，就像北京之于陈、杨、武、吴、孙各派太极拳一样。令人欣慰的是，这本书客观上也佐证了我的观点。

刘洪耀
2022.3.30

跋 二

在一次同我的中学同学潘阳先生聊天中说到，2013年赵堡太极拳被陕西省人民政府列入陕西省非物质文化遗产名录。它从20世纪30年代后期传入陕西特别是西安，落地生根、发展壮大，已有80余年。潘阳讲，既然是非物质文化遗产，应该对它的历史有个比较详细的记载，以飨后人，使人们对赵堡太极拳有一个比较系统全面的认识。一个家族还修家谱，何况这么一个重要拳种，并说我作为赵堡太极传人，应该做这件事情。这对我触动很大。将此事给我的师父李随成先生讲后，师父非常支持并要求一定要搞出来。这是编写这套书的由头。

此书上册主要是赵堡太极拳传入陕西的情况和拳理。为了弄清赵堡太极拳传入陕西的这段历史，在几年的时间里，我们先后到西安、宝鸡、铜川、河南温县等地，采访了郑悟清、郑伯英、侯春秀先生及其他老师的弟子、家人及武术同道多人。同时还收集了相关的资料。此拳从20世纪30年代末传入陕西，至今已80余年，三四十年代甚至50年代的情况都不是很清楚，因为年代久远，资料很少，弟子大部分都已谢世，工作举步维艰。虽经过各方面努力，结果还是很不理想。勉强把从20世纪30年代传入到现在的情况连了起来。拳理部分只是根据个人所学，和李全海相商，并由他执笔谈了一些粗浅认识，不当之处在所难免，只望能起到抛砖引玉的作用。

书的下册主要是拳架推手及用法。因为从书的整体上考虑，还是需将赵堡太极拳的拳学内容介绍出来。近些年来出版的赵堡太极拳书从不同的角度总结、归纳展示了赵堡太极拳的丰富内容。此拳内容博大精深，每个长期研练者都从不同的角度有较深的理解，在拳架、推手的表现上也不同，审视标准也不同，要全面介绍拳学是一项浩繁的工程，条件所限，也完成不了，故此书只将李随成先生的拳架和推手简要介绍给读者①，以图片为主，书上附的二维码，也有相关视频展示，文字内容也由李随成先生撰写，供大家研究、参考。

由于自己水平学识有限，收集的资料信息也有限等方面的原因，本书收录有所不足。很多老师和同门在技艺、传播、发展方面都做得很好，肯定有没介绍到的，有的可能介绍得也不到位，可能也有介绍不对的地方，在此表示歉意，并敬请大家予以谅解。

此书从策划到出版，各个环节都得到潘阳先生的大力支持和指导，本书撰写以王英杰与李全海为主，王英民、田鹤城、胡九红、梁高峰、王安锐等人都积极参与了编写。在编著过程中还得到了很多老师、朋友和弟子的帮助与支持，"二郑一侯"三位宗师家人提供了重要资料，吴本忠先生和夫人高捷女士提供了一些珍贵的照片和资料，孙卫东和罗凯帮助摄影。在此一并表示衷心感谢！

很荣幸地请了世界太极拳网总编余功保先生和武汉体育学院王岗教授为此书写序，《武当》杂志总编刘洪耀为此书写跋。出版局曹先觉先生、西北大学出版社马来社长对此书的出版给予了极大的支持。在此一并表示衷心感谢。最后，特别感谢著名画家王西京先生为本书封面、封底提供字画，书法家李成海为本书书名挥笔泼墨。

编　者

2022.7

---

①李随成先生拳架舒展大方，轻柔自然；在推手、散手方面多年来一直强调技击是灵魂，对赵堡太极拳用法很有研究。